徐锋——著

REVERENCE

敬 畏

时事评论员的价值与修养

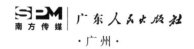
南方传媒 广东人民出版社
·广州·

图书在版编目（CIP）数据

敬畏：时事评论员的价值与修养 / 徐锋著.

广州：广东人民出版社，2025.1. -- ISBN 978-7-218-18087-8

Ⅰ.G210

中国国家版本馆CIP数据核字第2024FX4403号

JINGWEI——SHISHI PINGLUNYUAN DE JIAZHI YU XIUYANG

敬 畏 —— 时 事 评 论 员 的 价 值 与 修 养

徐 锋 著

出 版 人：肖风华

出版统筹：卢雪华
策划编辑：曾玉寒
责任编辑：伍茗欣　李宜励
文字编辑：曾靖怡
装帧设计：广大讯风
责任技编：吴彦斌
书　　法：徐　锋

出版发行：广东人民出版社
地　　址：广州市越秀区大沙头四马路 10 号（邮政编码：510199）
电　　话：（020）85716809（总编室）
传　　真：（020）83289585
网　　址：https://www.gdpph.com
印　　刷：广州小明数码印刷有限公司
开　　本：787mm×1092mm　1/16
印　　张：22.5　　字　　数：350 千
版　　次：2025 年 1 月第 1 版
印　　次：2025 年 1 月第 1 次印刷
定　　价：88.00 元

如发现印装质量问题，影响阅读，请与出版社（020-85716849）联系调换。
售书热线：020-87716172

序

视"苦差事"为"美差事"

罗以澄

　　言论，素来被看作新闻媒体的灵魂和旗帜。言论在中国主流传播场域的独特地位和作用，学过新闻、从事新闻工作的人都清楚，看过新闻、关心时事的人，也或多或少了解。这里就不再赘述了。

　　从事党报的言论工作，常被视为一份"苦差事"，既要求很高，费脑劳神，又相对枯燥，需要耐得了寂寞、坐得住冷板凳。但换个角度看，这何尝不是一份"美差事"，通过言论写作这种快节奏、高压力、高负荷的工作，可以促使写作者自我学习、自我提高。梅花香自苦寒来，从过往实践看，不少搞言论写作的同志常常能更快在业界获得认可、赢得自己的事业舞台。所以，言论写作这份辛苦是十分有意义的、也是值得当下广大新闻学子和青年新闻工作者去学习、去追求的。

　　我从新闻实务界回到校园，从事新闻教育工作40个年头，一茬又一茬新闻学子来到珞珈山，而后离去，有些去了又回、继而再度奔向四方。不管他们是从事新闻教育，还是新闻实务，或者其他领域工作，我都始终关注他们的成长，也会在同他们的交流中予以鼓励和提示。从中，我也更加参悟"教学相长"和"视生如友如师"之理、之妙。徐锋是我二十多年前亲手带的学生。在校期间就表现出了不错的钻研劲头和笔头功夫。硕士毕业时，本来以笔试第一的成绩可以留校继续攻读博士学位，但他经过一番思想挣扎后，还是决定走出书斋、走进业界。当他征求我的意见时，我虽颇有不舍，但也非常理解和支持他所作的决定，毕竟新闻是一门尤其需要理论联系实际的学科，自己的学生立志在水里学游泳和研究游泳原理，是一件值得欣慰的事。

近十多年间，传统主流媒体受到显而易见的冲击，但新闻常在、导向常在，越是在打造新型主流媒体的转型期，越需要一大批富有守正创新思维的坚守者、开拓者。徐锋毕业进入当时势头正盛的广州日报后，很快便幸运地开始从事时事评论员工作。工作上的所思、所惑、所得，他也经常通过短信或当面与我交流。我很高兴地看到，多年之后，他在言论工作上渐入佳境，对新闻工作的理解也日渐系统和深刻。本书不仅收录了他这些年所写的言论作品，还包括他这两年静下心来撰写的学术小文，成为他个人经历和认知的实践总结和理论沉淀。这些言论作品和学术小文，应该说对有志于从事新闻评论工作的年轻人将有裨益，对从事新闻评论研究的朋友亦应有相当的参考和启发价值。

如果没有记错，应该是徐锋在广州日报工作十年左右，得到了一个派驻香港中联办工作的机会，一度成为一名驻港机构宣传部门的公务人员。数年的在港宣传工作，一番历练下来，相信他得到常人难有的开阔视野的机会。他重新回归内地主流媒体工作轨道后，在新型主流媒体理论评论工作的守正和创新方面作了不少探索。比如，他在理论评论报道领域一直倡导和践行"追求有思想的精彩"。又如，他和团队在上级的鼓励和支持下，积极适应新媒体传播潮流，在政论写法创新、视频评论、微评论、音频评论等方面都进行了一些大胆尝试，特别是近来《广州日报》推出的一系列政论文章，别开生面，让人耳目一新。另外，在毕业要求越来越高的时候，他还在工作之余完成了博士学位的攻读。相信这些都体现了他当年对新闻工作的初心和热爱，也希望他在这条路上继续深耕，有更多的感悟和收获。

真正合格的新闻人，不仅要做时代风云的记录者、人类历史的见证者，还要做社会前行的推动者、公平正义的守望者，做人类精神灵魂的铸造者。这就是我当年对武汉大学新闻与传播学院提出"培养有思想、有责任感的新闻传播人"的要义所在。特别感到欣慰的是，我从徐锋身上看到了一个职业新闻人对于新闻工作的敬畏感、责任感。珍视和强调上述角色意识，永怀责任之心、敬畏之心，是一个永恒的命题，也值得所有从事新闻研究和实务工作的同志们共勉。

2024年春于武汉

[作者是武汉大学新闻与传播学院原院长，教授、博士生导师，国家教学名师，国务院学位委员会新闻学科评议组（第五、六届）成员，曾任中国新闻教育学会副会长、中国传播学会副会长。]

目 录

1

二

115 大湾区观察

三

169　经济学管窥

四

221 **社会能见度**

五
公权的笼子

六

303 ## 文化错杂谈

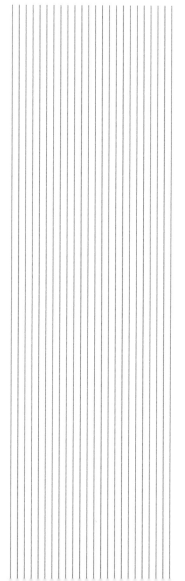

一

聊聊一个评论员的价值与素养

永远勿忘"敬畏文字"

（一）
时代进步的双刃剑

从事新闻评论工作20年，自己有一个非常深刻的体会，同时也是自己的座右铭：身为一个评论员，必须对文字保持充分的敬畏。

个中原因，不用解释太多。我们都知道，文字是思想的载体，要想通过大众媒介表达、传播观点，就必须借助文字的力量。可以说，文字的外衣底下，必须有思想"打底"；同样，睿智的思想，必须通过干净、理性的文字才能表达出来，传递给受众，从而发挥它应有的劝服效能。

说句心里话，作为一个文字工作者，对这个时代人们对于文字的态度，有时自己内心是有些复杂和矛盾的。一方面，与从前相比，文字的充分普及、人们对文字的普遍掌握，体现了时代的进步、教育程度的提高，这是一种可喜的变迁；但另一方面，我们也看到，在移动互联网时代（浅阅读时代、读图时代、短视频时代），人们对文字的态度越来越随意，越来越轻率。从某种意义上说，文字已经越来越成为人们手中一个日常的工具（这本身是没问题的），用起来漫不经心，甚至于，某些时候篡改起来随心所欲，亵玩起来不知底线（这才是问题所在）。

有人说，既然是时代进步的产物，我们应该顺其自然，此言不虚。时代的进步，带来传统意义上一些敬畏感的流失，曾经一撇一捺般"凡著诸竹帛者皆为文学"的仪式感、神秘感，在主流书写工具遽然变为键盘、拇指甚至DeepSeek、ChatGPT的现代生活中早已被颠覆。抱残守缺、墨守成规显然不对，千百年前那种仅由少数人垄断文化、垄断文字的时代也早已一去不复返了。这是一个文化大众化、文字计算机化的时代，这是历史的必然，也是时代的进步。或者说，这亦是时代进步的某种必然代价。

为什么这么说呢？当我们在怀念、喟叹"曾经，时间过得很慢，车走得很慢"的年代时，我们怀念的是那个时代的纯真和美好。但是我们不可能再回到那个"车走得很慢，信走得很慢"的时代了，应该也没有多少人真的愿意回到那样的时代生活吧。

从这个意义上说，文字的大众化、生活化、快餐化甚至"键盘化""AI化"，是一个历史的曲线走势。顺着这条曲线，沿途流失了一些规则感、仪式感和审美，但人们收获了更为宝贵的便利和效率。这两者之间，有时确实存在某种矛盾。

（二）
今天还要"敬畏文字"吗？

"说到这里，那我们还需要敬畏文字吗？"

"是的，我们永远都应该敬畏文字！"

对于普通人而言，文字承载了我们这个国家、我们这个民族文明的内核、文化的基因。千年一瞬，文字的载体、呈现形式不断变迁，但凝结于其上的象形与会意，却厚重如昨，不时直击我们的心灵。亵玩文字、不敬畏文字，某种意义上就是对我们自身文化基因、文化传统的轻慢和不守。

身为文字工作者，敬畏文字则更应该成为我们从业生涯的座右铭。而作为主流媒体评论员，我们尤其应该率先成为敬畏文字、守护文字的楷模和中坚力量。

为什么？因为我们代表的是主流媒体，主流媒体传递的是主流意识形态。主流意识形态必须通过什么样的载体展现出来、传播出去？当然是主流的文字范式。什么是主流的文字范式？它不能是旁门左道的，也不能是哗众取宠的，它应该是原创的、干净的、健康的、理智的、庄重的，但同时又不失时代生气、活泼的、与时俱进的。只有通过这样的文字载体，我们才能口齿清晰地讲好主流意识形态的好故事，传递主流意识形态的好声音，讲清主流意识形态的好观点。

反之，如果我们不敬畏文字，在文字的表达上随波逐流、哗众取宠、口不择言、信马由缰，那么我们的说理叙述便很容易误入歧途，陷入或媚俗肤浅，或油嘴滑舌的泥潭。这样的新闻评论是难以让人信服的。

换言之，"敬畏文字"，其底层逻辑和思想实质其实就是——敬畏"文字"载体之上的新闻舆论工作、主流媒体评论员角色职责，并永远让我们笔端的"文字"承载着自己那颗敬畏历史、敬畏文化、敬畏公众意志之心。

希望我们所有的文字工作者，尤其是选择以主流媒体评论员作为自己职业方向的年轻朋友，都能够形成这种基本认知上的共识。

（三）
评论员的三个自我约束

那么，作为一个主流媒体评论员，应该怎样保持对文字的敬畏？怎样做到敬畏文字？

我想，至少应该做到三个方面的自我约束：首先是秉持责任之心，其次是保持清醒之心，最后是永葆谦逊之心。

责任之心

先说第一点，责任之心。

作为一名主流媒体评论员，必须时刻保持角色自觉、身份认知、责任意识和敬畏感，必须意识到，你在主流媒体上发表的每一个言论、每一段文字，不管是否个性鲜明、观点犀利、形式生动，它代表的都是主流意识形态的一个侧面，对于协力维护和构建主流价值观有着自己的一份力量。

因此，你的文字必须是尊重事实的、客观理性的、公允持平的；同时，作为最基本的要求，它必须是准确无误的、表达规范的、符合绝大多数人阅读习惯的。

在实际工作中，我们会碰到很多这些方面的负面例子。它们的表现形式千奇百怪，错谬之处千差万别，造成的负面效果不尽相同，但是究其源头，恐怕大多数都可以归因于责任感的缺失和不足。

试想，如果一个主流媒体评论员，发表出来的文章中所列举的例证是经不起考证的，所引用的数据是陈旧过时的，所引述的名言是错漏百出的，所论述的文本是矛盾的，甚至还存在错别字、语法错误、不规范表达……很显然，这样的评论文章只会贻笑大方，而不可能达到说服你的目标读者之目的。那么，这样的文章，对于传播主流意识形态，不仅不能起到正面的作用，反而可能起到反效果——因为他或多或少地损害了主流媒体的公信力，伤害了主流媒体评论员的形象。

所以，身为主流媒体评论员，必须牢固树立并时刻不忘这种角色的责任感，时刻树立"我要对我所写下的每一个字负责"的敬畏感，并把它贯彻到选题、写作、传播等每一个环节的业务过程中。

比如，你依托的新闻由头应该客观、真实。你所引述的案例必须确凿，有据可查。它必须是你自己的调查研究所得，或者援引自主流权威媒体的报道。一个主流媒体评论员应该对热搜话题、网络报道、朋友圈传言、互联网论坛话题的真实性、准确度保持高度的警惕，在证实之前，切忌过多引用非权威性的互联网信源。

又如，你所引用的数据应该源于权威的调查机构，并且一般来说应该使用最新的数据——除非你所引用的数据是为了论证某个过去时段的新闻事实或观点。

再如，你所引述的名人名言，尤其是政治性的重要表述，最好出自原著或权威媒体的第一手报道。切记，此类内容，切不可随意使用其他非主流媒体或互联网第三方平台的某些"综述稿"、关于某些重要表述的"集纳"页面。否则，你会后悔莫及地发现，出错的概率几何级地增加。

另外，一个很重要的提醒就是，切忌"写稿一挥而就，交稿抛之脑后"。写完稿、稿件进入编辑流程后，不管是评论员还是评论编辑，都要尽量以读者的眼光、专家的视角，以"鸡蛋里挑骨头"的心态再通读几次。这样做，方可最大限度减少差错，避免文章刊发、传播出去后产生不可逆的负面影响。

向大家汇报我自己从事评论工作多年养成的一个职业习惯——自己写完的每篇评论、编辑完的每个版面，定稿、交稿、出样、下班后，都会带一张纸样回家，等到因工作而兴奋跳跃的脑电波平息下来，会在夜深人静、万籁俱寂之际，再来品读一番。这个过程既是一种愉悦的自我勉励，又是一次变换环境、变换角色的审读和批判。

通过这个"动作"，既收获了工作的成就感与乐趣，又时常能冷静地发现不少不足，甚至是差错。

"新闻是遗憾的艺术"，新闻评论亦然，因为它囿于时效，往往只能是急就章。但这绝不代表它应该容忍差错——原则性的差错一旦此时发现，就必须及时联系编辑，力争改正；至于无伤大雅的不足，则自己通过这种"吾日三省吾身"式的仪式感，亦能有更多的自责和自省，便于促成日后的有意改正、提高。

其实这个习惯，既关乎职业责任感，也关乎个人成长。自己深受其益、感悟颇深，因此也就不揣浅薄，介绍给新入行的朋友，以资参考。

清醒之心

再说第二点，清醒之心。

主流媒体评论员的职业角色，尤其要求其保持清醒。因为只有时刻保持清醒，才能心存敬畏。

何谓清醒？我想，大概可以概括为"四不"——不迷失、不盲从、不媚俗、不拜金。

"不迷失"，就是要把好方向。要铭记自己作为主流媒体评论员的角色，在观点上不要误入歧途、"钻牛角尖"，任何时候都应坚持主旋律、主流价值、主流观点。

"不盲从"，就是在观点上不可盲目人云亦云。不要被一些看起来众声喧哗、本质上似是而非的观点牵着鼻子走。主流媒体评论员要有独立的思考能力、睿智的观察能力、深刻的分析能力、清醒的判断能力。

"不媚俗"，就是主流媒体评论员应该保持与主流媒体相匹配的趣味和格调。应该提倡放"软"身段，但是千万不可放"低"格调。不该碰的选题不要碰，该拒绝的文风要拒绝。

"不拜金"，主流媒体评论员应该有值得令人敬重的风骨，切不可被商业利益绑架、裹挟，而应坚守独立的立场与判断。

对于主流媒体评论员而言，清醒，就是敬畏自己的"职责"。身为主流媒体评论员，所代表的是主流意识形态、主流舆论。因此，必须敬畏自己的这份工作，要发自内心地认同自己所弘扬的主流价值观。不管是公开的职务行为还是相对个人化的社交媒体言论，都应该时时保持这种职责自觉，不发惊世骇俗的错误言论，远离伤风败俗的低级趣味。

清醒，就是敬畏自己的"角色"。要时刻铭记，身为主流媒体评论员神圣而光荣。你所做的一切，都应该为这份工作增添光彩而不是有损于它的公信力。需要强调的是，永远要保持原创性，要用"真诚的写作""真实的思想""真正的观点"，来对你的读者表示十足的尊重，而绝不以"过度引用"、侵犯他人原创性劳动成果和智慧结晶的手段走捷径。这就不仅是对其他原创作者的不敬重，更是对自己角色的不自重。

保持清醒和敬畏，还有非常重要一点：身为一名主流媒体评论员，必须时刻谨记，自己作品所有的影响力、传播力，一部分固然是来自个人的努力和独创性的劳动，但绝大部分还是来自我们所背靠的主流媒体平台，来自某种"基于信任的授权"。这种信任与授权，既是我们的执政党对主流媒体的信任和授权，也是公众对作为公共舆论平台的主流媒体的信任和授权。

身为主流媒体评论员，必须对这种授权充分清醒和敬畏，切忌对自己的作品产生超出实际的评价，更应避免由于自己的一些评论作品产生了较大的社会影响力，从而产生"无冕之王""没我不行"等错觉。

换言之，作为新闻评论员，"激扬文字"的才气值得鼓励，"指点江山"的傲气还宜少些、再少些。

谦逊之心

再说第三点，谦逊之心，也就是要虚心。

所谓"虚心"，对于主流媒体评论员而言，就是要善于以人民为师、以读者为师、以同行为师，永远秉持"三人行必有我师焉"的谦逊心态和姿态。

唯如此，一个新闻评论员才能像海绵一样尽可能多地吸取一切好的养分，尽可能快地提高自身的能力和水平。

俗话说，"半桶水响叮当"，身为新闻评论员，尤忌做"半桶水"。当然，我们每个人都要从"半桶水"起步，积蓄沉淀，最后才能逐步地无限接近"一桶水"。

这是一个成长的客观过程。当我们尚处在"半桶水"的阶段，一定要保持虚心、谦逊的态度。因为从我们每个人自己的成长经历来回看，当只有"半桶水"的时候，是很容易对自己的"水位"产生误判的。限于特定成长时期的眼界和水平，在"起步"或"还没上路"的情况下，一个人往往很难区别自己"半桶水"和别人"一桶水"之间的差距。所以我们看到，当很多成熟的创作者回顾自己当年不成熟阶段的言行和作品时，往往会为当年那个青涩的自己付之一笑。

说这些的意思，并不是不尊重一个评论员成长的客观规律，而是希望从我自己走过的弯路、跌过的跤中，真诚、善意地提醒我们的年轻评论员们，务必始终保持虚心和清醒，尤其在前辈、同事和读者指出自己的不足和差距时，要尽可能跳出自我的思维局限，少一些"抵触性第一反应"或"本能性自我辩护"，善于多从旁人的视角来看待自己存在的问题，这样才能看到不足，有针对性地予以改进。切忌封闭思维、闭目塞听、自我强化。

　　刚才我们也提到"不盲从"，但这种不盲从，是建立在自己认识和水平不断提升的基础之上，而不是盲目自信、眼高手低。网友经常用一句话来调侃这类情况——"一看就会，一做就废"。此言可谓入木三分，生动形象。

　　清醒和虚心，看起来有点容易混淆，其实这里强调的是不同的方面——我们应该在立场、气节、职业道德上时刻保持清醒；而在姿态、心态上则应谦虚谨慎。两者的最终目标是一致的，那就是"成为一个优秀的主流媒体评论员"。

　　当然，成为一个优秀的主流媒体评论员，要求是多层次、多维度的，有些要求属于"激励性指标"，多多益善，比如思想性、生动性、创新性以及文采等；有些则好比"约束性指标"，必须守住底线，比如立场的准确性、新闻的真实性、内容的原创性、文字的差错率等。

　　这次跟大家讨论的侧重在"守底线、知敬畏"的角度（关于"激励性指标"的一些问题，我们会在本书其他篇目中再详细聊），绝不是说做到这些就能够成为一名优秀的评论员，更不是因此就提倡创作过程中自缚手脚、畏首畏尾。请大家千万不要产生以偏概全的误解。

（2024年秋）

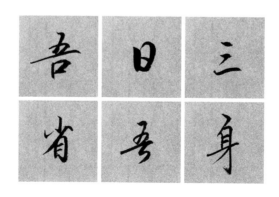

不容小觑的"新型意见领袖们"

在今天的全新传播语境下，主流舆论劝服传播所面对的变量越来越多、过程也越来越复杂。

在林林总总的新变量之中，"新型意见领袖"的出现，是一个非常值得关注和研究的现象。他们与"旧"型意见领袖相比，具有哪些新的特征？在传播活动中起到何种新的作用？对于主流媒体传者而言，又应以何种姿态和方式面对这一新的群体……接下来，让我们聚焦这些不容小觑的"新型意见领袖们"，一起来思考上述问题。

（一）
传者的困惑：受众的变迁

今天，由于社会转型、融媒环境等多元诱因，劝服对象（受众）群体的诸多特征，已经变得今非昔比。一系列新的变化，对主流舆论的劝服过程造成新的困惑、提出新的考验。

我将这些源自受众变迁的新考验大致概括为几种类型：

"争夺"议程设置权

我们都知道，在传统的大众媒介传播过程中，主流舆论传者（在我国，这一概念涵括各级宣传主管部门、网信部门、传媒社科文化艺术机构等一系列主体）是处于绝对优势地位的。他可以通过某种意义上"单方面"设置的议程，主导议题甚至"创设"议题，从而完成"发起议题—引导观点—改变态度"的理想化劝服周期。

然而，时至今日，随着新媒体技术的迅猛发展，这一优势地位遭到严重挑战。借助日新月异的融媒技术、崭新的传播场景，第三方社交平台，以及网民、普罗大众正成为舆论场上异常重要的参与主体。前者以技术优势、平台垄断地位、算法"霸权"，后者以其庞大的人口基数、终端设备数量和消费潜力，共同颠覆性地改写了曾经传统媒介环境之中的"议程设置"格局。

可以说，社交平台和受众的主动、集体狂欢式的参与，冲击、打乱了原有的大众媒介"拟态环境"，"分薄"了主流媒体议程设置的流量和成效，使得当下的传播环境呈现出与曾经的场景迥然相异的众声喧哗和纷繁复杂状态。

对传统"把关人"的挑战

长期以来，传统主流媒体一直承担着独特的社会职能，从业者们精心策划议题、筛选信息、求证事实，自觉充当令信息尊重客观事实、合乎主流价值的把关人角色。从而维持着主流媒体的显著公信力，以及由此而生的对受众的强大劝服力。

然而，进入移动互联网时代，这一切发生着深层的嬗变：不仅传统的"传输—反馈"机制借助新媒体平台同时实现了跨时空的人际传播和大众传播，而且"用户"（受众）借助新媒体交互技术和通道亦轻而易举获得"新媒体赋权"——他们从传统意义上的单纯、被动的信息接收者，轻而易举一跃成为信息传播者和接受者兼具的角色。身份的模糊和混杂，唤醒强烈的自我意识，催生集体狂欢式的传播行为。然而，作为全新"传者"的他们又不再像从前的主流媒体传者那样对"信息是否属实""价值是否合理""观点是否公允"这类问题心存职业性的敬畏，而只是更多享受越过"把关人"的"审查"、参与万众传播的快感。

这种变化的后果是全方位、系统性的。它不仅极易造成网络谣言的肆意传播，从本文关注的视角而言，也颠覆了"传者→受众"的经典劝服范式，让"信息把关"的难度呈指数级增加。

社群传播对"主流性"的挑战

借助移动互联网技术之便，人们得以重新部落化、族群化。一种新型的社会关系悄然出现。

相对于以往的血缘、地缘、业缘关系，这种可被称为"趣缘"的社会虚拟关系，将现实中的个体紧紧联系起来，人们越来越倾向于将自己的私域空间也叠加到这类社会关系之上，并对这种虚拟的社会关系形成越来越明显的依赖。

传统大众传媒时代，主流新闻媒体具有毋庸置疑的"主流性"。这种主流性对应着其权威性、传播力、引导力、影响力、公信力，也就自然带来主流传者在某个议题上对受众可以预估的强大劝服力。然而，当建立在"趣缘"基础上的社群传播，在很多场景下、议题上一步步挤占了大众传播或组织化传播的空间，主流媒体传者在劝服传播中的前述种种能力和效果，某种程度上就要大打折扣，受到重大挑战。

除此之外，劝服对象的分众化、群体极化、"用户画像"的虚拟化、群体心态的多重性等现象，也都导致了主流媒体传播活动中劝服类型的复杂化、劝服效果的不可控。

（二）
意见领袖的新角色

意见领袖（Opinion Leader），又叫舆论领袖，是指在信息传递和人际互动过程中少数拥有超过一般受众的影响力、活动力的人。

在多数场景下，这些人相当于大众传播过程中的"中继站""小广播"和"大喇叭"，在另一些时候，他们又可能成为组织传播中的闸门和滤网。

由于意见领袖这一变量的加入，劝服的传播过程和作用机制也发生了明显的变化。由此，劝服传播大概可区分为两大类型：

一类属于"大众传播传者→大众传播受众"型。我们可称之为"直接传播"。

另一类则是"大众传播传者→意见领袖→小众（分众）传播受众"型。对于这一类型，姑且把它称为"中继型劝服传播"。

很大程度上，传统观点长期奉行"媒介→受众"的简单线性模式，将受众视为孤立的个体，观察和统计他们接触媒介后态度、行为等方面的"反应"或表现。而"意见领袖"概念的提出者拉扎斯菲尔德等人，则开始有意识地考察受众作为"人"所受到的来自"他人"或"小群体"的影响，包括"人与人互动的哪些因素将会对大众媒介效果产生影响"，以及"受众"受到诸如家庭、朋友、亲属、邻居等构成的"小群体"（首属群体）的何种影响。

这里"插播"介绍一下什么叫"首属群体"。

这一概念很"年轻"，出现才120多年。从其英文表述Primary Group可以看出，它也可以翻译成"初级群体""直接群体"或"基本群体"。它主要是指那些由面对面互动所形成的、具有亲密的人际关系的社会群体。作为一种特定的社会组合形式，首属群体具有一些鲜明的特征，比如，它们往往是自然形成的，而不是按一定契约自觉建立的（家庭除外）；又如，首属群体成员互动的规范不是很严格，活动余地较大，个人的自觉性起着更大的作用；再如，成员之间关系带有浓厚的感情色彩；等等。

按联系纽带类型划分，首属群体大致可分为血缘型、地缘型、友谊型和业缘型等多个二级类型。如果我们将上述划分置于互联网时代无处不在的"虚拟社群"语境之中，又会形成一些新的认知。比如，某些"趣缘型"网络群组（如某些网游组队群组、某些病友群等）因自身特性所形成的高度黏性，可能令其在感情纽带上甚至强于其他一些传统意义上的首属群体。

首属群体在媒介信息的传播过程中处于非常微妙而重要的一环。我们知道，团体归属感会让人产生从众倾向。身处首属群体这样高度紧密的社群之中，这种从众心态会尤为明显。一个人越依赖、信赖其所在的首属群体，这个群体内意见领袖所主导的分众传播对其态度影响的效果就会越明显。换个角度理解这个判断，也就是说，一个人对他所在的首属群体越重视、越信赖，他的固有态度就越难以被大众传媒的劝服传播行为影响和改变。因此，了解首属群体内部的传播机制和特征，对于大众媒体的传播效果有着极为重要的价值。

回到前面的意见领袖的话题。我们可能会好奇：一些人争当意见领袖，到底是出于何种动机？

我认为，这种角色冲动，大体来源于两个方面：其一，他们能够在这种意见领袖的中继传播过程中得到尊重和拥戴，从而获得较强的心理满足；其二，成为意见领袖亦能为他们带来某些直接或间接的"实惠"，比如，一个团队的负责人因为知道更多"内幕消息"而一定程度上成为意见领袖，而这一角色有助于增加其说话的权威性和树立威信，最终则是有利于其更好地实现团队管理。

在信息匮乏且信息传播渠道单一、滞塞的年代下，由于信息的不对称，成为意见领袖的先决条件很简单——你只需要比周围的人更早知道一些新闻或"内幕"。那时多数人难以接触第一手的最新资讯，更接近"资讯上游"的部分人便得以在其所在的"小群体"（首属群体）中逐渐成为"资讯寡头"，进而演化为意见领袖。然而，在信息爆炸，且信息传播渠道以无孔不入之势渗透到每个人生活里的新媒体时代，情况发生了巨变，从前那种初级形态的意见领袖地位已经不复存在了。

有人看到了这种变化，于是认为：意见领袖只是资讯稀缺时代的产物，而在信息爆炸时代，技术的力量让资讯随时随地触手可及，意见领袖的生存空间已经荡然无存。

这种判断是片面的。诚然，今天的普通人已经拥有了电视、报纸、广播、网络、五花八门的移动终端等等传播媒介，不再像以前那样只能单纯依赖意见领袖来提供"独家新闻"或"小道消息"了。但是我们也要看到，在特定时间或空间意义上的舆论场中，由于一些话语的控场或强势、一些话语的缺失或沉寂，某些具有相对"超然"身份或话语权的人士，因其身份而成为某个特定舆论场上的临时性意见领袖。这方面的例子也有不少，大家可以自己从这几年一些热点事件的传播现象中找到印证。

更为关键的原因是，网络时代催生了无数新的"首属群体"，为新型意见领袖提供了新的生存空间。麦克卢汉在其经典著作《理解媒介》一书中，从媒介演化的角度提出了一个人类社会历史发展的著名公式：部落化—非部落化—重新部落化。这一发展趋势已经被当前的网络传播状况所证实。其最明显的表征就是：虚拟空间多平台、多维空间的出现，促进了社群的虚拟化、分众化、隐蔽化，如游戏群、微信群、脸书群组等，从而直接形成了形形色色的意见领袖及其影响下的人际组织。

新的传媒环境，赋予意见领袖新的生存空间；新的存在形态，也要求意见领袖进化出新的传播功能。我们发现，在今天的互联网世界中，一个人要想成为意见领袖，除了先人一步掌握核心内幕信息之外，有时更重要的一点是，他必须"提出"（加引号是因为这种"提出"很多时候并非独创，而只是"转述"和"活用"）能让圈子内的人们感兴趣且深以为然的"意见"、作出高人一筹的"判断"和"主张"。

为什么会出现这种情形？

这是因为，在浩如烟海的媒介报道中，由于种种主客观原因，很多新闻事实和新闻现象之间存在矛盾、抵牾之处，甚至对同一新闻事件的报道，不同媒体也会"撞车"，从而让仍然处于信息不对称地位的普通受众短时间内难以辨别。并且，对某一个新闻事件的铺天盖地的报道，也会让受众在面对动辄数以十计的报纸版面、数以百计的电视频道，或者茫茫大海般的网络资讯时，更容易在资讯和观点的狂涛怒海中一时间感到惘然困惑。对某个新闻事件作出系统了解和价值判断，成了一件"奢侈"的事。

毕竟，作为非传媒专业人士，忙于个体生存发展的他们，繁忙的工作、紧张的生活节奏，已经占据了人们多数的时间，大多数人无暇、无精力亲力亲为地对这些"本职工作之外的"议题进行充分思考和全面分析。因此，他们往往更倾向于消费那些"快餐式""傻瓜式"的资讯整理、事实分析和价值判断。

以上客观现实，为意见领袖提供了新的，也许更大的生存空间。从而，今天的新型意见领袖一个非常重要的作用就是：在自己的"圈子"内，由单纯的"消息提供者"转型成为"新闻分析师"和"见解提供者"。也就是说，他们在进行网络人际传播时，能够针对光怪陆离的新闻现象，"援引""改造"或"创造"出某种判断和观点，并"分发""投喂"给圈子内的其他人。

这种承载着判断和观点的网络化小众传播，在公共议题的劝服过程中，越来越显现出其巨大的威力。

（三）
新型意见领袖：新的劝服命题

从上面的分析来看，伴随着信息的大爆炸，"意见领袖"的劝服角色在发生变迁的同时，也正在得到某种意义上的强化。这一新现象的出现和加剧，对舆情研判、劝服传播均提出新的挑战。

作为高度活跃于虚拟世界场域并对网络受众及网络舆情施加不容忽视的意见影响的特定群体，新型意见领袖在营造网络舆论声势、引导网络舆论走势以及制造网络舆论压力等方面，越来越拥有了无形的巨大影响力。

更为值得留意的是，对于主流舆论而言，这种影响力还体现为正负两个方面。一方面，新型意见领袖可能成为主流舆论传播的动力，对主流价值观、意见的劝服传播形成积极的补充；另一方面，新型意见领袖更为便捷（发酵快）、私域化（隐蔽性强）的分众化传播活动，在很多时候也可能带来对主流舆论传播的遮蔽，不同程度地弱化后者的传播力、劝服力，解构主流意见、官方观点的主导性。

因此，我们研究新型意见领袖，就是为了更好了解这个能量巨大、机理复杂的群体，从而探寻他们与主流舆论劝服工作实现"趋利避害、同向而行"的可能性、可行性和有效路径。这种研究，对我们更好地研究主流舆论传者如何尽快"止损"劝服效能流失、有效提升劝服力，有着独特的现实意义。

具体到新型意见领袖对主流媒体言论劝服机制的一系列影响，我把它们提炼、归纳为以下几个关键词：

桥梁信使

传统大众传播模式下的言论传播，即使有意愿、有意识加强与读者的互动，但囿于技术限制和人手问题，往往更多是体现某种象征意义，互动的程度与效果十分有限。

而在新媒体传播的技术赋能下，这一不足得到突破性的改变。举一个最典型的例子——在微博、微信朋友圈这类新媒体平台上，主流媒体、党政部门、公共组织发布的主流言论，经由"大V"这类意见领袖的点评和转发，可推送至原本并未订阅上述报刊或关注上述机构官微、公众号的粉丝们眼前。这一"接力"环节，显著提高了上述主流资讯和观点的受众到达率、关注度和相应的反馈率，从而间接促进了传者和受众双向度的互动，有效地改善了传统言论的单向传播模式，促进了受众与媒体、公共部门、组织间的有效互动。

如果要用更形象的语言来描述上述交互过程，我认为，新型意见领袖在无形中充当了上下、内外传播沟通的"信使"——

一方面，他们向"首属群体"成员推送主流言论的声音，加速了大众传播的流通；另一方面，他们又通过精选留言、二次转发等方式，把单个受众的呼声以"高亮"的方式"回传"给政府及其相关部门，显著提高了受众反馈的效率。

这些，都对主流舆论的劝服过程起到了重要的连接作用。

把关过滤

这是意见领袖发挥"把关人"角色的重要体现。作为主流资讯与分众群体之间的"把关人"（或者打个比方，就像上游资讯和观点的"代理商"或"分销商"），意见领袖本能地会根据自身的主观好恶、价值判断，或者基于自身综合知识素养水准、阅听偏好，先对自己"转手"的资讯和观点进行某种取舍和筛选后，才向所在的分众群体成员进行传播。

很显然，在某些时候，这种把关和筛选能够起到屏蔽偏颇、谬误或有害信息的作用，对主流媒体的劝服传播起到正向作用；当然基于常识，我们也看到在另一些时候，这种过滤和筛选也可能造成截然相反的负面效果。

中继转化

意见领袖在整个传播流程中的另一角色，相当于"中继器""中转站"。其作用是将大众传播、组织传播形态的信息，转换为更适合在二级群体传播或人际传播的内容形态。

具体而言，意见领袖在资讯和观点的传播过程中发挥了传播形态转换、信息属性转换、符号系统转换以及传播流向转换等多种功能。与上面所述"把关过滤"作用相关又有所差别的是，这一"中继转化"更多是侧重资讯的传播形态（而前者主要强调资讯的内容、价值、取态等），是一种资讯或观点的呈现形式上的重新编码和解码，从而使之更加符合所在"首属群体"受众的阅听口味、接受习惯、理解能力等。

这方面的例子很多，比如，热门新媒体平台"知乎"上的很多时事解惑类、观点分析类帖子，就体现出此种功能。又如，网络大V"牛弹琴"，便很善于对国际时事进行话语转换，用多数网友能看懂的表述方式，对热点国际问题娓娓道来，不仅得到粉丝的追捧，也很受主流新闻网站的欢迎，其及时的解读性长文，经常被放到主流新闻网站的显要位置进行推荐……通过这类网络意见领袖的话语转换，复杂的时政问题被线条化、图像化，并在其通俗化、大众化的传播过程中实现了主流意见的间接和隐性的劝服初衷。

信用背书

大众传播的劝服过程，在很多时候是这样产生效果的——"大众传播意见领袖"（主流媒体传者）试图劝服"小众传播意见领袖"，后者进而发挥其在首属群体中的人格魅力和认同度，以一种信用背书的力量劝服小众传播的受众，从而显著提升言论的劝服效果。

一个被劝服理论的研究者反复引用的经典案例是：美国福特公司2000年为更好推销Focus车型，采取了一项大胆的营销策略。该公司在纽约等全美五个重点市场挑选了120位DJ、艺术家等时尚领域的意见领袖，并为每人配备了一辆全新的Focus，可无偿使用6个月。这一大型"路演"让不少明星粉丝对Focus爱屋及乌、一见钟情，该车型上市第一年的销售量就超过了28万辆，远远超越了其竞争车型本田思域。

虽说上述这类能够把劝服策略的运用与最终"产出"进行直观关联的个案，并不能全然推导、全盘复制到所有的意见领袖参与的劝服传播过程（尤其是意识形态议题的劝服传播上），但仍以颇有说服力的逻辑关联，向人们展示了意见领袖的作用原理和潜在效果。

观点增效

意见领袖是主流媒体信息和观点的整合者、二次创造者，在他们有所倾向和取舍的聚焦、解读和"广播"下，成千上万个分众传播网络，可短时间内让一个议题、一种观点获得几何倍数增加的点击率和注意力，并通过互联网传播的"回声效应"和"混响效应"，再次形成大众传播场域的碰撞和共鸣，将二级舆论场上的"小气候"演化为某种"大气候"，从而在劝服传播过程中成为促成舆情"化学反应"、激活"沉默螺旋"的催化剂。

当然，这种劝服效果的爆炸式增长，对主流意识形态治理而言，可能带来正面或负面的不同后果——在一些时候，能通过网络舆情聚焦，挤破脓包、促进社会点滴进步，又能迅速化解心结、营造共识，协力化解负面舆情；但在另一些时候，则可能无端推波助澜、制造人为对立和舆情危机。

信号变形

这是在新型意见领袖诸种影响力中尤须警惕的一种，作者姑且称之为"反劝服"。它的危害就在于——对主流媒体传播所承载的主流价值观、主流判断的消解甚至"负向增效"。

我们知道，社交媒体时代，"注意力经济"的商业模式比以往更加复杂和精巧，一些新型意见领袖逐渐成为利益主体或利益共同体。为了博取眼球，用"语不惊人死不休"来标榜特立独行、意见独到，成为某些新型意见领袖（网络大V）生存和获得拥趸、粉丝的手段。再加上，不少"大V"本来只是非专业人士或跨界人士，一旦他们的传播动机掺杂私利，很容易为了"10万+"而罔顾事实真相、事件成因，与网络推手、"水军"合谋，心照不宣地策划或跟风炒作某些公共议题，放大现实中的社会矛盾和偏激心态，从而使得虚假、情绪化、煽动性的言论充斥虚拟空间。这些真假难辨的信息源、似是而非的观点，干扰混淆了视听，尤其对非专业受众形成巨大误导，进而投射到现实社会，引发不必要的思想混乱或舆情危机。

比如，前几年的网络大V"咪蒙事件"，相信不少人记忆犹新。倡导教育公平、呵护教育公平，一直是主流舆论所积极弘扬的理念和共识。然而，2019年1月，咪蒙旗下公众号的一篇《一个出身寒门的状元之死》却利用当前社会上普遍存在的教育焦虑心理，对上述主流价值观进行了一次猛烈冲击和颠覆。这篇应该属于虚构小说的网文以"自媒体报道"形态的擦边球式传播，引发惊人关注度和巨大争议。后来由于文章中的时间错乱、违背常识等问题，被网友质疑无中生有、编造故事、刻意煽动泪点，引发一场不小的舆论风波，并最终触发了监管之闸。随即，"咪蒙"公众号关停、相关账号被注销、公司解散。百万级粉丝量、年收入高达8位数、估值20亿元的自媒体商业神话，转瞬之间，已成明日黄花。

今天回过头来看待这一事件，我们可以得出更加全面客观的结论。咪蒙的成功，是反常态、反常识的；其败落，是符合中国社会内在逻辑的——那就是，作为拥有巨大社会影响力的新型意见领袖，必须健康而非病态、有利于社会主流价值观形成而非贩卖焦虑和生造杂音。因此，对于"咪蒙事件"，学界的观点基本一致。有学者评价，从抚慰人心的情感鸡汤，到消极颓丧的反鸡汤，再到宣扬狼性的毒鸡汤，咪蒙迎合了大众的"坏消息综合征"和宣泄负面情绪的冲动，对"自我奉献""精神关怀"与"扶助弱者"的主流价值观进行解构的同时，建构了消费主义、利己主义和社会达尔文主义的毒鸡汤价值体系。它对众生困境的表达，有着强大的逐利企图，这类"爆款"网络言论的存在，对社会心态和机构的平衡形成潜在消解，因此它们在国家的文化治理中就必然成为负面典型和整治对象。2019年2月1日，人民日报官微也就"咪蒙事件"发表措辞严厉的言论："当文字商人没错，但不能尽熬有毒鸡汤；不是打鸡血就是洒狗血，热衷精神传销，操纵大众情绪，尤为可鄙。"

"咪蒙事件"已尘埃落定，但其内在的商业逻辑、诱导倾向，以及迅速发酵形成攻击中国教育体制的网络舆情的能量，是值得反思的。

（四）
与意见领袖的"共赢劝服"

从上面的分析我们不难得出结论——在今天越来越分众化、社交化、垂直化的融媒传播场域中，主流媒体直接面对并影响绝大多数受众的时代已经一去不返。相应的，在某一特定议题上，通过各种手段实现或保持意见领袖影响力正向递增至关重要，只要能实现这一状态，社会整体舆论便会愈加积极和有利；一旦意见领袖的影响力已呈正值递减甚至负值递增状态，则应加大动员、多管齐下尽快显著提升主流媒体的引导力，尽可能将负面影响降到最低。（对这一结论，作者曾在其他论文中通过图表的形式尝试分几种情况做过一些推演分析，限于篇幅，这里就不再详细介绍了。）

因此，未来我们必须直面的一个重要命题应该就是：重视网络意见领袖培养工程，迅速适应并答好"如何在与各级意见领袖的共存中寻求'共赢劝服'"的新考题。

所谓**"共赢劝服"，是我为了论述方便生造的一个词，主要想描述这样一种状态：主流媒体传者在劝服传播过程中，通过甄别、团结、发动或转化意见领袖，使后者在相应传播活动中能与主流舆论保持同向行为，从而达到主流舆论劝服力增强的同时相关意见领袖影响力也得到相应提高的效果。是为"共赢"。**

换句话说，主流舆论作为国家意志、主流意识形态的体现，在发挥自身功能和使命的过程中，很有必要尽可能借助意见领袖之力，扩大意见舆论场的"统一战线"，因势利导，促使其成为主流言论劝服传播的动力，而避免其对主流言论劝服传播的遮蔽、消解甚至"负面放大"，尽可能实现为我所用、同向而行。

这是一项更具前瞻性、基础性、挑战性和巨大潜在效用的工程，需要理论界进行更深入系统的研究，亦亟待实务界予以更积极大胆的探索。想要达到这样的理想状态，其实颇有难度。但我们至少应该朝着这个方向去努力，尽可能无限接近目标。所以，我们需要做的还有很多，暂时想到的，至少包括以下几方面：

善于发现和团结意见领袖

在这一方面，像广州、深圳这样的城市很多年前就已经有了较强的自觉意识和尝试，不同层级、不同领域的城市管理者主动接触、对话"大V"，成为颇为常态的官方举动。

在传播语境深刻变迁的今天，善于发现意见领袖，并科学引导其与主流舆论同向而行，已成为提升主流舆论劝服效能的必由之径。

这里其实包含两个层面的问题。第一个层面，你怎么去发现意见领袖。要想利用意见领袖之力来提升主流意见的劝服效能，首先一个最基本的前提，当然是回答"谁是意见领袖"的问题。在微博等"显性"的社交平台上，这个问题不难回答，是否"加V"一目了然。然而，在微信或QQ

群组等更加"隐性"的社交平台上，这一问题则会难度大增。有学者提出，采用观察和调查的方式，有助于从芸芸众生中甄别出谁是意见领袖。比如，可以询问受访者在其需要"观点消费"或难以作出某项抉择时，会求助什么人；或者，可以发放调查问卷，由受访者自我评估他们在上述"求助"互动中自己所发挥的人际影响力，从而从中发现具有意见领袖特征的人选。

第二个层面的问题，发现意见领袖毕竟属于针对既成事实的一个相对被动的做法，除此之外，主流舆论传者还应该怎样"主动出击"呢？大致可以从两方面进行思考——一方面，要"吸纳"，通过发现、引导、团结意见领袖，提升他们所传播资讯的真实性、客观性、建设性，从而作出符合主流意识形态和价值观要求的取舍和解读，以主流价值观矫正他们所在首属群体中流传的不正确价值观，用"大道"澄清"小道"；另一方面，要"培养"，通过有计划有策略地互动互鉴，正向引导和扶助那些暂时还没那么高的人气，但符合主流价值观，并且具有较大成长潜力的意见领袖们，有效提升他们在自己分众传播领域的辐射力、公信力与亲和力，这样他们凭借鲜明的民间性、公众化和同理心，能够实现更快速地"涨粉"、更有效地传播主流意见。

意见的解码、重新编码和分发

我认为，主流意见要想借助意见领袖之力实现劝服效能最大化，二者之间最理想的关系是：既适度分工，运用大众媒介进行"公"告，利用意见领袖开展分众化意见引导；又不截然区隔，大众传播与意见领袖（分众传播）在事实与观点上均实现活跃互动和相互印证，形成传播的涟漪效应，让"传播波"得以持续衍射，从而增加"首属群体"成员被多元正面信息和观点接触及引导的概率。

而当前，基于某种考量，国内多数主流言论的融媒体平台的交互功能发育不充分，即时互动领域偏于沉闷。此外重要的一点是，主流媒体传者对新型意见领袖的认知、了解、掌握都还不足，沟通不畅、互动阙如，难以形成涟漪效应，传播的参与性不高，劝服效果很多时候不如人意。

如何更好让意见领袖积极参与舆论治理格局，发挥他们在特定群体中较高的人格魅力优势，使其在不计其数的分众传播场域，将主流意见"解码"和重新"编码"，并以"面对面""口对口""ID对ID"的人际传播方式进行分发，从而激活主流观点核心要义之劝服力的乘数效应，是一系列值得深入探索、大胆实践的新命题。

议程设置的科学分工和良性交互

主流舆论与意见领袖之间的优势互补，除了上面提到的"意见"上的互动与相互印证，我认为，还包括善用前者议程设置的优势地位，以及后者对主流舆论议程的"二次聚焦"和"二级传播"上。

美国学者伯纳德·科恩在20世纪60年代说过一句经典名言：在多数时间，报界在告诉人们"该怎样想"方面可能并不成功；但是在告诉读者"该想些什么事"方面却往往能取得惊人的成功。这一论断之所以成为经典（尽管前半句值得商榷），是因为它精辟道出了媒体，尤其是主流媒体在议题引导、议程设置上的巨大威力。

因此，主流媒体与意见领袖应该建立这样一种传播关系：前者借助主流媒体的平台优势、渠道优势、影响力优势，根据劝服意图，巧妙设置议程，提出宏观判断，形成舆论和意见的热点；后者运用其在二级舆论场的影响力和公信力，在前者"宏观判断"的观点框架下进行有针对性的讨论和引导，从而寻求该舆论场内的意见趋同。在这一点上，一些机构和部门已经积累了可贵的经验，在不少重大议题上也呈现出有策划、有组织的议程引导，并有意识地与各领域的"大V"们形成优势互补。

主流舆论话语体系的重大转型

孔夫子说过，言之无文，行而不远。这个"文"，放在新媒体语境下，不仅是指文采，更是指传播话语体系与时代、时尚及受众的契合度，换句话说就是"接地气"，与网友同声同气。"言之无文"、不接地气，不能引起意见领袖的共鸣和受众的关注，就会丧失传播力和劝服力。

在这方面，主流意见的传播，正被倒逼着进行一场话语体系的重大转型：话语色彩由灌输说教走向平等对话；话语方式由疏离的抽象叙事走向接地气的生活叙事；话语类型经历着"革命话语—建设话语—创新话语"的转换；话语风格由严肃呆板走向不拘一格、时尚易读……当然，这种克服惯性的转型是痛苦而艰难的，但也是保持主流意见生命力、影响力的必然要求，没有退路可选。

总之，新型意见领袖是一个复杂的研究命题，如何善于发现、科学分工、善加引导，其实在现实中也时常是一系列让人困惑的难题。但毋庸置疑的是，这一群体已经成为主流舆论传播格局中越来越重要的一个变量，值得我们花更多精力去观察和研究。

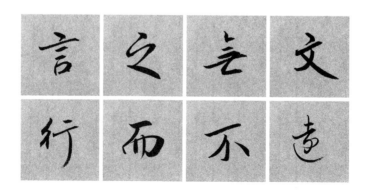

言之无文
行而不远

做一个懂理论的评论员

作为主流媒体评论员，在很多时候，其选题、论证、行文，都要涉及主流政治理论相关的议题。中国如此，外国亦然。优秀的评论，绝不只是技巧的堆砌；优秀的评论员，绝不是单兵突进、模仿几篇范文就可以速成的。二者，都必须有思想性"打底"。

思想性从何而来？其中一个非常重要的源头就是理论素养。这里所说的理论，广义上，涵括哲学社科理论、自然科学基本理论等；狭义上说，主要是指哲学社科理论——对我国的主流媒体评论员而言，更具体地说，其中很大一部分就是中国共产党的创新理论、政策方针等。

以上，是成为一个优秀评论员的先决条件，构成了支撑一个优秀评论员的思想内核。可以作出一个判断——理论是评论之母。

（一）
一个基本共识

为什么这么说呢？我想在开始所有的交流之前，我们首先必须取得一个基本的共识，那就是——在中国，主流媒体就是主流意识形态的化身，就是政治的另一种表现形式，就是党的政治理论的大众化载体。

认同了这一点，咱们便在"同一个频道"上，接着往下聊。

回望百年历史，中国共产党之所以能够带领中国人民穿越百年风雨如磐、道阻且长的征程走到今天，是因为这个党有着一系列区别于近代以来中国和世界上其他政党的鲜明特质，其中一个极其重要的特质就是高度重视理论引领和理论创新，以实事求是、与时俱进的理论，有的放矢地指导实践活动。百年之前，中国共产党的先驱结合中国那个时代的国情和具体需要，选择了最先进的革命理论武器——马克思主义，从而在芸芸政党之中脱颖而出；在革命、建设、改革的漫长征程中，中国共产党根据时代变化，不断开辟马克思主义新境界，让党的事业得以行驶在正确的快车道上；进入新时代，党的理论仍在与时俱进、不断创新发展，创立了习近平新时代中国特色社会主义思想这一当代中国马克思主义、21世纪马克思主义。中国共产党的百年光辉历程，构成了"实践探索—理论创新—指导实践—进一步推动理论创新"的逻辑闭环。这，正是中国共产党保持生机、与时代同行的重要秘诀。

我们说，中国式现代化是实现民族复兴的必由之路，那么，它一定是与中国的执政党积极倡导的这种中国式理论创新、中国式理论学习、中国式将理论学以致用的传统密不可分的。

理论是时代的先声。政治理论在我国如此重要，作为主流媒体评论员，我们能"绕着走""绕得过去"吗？因此，懂理论，尤其是懂政治理论，应该成为主流媒体评论员成长路上的必修课。

（二）
学点方法论，下些笨功夫

从业务工作经验来看，也确实如此。荒芜的头脑中，是生长不出饱满的稻穗的。"行家一出手，就知有没有"，同理，胸中无底蕴，出手就露底。

平时不学理论，对政治理论议题不关心，对相关政治理论概念没兴趣，对相关政治表述不积累，肯定不可能成长为一个成熟、全面的主流媒体评论员。或者，即便在"术"的层面取巧"上路"、有所提高后，很快便容易遭遇难以突破的瓶颈，在重大议题的评论选题面前，陷于困惑、迷茫和焦虑。

　　这样，就容易出现两种倾向：一种是全无头绪、全无章法、想当然、错漏百出，缺乏基本的独创观点、个性化表达，读之无味、平淡如水，最后要么原路打回，要么闹出笑话甚至风波；另一种是干脆当起剪贴匠、搬运工，全文上下，"无一处无来历"，对前人的创新观点、精彩论述过度引用，引发争议，引起非议。

　　那么，应该怎样学理论、懂理论、用理论？

　　比如，先要发自内心重视和认同理论学习尤其是政治理论学习。认同了才能欣赏，才能甘之如饴、主动学习，也才能真正看得进去、钻得进去。

　　又如，不能死记硬背、囫囵吞枣地学。有一次一位青年朋友对我诉说学习政治理论的苦恼："这些字我都认识，但是读了很多遍，还是不明白它在说什么……"这就提醒我们，学政治理论，千万不能脱离语境、背景和上下文孤立、机械地学，这样学很可能"书读百遍"也不能"其义自见"。我们要"立体式"地学——既学原著，"集中兵力"；又学背景，"多路合围"；同时联系实际，加以对照、印证。这样，才能既"逐字逐句、原汁原味"，又透过字面，领悟党的创新理论力透纸背的深意；这样，才能真正读懂政治理论，更好了解来龙去脉、举一反三；这样，才能悟其"道理学理哲理"，知其"言"更知其"义"，知其"然"更知其"所以然"，真正内化于心。

　　再如，我们要科学认识评论和理论的关系。新闻工作中，理论与评论有着明显差异，但也存在交集。人民日报有个传统，叫"评论当家、理论看家"。其实在中国，所有的党报（主流媒体）都多少有着这样的传统。"当家"也好，"看家"也罢，其实是形象地说明，两者本就是"一家"，是内在相通，有着某种相互促进关系的。所以，在广州日报，这些年我们一直强调要打通理论和评论两个板块的采编工作之"任督二脉"。相关问题，本书《一个评论员的"养成"》一文还会具体聊到，这里就不多说了。

　　总之，一个成熟的评论员的养成，必然是一个螺旋式上升的过程，必须要有宽而厚的塔基，才有可能支撑起金字塔的塔尖。一个优秀的评论员，往往在他看似云淡风轻、信手拈来的理论术语、引述、类比、数据，甚至一句诙谐话语背后，却浓缩了无数的苦读、思考和积累。

这些，都需要老老实实下些"笨功夫"，千万不要老想着"抄近道""走捷径"。

（本文是作者2022年与年轻评论员的几次谈话内容整理而成）

评论员不能缺了"互联网思维"

"互联网思维",现在已经是一个大家耳熟能详的词汇了吧？在互联网尤其是移动互联网时代，具备"互联网思维"，对于各行各业而言已经是一种基本的素养。

同样，我们从事媒体评论工作的人，也必须全方位地锻炼和提高自己的互联网思维能力。否则，就会被远远抛在互联网时代快车的身后。

（一）
现实的倒逼

必要性或曰必然性，就不用多说了——其实这更多是现实的倒逼。换言之，如果缺少互联网思维，今天是干不好时事评论这个工作了（其实，今天如果缺少互联网思维，很多工作都是干不好的，因为我们的生活已经高度互联网化了，而互联网思维对于很多工作而言，就像"氧气之于心肺、舟楫之于渡客"。鉴于今天主要讨论新闻评论工作，这里就不展开说了）。

这种"倒逼"，主要体现在周遭的大环境上——我们的传播环境、我们的受众特征也就是用户环境，都在越来越互联网化。今天已经很难想象，我们可以离开互联网资源的辅助去寻找某个评论的选题、去策划某个评论的选题。也很难想象我们可以抛开网友的阅听期待，去孤立地策划或选择一个评论选题，或者在产品形态和传播手段上，可以罔顾今天移动互联网用户的阅读偏好和习惯，另搞一套。可以想见的是，这样的评论产品，在今天的移动互联网传播环境下，是缺乏基本的生命力、竞争力的。毫不夸张地说，今天我们的新闻评论产品，从选题策划到写作、生产、传播，再到用户反馈，整个流程都应该嵌入更强的互联网思维，都应该更好地顺应今天的互联网传播语境。

身为媒体评论工作者，如果不能尽快追上新的传播环境的步伐，我们的作品、产品的传播力、影响力就会进一步被新媒体、自媒体分流走，消解掉。

这不再是危言耸听，而早已形成无法逆转的倒逼之势。

（二）
互联网思维的几种素养

怎样培养互联网思维？

首先，我们要积极顺应互联网的生活场景，以乐观积极的态度去拥抱新生事物。比如对于区块链、元宇宙、AI……这些新玩意儿，我们既要看到它们当前不成熟的一面，或者人为炒作的成分，但是也要用更长远的目光、更宽容的态度去看待它们蓬勃的生命力和不可估量的发展前景。要看到，人类社会未来的生活场景必然是高度互联网化的，这一天的到来只是时间问题。所以我们应该多一些顺势而为的良好心态和主动作为。

其次，我们要善用互联网工具，让技术为我们赋能。如果态度上接纳了互联网化的生活场景和技术前景，但是在内心深处、在方式方法上仍没有与时俱进，那么这种接纳也是没有实质性意义的，或者说"诚意欠奉"。只有当我们像过去用纸和笔，或者打字机、PC单机写作新闻评论那样，习惯成自然地运用互联网思维和手段来生产评论产品时，我们才能说自己真正接纳了互联网工具，真正进入了新闻评论的"互联网生产"。

同时，更为重要的是，我们要有意培养和增强自己的下面几种互联网思维——

用户思维

具体到移动互联网时代的新闻生产和传播，就是要具备受众思维。要有受众至上、用户至上的心态和认知。用户在哪里，我们的传播就要延伸到哪里。

这是因为，一方面，如果把我们的评论产品比作一件商品，那么只有当它适应了用户需求，并且为受众、用户所购买、阅听和接纳，它才实现了自己的"市场价值"。另一方面，如果从我们评论产品的社会效益而言，也只有它到达用户，并且为用户所消费、接纳，它才能起到自己之于主流意识形态、主流价值观的承载功能、传播功能和教育引导功能。反之，它就可能只是一件摆在玻璃橱窗里的精美工艺品，实现不了到达用户、实现价值的这"惊险一跃"。

用户思维有时往往需要换位——在写作或生产评论产品过程中，我们要经常把自己当成一个普通的受众，在一些新闻背景的叙事，甚至专业词汇、英文缩写的表达上，我们都要换位思考：如果我就是一个普通网友，这样的表述"我"能看懂吗？"我"感兴趣吗？或者，"我"会反感吗？强调用户思维，就是要避免像我们很多传统的传者那样，一味站在自己的立场和视角，过于强调自我的阐述和单方面的价值灌输，甚至有时还带有那么一点孤芳自赏。总之，在多维、多元传播的移动互联网时代，我们的新闻评论千万不要"传者本位"，而要主动了解、适应受众的阅听喜好。

流量思维

流量思维与"唯流量"是有区别的。媒体人如果过度追求流量，就有可能出现这样或那样的偏差。比如过度迎合部分受众的低级趣味，比如过度追求"血腥骚新闻"，等等。这都是与我们主流媒体的角色定位、价值追求、使命任务相背离的。

但是，我们在今天的移动互联网传播语境下，一定要具备必备的流量思维。因为流量，很多时候就是互联网时代的"报纸发行量""电视收视率"。只有把流量做大，才能让我们的新闻产品覆盖尽可能多的受众，到达尽可能多的受众，影响尽可能多的受众。没有流量的新闻报道、新闻评说，都是自说自话、孤芳自赏——缺乏"到达率"，自然也就无法发挥"导向"的功能。

在很多时候，流量就是传播力、影响力、引导力。

比如，我们要善用热点、巧"蹭"热点。换言之，在选题上，我们要让自己的评论产品与时代同行，切合社会的脉搏。

又如，我们在选择评论产品的传播载体、产品形态时，也要有预判。受众所喜闻乐见的叙事说理方式，就应该是我们更多去采取的评论产品的形态。

再如，举个简单的例子——如果我们的评论，在一个艰深晦涩的标题和一个引人入胜的标题之间去选择，那么我们显而易见会选择能够带来更大流量、吸引更多粉丝、获得更多点赞的标题。

平台思维

所谓平台思维，大体分为两个层面的问题。

第一个层面就是我们要增强平台意识。我们要对融媒体时代新闻评论产品的传播平台有与时俱进的认知。在传统媒体时代，我们说要有报纸思维、版面思维、影像思维、频道思维，那么在融媒体时代，我们就要有平台思维，并对评论产品生产、传播、反馈的平台特征、受众特征有清醒认识和精准把握。

平台思维的另一层含义就是，我们要增强联通思维。我们要将评论产品的生产和传播过程，放到一个开放的传播大系统、大格局中去考量，那么它不再是一种单一的产品形态，不再是一种一次性的产品，而具有了多元化生产、多元化传播、多次开发、多次利用的综合价值和效能。

创新思维

创新思维是互联网思维的一个重要表现形式。我们在新媒体时代要生产受欢迎、有传播效能的新闻评论产品，就必须具备比以往更强的创新思维。正所谓"删繁就简三秋树，领异标新二月花"，创新是智力产品受欢迎的一个重要的法宝。

具体而言，我们必须在评论选题的路径上敢于创新，在评论产品的生产形式上敢于创新，在评论品牌的多元开发上敢于创新，同时，在传播手段、传播渠道上敢于创新。这样我们才能在日新月异的移动互联网时代，尽可能追赶上我们受众和整体传播环境的前进步伐，尽可能保持我们言论产品的生机和活力。

超前思维

互联网思维一个重要的表现方式就是具备超前的意识，所谓"见微知著"。其实这也是作为一个新闻评论人的基本素养。主流的新闻评论工作者理应站在时代的船头，最先嗅到时代大潮的气息，敏锐感受并捕捉时代前行的信号。在很多时候，他往往必须具备对趋势走向的敏锐认知和睿智预判，从而做出未雨绸缪的解读与阐释，提出先人一步的建议与对策。

跨界思维

在互联网+时代，万物皆可"+"；在融媒语境下，万物皆可"融"。

因此，我们融媒时代的评论工作者，应该特别留意培养自己的跨界思维。跨界思维，要求我们的思维具有一定的发散性，同时要求我们的思维具有较强的创新性。但这种发散不是胡乱发散，这种创新不是拍脑袋创新，我们的跨界思维也绝不是贸贸然抬脚就跨。我们必须在现有或擅长的这一"界"把"马步"站稳，同时敢于涉猎相关的新领域，善于进行交叉研究、融合思考。这样，我们的跨界思维才可能"跨"到好处、"跨"得其所、"跨"出亮丽的风景线。

当然，具体工作中，很多好的理念、举措，其实是多种思维综合发生"化学反应"的结果。举个例子——由广州日报发起并主办的"少年评论员"品牌活动，包括"少年评论员·城事国事天下事"征文、写作体验营、校园巡讲等一系列特色活动，已经办到第五届，得到广大中小学生、学校和家长的热情参与和一致好评。因为主题积极、形式独特、富含"营养"，这一在全国党媒中"独一份儿"的品牌活动，也得到官方和社会各界的肯定认同——活动也由广州市委宣传部、市文明办正式作为指导单位，并由广州市教育局担任联合主办单位。目前我们正朝着"打造更具影响力的青少年思政教育品牌"的方向努力。而这个活动的诞生，最初就来自我和团队几年前苦苦思索"怎样将党报评论资源流量化、大众化、品牌化"命题时的"灵光一闪"。现

第四届"少年评论员·城事国事天下事"征文活动

发布时间：2023-05-31

上图：少年评论员征文活动的相关页面

在回想起来，如果非要加以分析和归纳，这种"灵光一闪"中，至少涵括了互联网时代新闻工作者应该具备的平台思维、跨界思维、创新思维、流量思维等等吧。

当然，互联网思维的具体内涵，尚无定论，也在不断发展和扩容。今天跟大家先谈几点自己在评论和理论宣传方面的小结和思考，还不是很成熟，更多言之未尽者，留待下次交流。

（本文是作者2022年的两次座谈发言整理而成）

一个评论员的"养成"

——跟年轻评论员的十次业务交流

（一）
"有几把刷子"和"第一粒扣子"

今天跟大家交流的命题是，一个年轻的评论员怎样做到尽快成长。

习近平总书记对新闻宣传战线工作者有一系列殷殷嘱咐。比如，他强调，宣传干部除在政治上可靠外，总是需要在理论上、笔头上、口才上或其他专长上有"几把刷子"……真正成为让人信服的行家里手（《在全国宣传思想工作会议上的讲话》，2013年8月19日）。

主流媒体评论员作为新闻宣传工作者中比较特殊的一个群体，人数不太多，占比不算高，但责任重大、笔重千钧，理应力争更快更好达到上述重要要求。

怎样做到"有几把刷子"？我想，一个先决性的命题是，"第一粒扣子"要扣好。如果你立志要成为一个合格、优秀的主流媒体评论员，那么它没有速成的办法，也没有捷径可走，除了"政治上可靠"，还必须踏踏实实练好一些基本功。**这种基本功，我把它归纳成"四个踏踏实实"。**

一要踏踏实实地深读几本书。

这些书，不是随手拣来、随便看看，而是要精心挑选，列好书单。比如，其中要包括必读的经典原著选读。读书之人，大多明白，阅读原汁原味的原著，与读"二手资料"的感悟、效果差别很大。正因如此，我们才要强调"读原著、悟原理"，学深悟透党的创新理论。在此基础上，可纳入一些基础性、普及型的专业通识书籍（经济学、法学、社会学、历史学等），还可包括一些你很感兴趣，也希望成为该领域专家型评论员的专业领域（比如城市治理、数字经济、城市考古、科技伦理、地方志等）书籍。

列好书目，更重要的就是要"日拱一卒"、按期推进月度计划，不能三天打鱼两天晒网，最后业荒于嬉。既然真心读，就要真的"钻进去"，第一遍精读细读，把书"读厚"、读深、读懂；同时又要能"跳出来"，通过第二遍、第三遍的通读、温书，把一本书"读薄"、读贯通、读通透。怎么读书，确实有方法论的因素，同时更是毅力的严峻考验。

二要踏踏实实地写一段时间的稿。

要真正沉下心去连续写一段时间，用现在流行的话说，要进行一段时间的"沉浸式"的评论写作训练。因为当你真正"从0到1"写完、写好一篇评论稿后，你所完完整整经历的选题的踌躇、提纲的反复、观点的提炼、思维的开阔、文字的苦吟，都会成为你未来评论工作乃至新闻生涯中的积淀和财富。

三要踏踏实实地编一段时间版、改一段时间稿。

也就是说你要站在一个评论板块责任编辑的更高站位和视角来看待别人的评论稿件，用责任编辑（甚至主编、总编辑）的大局眼光、整体观念、辩证思维对它进行甄选判别、修改把关。这个工作很锻炼人，因为它要求你跳出一个评论员的视角或层面，站在一个文稿质量判断者、内容把关人、版面整合提升者的层面来拉升你的业务水平，进而积累所有有助于你未来成为一个更好的评论员的必备素养和能力。

四要踏踏实实地学习借鉴优秀前辈、同行。

我们要认认真真地留意、关注、揣摩优秀同行的评论产品，借鉴其中的写法和理念，而不单单只是浅层次地跟随他的选题，"引用"他的一些观点和内容。也就是说，我们借鉴优秀同行的评论，要学到本质、学到精髓、学到方法论，绝不能沦为实用主义甚至庸俗主义的"借用"。

这就是我所理解的怎么做好一个评论员、怎么样扣好"第一粒扣子"的方法论。从某种意义上说，这其实更是一种评论工作者的价值观。

（二）
新闻评论，"新闻"+"评论"？

今天跟大家交流"什么是新闻评论"这个基础性命题。

所谓新闻评论。从构词上可以看出，它是新闻加评论。所以，新闻评论永远不能背离这两个关键词。它是基于新闻事实、新闻热点，对其背后所蕴含的价值观进行评析、论述。所以说它是依托于新闻，但又是超越新闻的。跳离新闻热点、新闻事实的评论，不是新闻评论，而是杂文；没有评论成分的新闻叙说，属于单纯的新闻信息的呈现行为，它没有提升，没有归纳，没有观点，也不能称之为新闻评论。

所以我认为，新闻评论存在的意义和价值就在于：**第一，它"言新闻之未言"；第二，它"思常人之未思"。**

说到这里，有必要离题多说几句。平时工作中，对于党报的评论和理论两个板块，有时是有一点交叉地带的，因此也容易带来一些混淆。这里尝试区分一下。

评论和理论有相似之处，也有显著不同。它们的共同点在于，都要求有思想、有观点，都不属于纯粹意义上的新闻报道。它们的差异在于：

新闻性、时效性上，略有区别。我们说，契合新闻热点、有着很强时效性的理论文章，固然最好；然而，有些理论文章有其独到见解，那么在时间的跨度上更长一些，也是没问题的。而新闻评论，一般来说，都要对新近发生的新闻热点议题进行评述，离开新闻事实、新闻热点，就好比鱼儿离开了水、鲜花离开了泥土，也就称不上是新闻评论。

逻辑的形式上，要求略有不同。内在逻辑性是理论或评论作品，甚至是一切好文章的共同要件，当然具体的逻辑表现形式有一定的差异。一般而言，对于理论文章，我们要求在形式上做到逻辑严密、形式完整、层次清晰，大致相当于学术界所强调的"规范性"。相对而言，新闻评论虽然也强调内在的逻辑性，但是在具体的行文方式上，可以相对自由、生动、活泼，也就是说，可以按照并非那么严密的逻辑的"外在形式"来展开个性化的论述。

思想厚度的展现方式上，略有区别。我们看到，理论文章一般来说（强调一下，这里是指一般情况，不可绝对化），它的思想厚度和它的行文方式，相对比较持重、厚重，比较强调学术化、严谨性。而一篇好的新闻评论，当然也应该有思想、有思考，但是它的思想的展现形式应该更强调深入浅出、易读和悦读，更加鼓励形式创新、别开生面。

因此，我们说，新闻媒体上的评论报道和理论报道，二者的文体特征、角色使命、业务要求都是有一定区别的。

回到这次交流的主题，我们来聊聊新闻评论的分类。新闻学中的分类方式繁多，在实际操作中，新闻评论大致分为两大类：一类是围绕党委、政府中心工作的评论，在主流党媒中普遍存在，是我们从事评论工作非常重要的一个内容；另一类是社会热点议题（包括经济、社会、文化等各领域）的评论，很多时候也是体现媒体个性、独家性的一个重要指征，是主流媒体观照社会、守望社会、思考社会并提出见解、主张的一个非常重要的舆论武器。

两种评论大体的分类，也决定了我们在写法上是有所不同的。党委、政府中心工作的评论，要求吃透中央和省市等上级精神，准确而敏锐地抓住当前正在推进的、各方广泛关注的中心工作的核心要义。这一定位也决定了其行文要求有高度、大气、准确，同时也提倡做到文风畅达、平易近人。至于社会热点评论，则当然要求更加契合社会热点事件和议题，话题鲜活、反应迅速、文风创新。

尽管两大评论的写法上有一些区别。但是它们都要遵循一些共同的原则。这些原则可以分为三个层次：

第一个层次是基本要求。包括但不限于：最基本的，文通字顺；不说外行话、不闹笑话；要切题，要聚焦；要逻辑清晰，逻辑连贯。为什么要单独提到逻辑呢，因为不管是写中心工作的社论、评论员文章、述评，还是写社会热点类的"热评""辣评"，我们都要做到逻辑自洽，不能逻辑混乱。这一点其实比较考验一个评论新手的驾驭能力和思维能力。

第二个层次，不妨称之为中级要求。它要求作为一个新闻产品的评论，除了具备新闻的必备要素和形式完整性，还必须有受众思维，要击中受众的共情点、社会的痛点、公众的"痒点"。也就是说，我们的评论不能无的放矢、不能隔靴搔痒，不能写成与社会上多数人的关切点、感受、认知相背离的文章。

第三个层次是高级要求。这就要求我们的评论能体现思想性、前瞻性和建设性，对有关部门决策具有参考性。这应该说是一个评论员走出单纯"技术性评论"层面，从而步入"智库型评论""思想型评论"境界的重要标志。我们经常发现有一些原本属于讨论性、议题性的评论，最后写成了他人"老调"的简单复述或转述。这样的新闻评论，往往看似起承转合、一二三四、煞有介事，但其实仍属于拾人牙慧、缺乏见地，因此也就缺乏价值和意义的成色。

"没有观点"的文章分为两类。一类是"没有自己的观点"，只是如上述般简单重复、借鉴他人的观点；另一类则是"根本没有观点"。我也看到一些刚从事评论工作的年轻人，有时会把一篇热点话题的评论写成了"综述"，或者写成了新闻报道的"概述版"。应该说，这些都是对"什么是新闻评论"的认知和理解还有待校正的典型表现。

（三）
"搞评论"是新闻入行的较好路径？

跟一些年轻的评论员和评论编辑交流时，我多次提到一个个人的工作感悟——

先做做评论工作，是一个年轻人进入新闻行业比较好的起步模式（当然，先从事其他新闻品类的起步模式，也有其各自的优势，只要勤勉善思，最后总能殊途同归）。而我从切身体会出发，建议那些有志于在政经、深度新闻报道领域干出一番成绩的年轻从业者，先从新闻评论起步，并不是出于什么"本位主义"的本能，而是有着长期的思考。

为什么这样说呢？因为评论工作对一个新闻新人的锻炼，包括了几个非常重要的方面（而它们在新闻工作者未来的各种工作中都是非常重要的专业素养）：

一是培养思考的能力。

"评论"的过程，本身就是源自新闻又超越新闻的，因此，它会让我们在工作过程中经受相对更为系统、全面和多样化的思维训练。因为评论的选题每天都是新的，作为一个评论员也必须对政治、经济、历史、生态、文化甚至娱乐议题保持关注度、敏锐度和一定的行业认知，进而在具体的新闻议题上随时快速反应，并展开即时的议论、评判。

这种工作要求，对一个刚入行的新闻工作者的思维训练，在多样性、适应性上，应该说比"跑"若干固定的"线"，强度会更高、效果会更明显（当然，后者深耕某些具体行业，在专业性的提升上也有其不可替代的优势）。这样的思维训练，收益将是长久的，也将赋予我们在未来的新闻生涯中所需具备的一种能力——为一篇新闻报道、一个新闻产品注入灵魂的能力。

二是培养归纳的能力。

作为一个新闻评论工作者，他必须具有较强的材料归纳能力和梳理能力，更为重要的是，他要善于从繁杂的资料中发现内在联系、提炼出主题，从而找到新闻的价值所在，进而概括出自己独家的观点，提出自己独创性的建设性意见。这种能力的培养，在评论工作者的日常工作中，每天都在进行。

这种归纳能力的养成和提升，对于一个人未来从事任何智力劳动，显然都是一门必备的基本功。

三是培养逻辑的能力。

我们对一篇评论的优劣，非常重要的一个判断维度，就是逻辑是否清晰。这跟一些新闻报道作品采用的按时间或事件的线性逻辑顺序，是不太一样的。新闻评论的逻辑脉络，有时是"多维发散性"的，有时是"层层递进式"的——但不管怎么样，一篇好的评论文章，其逻辑结构都必须

"万佛归宗",即必须最终服务于你的主题和观点。

受到这样的思维训练,应该说能为一个新闻从业者未来的工作奠定一个相对较好的逻辑思维基础。

四是培养洗练文字的能力。

我们经常也能看出来,写评论对文字的要求是比较高的。首先,没有"线"上的通讯员为你提供素材,那么这就要求你的文字基本上只能靠自己一个字一个字写出来。其次,评论的篇幅一般来说比较短,很多时候不会超过1500字,有时甚至三五百字而已。然而,但凡好的评论作品,都要求寓意深刻、"微言大义"。那么你要在有限的篇幅里面把你的逻辑顺序理清楚、观点讲清楚、论证过程设计好,这就要求评论员具备非常洗练的文字能力、高超的论证技巧,以及严谨且生动的表述手段。

我们知道,有些能力的培养和训练,是要趁早的,越年轻开始着手,效果越明显。它所生成、流淌在你血液里的从业素养,会成为你今后从事其他门类的新闻工作的宝贵积淀。有了这种宝贵素养与积淀,就有了底气,再涉足很多崭新的新闻工作领域,甚至其他相关文字工作领域,其实更多就只是适应时间长短的问题了。

说了这么多,"搞评论"是不是就等同于当评论员?是不是得从一开始就当评论员才能得到上述几方面的历练呢?

非也。

这就要谈到另一个经常跟年轻的评论工作者探讨的话题——做好一个评论编辑,相较于做好一个评论员,其实往往有着更高的要求和标准。换个角度理解这句话,可以说,承担评论编辑的工作,往往也能够为成为一个成熟的评论员提供必备的历练和工作基础。

之所以这么说,是因为一个评论员在写单篇稿件时,他往往是受制、受限于个人化的视角、叙述、思维定式和风格的。从我自己多年的写作体验来说,很多时候难免会陷于某一篇、某一段的推敲之中,而很难跳出来、用第三者或受众的视角去反思、优化全篇——我称之为写作过程的"局部的技术性陷阱"。

而作为一个评论版面或频道的责任编辑，他的角色和视角会更为超脱、超然，从而对于整个版面或频道中的评论稿件，会有一个更为整体的统筹、更加客观的对比和评价，以及对新闻事实的核实、具体内容的修改、评论文风的鉴别、新闻标题的创作和拟定等等会有更加宏观的把控。

从评论编辑以上全流程、多样化的工作职责，不难看出，这种全局性、超然性、条理性的锻炼，往往是一个单纯从事评论员工作的人所不容易具备的。说到这里，我又想起一位我非常尊敬的新闻前辈的一次反问："为什么是'总编辑'而不是'总记者'？"这确实是一个非常睿智又非常透彻的启发性问题。

而上述这些能力的锻炼、素养的养成，反过来，对一个评论编辑未来转型为评论员，正是一种必要的、奠基性的历练和滋养。这种历练和滋养，往往能够缩短他从事评论员工作的适应时间，也能够加速他未来在评论写作过程中实现某些"质的飞跃"的进程。

所以，当一个评论员在碰到业务瓶颈而难以突破时，适当做做评论编辑，是有助于更好"跳出庐山"，看清自己的短板，从而进行有意识的改进的。或者，至少在遭遇这种困惑时，应该有意识地锻炼自己的编辑思维、编辑视角，也能有利于换个角度审视自己、提升自己。

（四）
讲点"套路"，警惕"套子"

评论员必须有发散性思维，这个发散性思维的训练非常重要，因为它决定了我们思想的广度、创新的限度。如果缺乏这种思维的广度，我们的评论写作就会陷入一个无形的"套子"，作者就会成为契诃夫笔下因循守旧、墨守成规的"套中人"。

那么，鼓励发散思维，是否就意味着评论文章不必有"起承转合"、不必遵循逻辑规律，而鼓励从一开始就信奉天马行空式的写作风格呢？

这也就是这次要聊到的命题：新闻评论（也可拓展到所有的新闻写作

范畴）的"套路"和"套子"。

为此，我归纳了两句顺口溜："**为文如习武，'套路'是基础；下笔要有神，莫做'套中人'。**"

先说第一句。我们说任何工作都是有套路的，而遵循一定的套路，对于初学者和刚刚进入职业化写作阶段的人来说，是有利于快速成长和上手的。这就像我们学习武术，最初都是要从学习套路、招式开始。熟悉了若干武术套路、招式，然后你才可能融会贯通，最终进入到"无招胜有招"的境界，做到不拘一格、从心所欲不逾矩。

再说第二句。凡事都有两面。如果我们把套路当成了自己写作的永久遵循、唯一标准，让它变成了一个套子，那么我们的评论就会变得僵硬而枯燥，也就离"无招胜有招"的化境渐行渐远了。因为我们把自己的手脚捆了起来，把自己的脑袋束缚了起来。这样，就会导致千文一面，让作品看起来缺乏个性、了无新意。我们说，文似看山不喜平。一旦写作进入了一个模式化、惰性化的套子，那么写出来的文章就没有新意，就像看眼前的一片衰草丘陵，平平如也，平淡无奇，味如嚼蜡。

推陈出新者"潮"。对新闻工作者而言，"潮"，是一种状态，生机勃勃而非老气横秋；是一种追求，多些受众思维而非孤芳自赏。从2003年6月起，《广州日报》连续围绕广州的城市精神、干部作风问题、"二次创业"、改革动力何来等重大议题，组织撰写多个长篇政论系列，既提神又锐利的新文风引起强烈反响和共鸣，获得各级领导的高度肯定，也令外界对广州宣传系统、广州日报刮目相看。这几组评论体现了市委机关报在重要节点的政治高度、责任担当、思想深度和战斗力，坚持问题导向、直指沉疴痼疾、呼吁担当作为，写法上敢于自我突破、推陈出新。刊发后在全市领导干部中广泛转发，一些外地包括港澳专家也纷纷主动转发，为广州市委的魄力、广州宣传系统的锐气点赞。其中，"要的就是精气神"这个系列，每篇刊出后，微信公众号推送都是10万+。

说句实话，严肃的政论要破除话语惯性、做到这样上下都满意式"火出圈"，非常难，要求也非常高。我们的评论员团队在上级领导明确要求下，痛下决心、狠下功夫，既注意从毛泽东同志、习近平总书记的著作中学习深入浅出的文风，又专门研究了"浙江宣传"等新媒体产品文风，边写边摸索、边干边总结，**初步归纳出改进此类政论文章文风的五条心得：**

一是活学活用。对经典著作、重要书目的学习和运用，既要学懂弄通，又要拒绝炫技式"掉书袋"。博览群书、厚积薄发之后"用之无痕"，方能避免牵强附会或生搬硬套。比如，上述几组政论文章，在习近平总书记"金句"、经典案例运用的娴熟度、效果上，应该说刷新了我们自己过往的纪录，而且很多都是大家之前很少见过、耳目一新的表述和案例，新鲜感、知识性都较强。

二是问题导向。拒绝不痛不痒的泛泛而论，瞄准共性问题一针见血，方能让读者产生共鸣。上述几组政论文章，"讲问题"成为每篇的要件，不少问题点得还很尖锐，起到了很好的促进警醒和反思之效。

三是"用故事讲道理"。拒绝喋喋不休的陈词滥调，准确切题、逻辑清晰、"理、例"交融，方能引人入胜、趣味盎然。上述几个系列的严肃议题政论文章，各级领导干部、很多普通读者都反馈"文章虽长，读来不累"，"自己居然不知不觉就一口气读完了"……其中一个非常重要的"诀窍"就是，我们从一开始就要求大家每篇文章都要借鉴"相声心理学"或"电影心理学"——每几个自然段内必须出现至少一个佐证性的简短小故事、小案例，虽寥寥几笔，却能让阅读者的眼球以一定频率接触到"兴奋点"。事实证明，这一"小技巧"是行之有效的。

四是文风锐利。拒绝四平八稳和老气横秋，尽可能用节奏明快的短句、潮语和"土话"，方能让读者如坐春风。诸如"何为虚干？虚干就是'伪忙碌'。看似忙碌，实则无功"，"不少干部看似很忙，忙开会、忙调研、忙汇报，常常'两眼一睁，忙到熄灯'，结果却是忙而无功、白忙瞎忙"，"是是但但，豉油捞饭"（广东俚语，意为随便糊弄）……这类句子用好、用对地方，文章就易读、"悦读"多了。这很显功力，也很考功力。

五是"好稿是改出来的"。上述几个系列的重大严肃题材政论文章，受众"一气呵成"的阅读体验背后，往往是"推倒重来"式大改、"吟安一个字、捻断数根须"式苦吟推敲。每篇稿子前后修改均在"十易其稿"上下，事实证明，过程是痛苦的，结果是"甘甜"的。对评论员而言，坐得住冷板凳、多下笨功夫，是不二法门。

（评论合集）广州"二次创业"再出发！广州日报推出系列"广言"评论

（评论合集）要的就是精气神！广州日报推出系列"广言"评论
发布时间：2023-07-13

（评论合集）你我的样子，就是广州的样子！广州日报推出系列"广言"…
发布时间：2023-07-31

所以，既要掌握一定的"套路"，又要时时提醒自己不要陷入"套子"。这就是新闻工作、评论工作的难处。但换个视角，也恰恰是妙处、趣处之所在。

（五）
"卖家秀"与"买家秀"

跟大家聊一聊评论写作过程中的"卖家秀"和"买家秀"的反差现象。

现在网络购物已经成为我们生活的日常，"卖家秀"和"买家秀"图片上的巨大反差，经常令人哑然失笑。其实，在我们的评论写作中，也存在这样一种"卖家秀"和"买家秀"的反差。当然，这里说的"卖家秀"，就是作者、评论员在内心深处对于自己即将"分娩"的评论作品的愿景、预期或潜在目标。在构思的时候，这个"卖家"往往希望这篇文章写得如何如何精彩和无可辩驳。

而当文章实际写出来以后呢，由于评论员本身的功力素养存在差异，或者受文字表达能力所限，可能成品就与自己当时潜意识中期待和"推销"的作品相距甚远。也就是说，此时作为"收货者"的现实的、具体的评论员，其"买家秀"就会跟他内心潜在的这种愿景式的"卖家秀"之间存在或大或小的反差。

那么我们今天要讨论的一个重要问题就是怎么样去缩小乃至消除中间的反差？如果从"负面清单"的视角来分析，我们在写新闻评论的过程中，就要**避免几种倾向**。

第一种倾向，不妨称之为"想当然"。

最明显的是，在一些涉及严肃的政治问题、政策问题的评论中，作者对一些关键性的表述没有去核实，凭记忆或者凭自己的理解来加以引用、阐发，最后导致比较严重的差错。主流媒体上，重要题材的评论必须做到准确无误，任何"想当然"的工作习惯，都是应该首先力避、力戒的。当然，在一些非时政类的评论中，也会出现"想当然"的情况，造成一些常识性或专业性的硬伤。这样的评论刊发后，就会覆水难收、令人尴尬。

第二种倾向，就是对别人原创观点"过度引用"。

我们绝不能为了求奇、求新、求出位而走上不恰当的"捷径"。这也是作为一个评论员的大忌——甚至可以说是作为一个评论员的职业操守。为什么要反复警示，不宜"过度引用"其他同行所写的个性化特征比较强的原创性内容呢？我们知道，每个成熟的评论员都形塑出了自己个性化的文风、竭力提出原创性的观点。毫不夸张地说，这些都是他们的独家标识、知识产权。越是个性化强的原创内容，越包含了原作者苦心孤诣的劳动价值、独创性的知识产权。因此也就应该得到格外尊重和敬畏。我们大可怀着欣赏之心、借鉴之心去阅读这些文字，去感知这种原创的美，去效仿临摹原作者的写法。但是绝不能用直接"搬运"、过度引用去亵渎这种美，亵渎这种原创的劳动价值。我们在写评论的过程中，如果要引用他们的观点，引用他们的个性化的原创表述，就必须非常谨慎，非常克制。写作者可以从中得到宝贵的启发和借鉴，但是切忌大段引用、过度引用。须谨记："写稿"绝不能变成"洗稿"。

当然需要强调的是，我们应该反对的是过度引用、恶意引用。有时候，对原作者个别的句子或表述形式，后面的写作者确实因为欣赏或无意中受到对方的影响而产生了零星的直接引用，这样的行为是可以谅解的，也是常见的。但是如果后面的作者采取组合式、系统化的手法，对之前的某篇文章或若干篇文章的原创性、个性化的内容进行了大量的未指明出处的直接引用，这就不能解释为无心之失了。从"行规"上说，这样的行为也是触犯底线的。

第三种倾向，我称之为主流评论的"博客化"。

新闻评论鼓励形式创新，鼓励打造个性化的写作风格。但是与此同时，作为主流媒体的评论员，也必须时刻保持强烈的身份认知和自觉。在评论写作过程中，要牢记自己代表的是主流媒体，我们所写下的每一个字，都代表着主流的声音、主流的观点。所以，必须敬畏文字，切忌把主流评论写成了个人的"呓语"、个体情绪的"意识流"。

第四种倾向，我把它概括成三个"脱"字。

一是脱境，即脱离语境。"文章合为时而著"，新闻评论尤其如是。这个"时"可以理解为舆情，也就是社会整体语境。一篇新闻评论，如果选题上抛开当前的社会关切另起炉灶，或者观点主张上与社会整体氛围背道而驰，结果都不难想见——前者，多半应者寥寥；后者，恐怕遭人诟病。

二是脱靶，即无的放矢。热点议题抓准了，但为了独辟蹊径、出奇制胜，对最核心、最关键或最有争议的问题弃之不谈，抓住其中某个细枝末节的问题穷追猛打。就好比一群战机满载升空，大家都心照不宣地围着对方航母打，这么紧张的时刻，你偏要追着敌军小舢板打。脑补一下画风，会不会"尬"？

三是脱轨，即误入歧途。Flag立得不错，问题找准了，论点也没问题，但是论证过程、谋篇布局却缺乏收放自如的驾驭能力，结果笔之所至，如"沉醉不知归路"，最终"误入藕花深处"，离目的地越来越远，一地鸡毛，难以收场。这种景象，从事文字工作的诸君，应该都不陌生吧。

一件作品面世和传播后，"买家秀"与"卖家秀"之间差距的存在，有着复杂的成因，也并非解决了上述问题就能达到圆满结果。但是，如果我们能有意识地在这些方面尽可能加以改善，是能够有效缩小这种差距的。

（六）
"好看的皮囊"和"有趣的灵魂"

跟大家聊一聊"皮囊"和"灵魂"的关系。

前段时间，新东方董宇辉的出现，为直播带货界带来了某种震荡，可以说颠覆性地改变了人们对直播带货的固有看法。大家评价最多的一句话就是：好看的皮囊千篇一律，有趣的灵魂万里挑一。此前，靠帅哥靓女进行带货，还算颇有成效，但是一碰到像董宇辉这样有趣的灵魂（用他的话说，自己是长着一张颗粒无收的脸，却有着一颗五谷丰登的心），立即显出了某种鲜明的反差。

董宇辉的受欢迎，其实对我们搞评论的人来说也是一个有益的启发，让我们可以更好地思考移动互联网时代，评论写作的"神"和"形"的关系。

孔子说，"言之无文，行而不远"。老人家的意思是，好的作品必须要有好的形式，这样才能够口口相传、流传久远。这个道理不难理解。语言形式是思想内核的载体，好的思想观点必须通过流畅、鲜活的语言或文本来承载、表达、传播。尤其是在移动互联网时代，如果一篇作品，缺乏基本的通顺、文采，以及形式老套，文风生硬呆板，缺乏对读者基本的吸引力，那么它所承载的观点和思想就很难到达读者、打动读者、劝服读者。

但是我们也要留意，孔子同时也说了，"巧言令色鲜矣仁"。也就是说言辞过强、过盛的，很容易偏离"仁"这个核心要义。

这对我们有什么启发？一篇好的评论，它的核心要义是什么？是观点，是原创的、独创的、创新的、足以引起共鸣的观点，是它所呈现出的强大的逻辑推导能力，同时加上畅达的文字叙述、鲜活的文本表述，几个方面共同起作用，才能让你的评论达到说服力强的目的。而说服力是一篇新闻评论的核心目标。我们生产评论、传播评论，目的是要说服受众，从而起到我们主流媒体作为意识形态的工作部门应该起到的作用。

所以刚才说到有趣的灵魂。类比而言，就是指一篇评论的独创性观点、新颖的思想内核、有说服力的价值观。如果这样"有趣的灵魂"，再加上我们言之有"文"的"好看的皮囊"。那么这样的新闻评论就是内外兼修、双剑合璧的，自然就能受到受众欢迎，成为真正意义上的新闻精品、评论精品。

相反，如果只是"言之有文"，华丽的辞藻有余，而缺乏有内在价值的观点、有说服力的论证过程、有感染力的逻辑推演，那么，这样的评论很可能沦为"木头美人"，画龙无睛，即使能够一时夺人眼球、引人关注，最终也必然如昙花一现，是缺乏长久生命力的。

（七）
评论标题如何脱颖而出

在日常的业务工作中，我留意到有一些年轻的评论员，他们在"打标题"时显得比较困惑。有些人认为"文章才是重点，标题差不多就行"，有些苦于自己所起标题的平淡和偏颇，从而习惯于在打不出标题时，去网上搜索一些同行的标题，以此达到启发和借鉴之效。对于后者，在互联网已经深度嵌入社会日常生活的情况下，本也无可厚非，至少已是一个既成的客观现实。

　　这里想强调的是：无论互联网多么便利，我们也永远不应该放弃自己作为一个主流媒体评论工作者所应该具备的标题原创能力——或者说，越是信息海量化的互联网时代，我们越是应该特别地锻炼自己的这种能力。因为，提炼观点、打磨标题，是一个评论员、评论编辑所应该具备的一种非常重要的新闻素养。

　　一篇评论的标题，堪称"文眼"，体现了作者的思想成色。我们很多人见过香港街头林立的店面招牌，而一个评论标题，就像一个店家费尽心思、精心设计的店面招牌，往往决定了这篇评论能否在"千报万端"之中，在众多海量的同类别议题之中脱颖而出，能否受到你的潜在读者格外的关注。一个好的评论标题，无异于画龙点"睛"，也往往体现了高超的评论素养、业务功底，以及独到眼光和创新思维。

　　因此，一则优秀的、原创的评论标题也是应该得到格外尊重的，这应该也是一个行业的底线和普遍的原则。我们可以借鉴他人的评论标题，但不宜全盘拿来，应该给予充分的尊重和敬畏，在适当借鉴的基础上，必须要有自己原创性的加工和处理。

　　打标题，与前面谈到的写新闻一样，既要遵循一定的新闻规律，也就是共性、一定之规；也鼓励创新思维，尽可能避免味如嚼蜡或拾人牙慧，也就是要强调个性化和自我突破。具体来说，有几点体会跟大家交流：

　　一是导向正确。主流媒体评论员代表的是主流媒体、主流价值观，重要的评论员文章更是代表党委发声，因此必须在评论标题的制作上时时有这种"主流"的自我认知，首先要避免政治差错，其次不贩卖焦虑、不哗众取宠、不危言耸听、不低级趣味。

　　二是文题匹配。评论的标题要与该篇评论的选题、文章内容、具体体裁相一致。先说选题匹配。一篇评述南京大屠杀85周年的文章取个轻浮的标题固然不妥，一篇评述网络趣闻的文章用上社论式宏大标题也是不得要领的。再说内容匹配。标题应该是文章主旨的总体凝练，评论标题一般不建议取其一点而以偏概全，更不应该标题离"文"万里。（当然作为新闻作品，有时也要顾及对读者的吸引力而进行必要的编辑加工，这种"度"

的拿捏就很考验评论编辑的功力了）。再说体裁匹配。同为新闻评论，具体又可再细分多种具体体裁：若是评论员文章，则标题应端庄大气为宜；若是评论专栏，则标题最好体现些思想性和独到观点；若是"微论点评"，则标题最好短小精悍、留有余味……

三是呼应热点。就像上面提到的，新闻评论是一种新闻产品，因此要想更好吸引读者阅读、进而引导舆论，作为一篇评论之"招牌"的标题，就要学会巧借新闻热点、突出新闻点，在海量信息之中脱颖而出，"招徕"读者阅读。一篇观点独到的评论，再加上"呼应热点"，往往能够在传播中取得事半功倍之效。

四是切中肯綮、引人入胜。归根结底，评论还是要以观点取胜。好的评论标题应该将文章精辟、独到的观点最大限度地提炼出来，要尽可能体现亮点、新意。如，2023年6月2日，习近平总书记在文化传承发展座谈会上发表重要讲话后，我们及时组织撰写了《盛世修文 斯文在兹》《循"历史大道" 塑"文化之脊"》等系列评论，均巧妙地将总书记考察过程中颇具亮点的细节信息，通过凝练标题予以展示和诠释，角度新颖、隽永深刻，在同期的各家主流媒体同主题评论中，我们的标题最为出彩、最具特色、最有"文化味儿"，受到了各方肯定。

（合集）赓续历史文脉，谱写当代华章，广州日报推出系列评论

好的标题，切忌态度含混、不知所云，要尽可能跳出令人生厌的话语套路，避免陷入思维惯性、惰性而不自知。比如，《××××，有何不可？》这类评论标题，不是说它有错，只是这些年出现得过滥，不到不得已之时，最好少用。

好的标题，更要有洗练文字的功

力。如，对于甘肃省华亭县原县委书记任增禄案牵涉当地129名官员行贿事件的评论，选题准、文章内容也很好，但原来的标题相对较平实，我值班时，抓住这一事件中"百官行贿"的独特之处，改为《百官行贿比一官受贿更值得警惕》的标题，很有技巧地"扭"了关注焦点，用"百官行贿"和"一官受贿"对新闻事件进行了高浓缩的提炼，表达新颖，且形成相映成趣之妙，既抓眼球，又呼应观点。该稿当年获得广东新闻奖。又如，一篇关于新冠疫情后期广州发放消费券刺激消费的评论，原题为《释放消费活力，有序推动复工复产》，我在值班过程中，将其改为《小小消费券，撬动消费"链"》，应该说改后的标题更工整、隽永和吸引人。

上面这些，算是几点原则性的工作体会，希望能对大家有所启发。当然，要想成为一个在标题方面深有造诣的优秀评论工作者，了解一些基本原则还远远不够，还必须在一个个具体案例的业务历练中体会、归纳和成长。

（八）
"论"和"述"的黄金分割点

我们做学生时学议论文写作，老师经常跟我们提到一个词："夹叙夹议"。说耳熟能详也对，说耳朵听出茧了也不夸张。但是，我们是不是真的透彻理解、自觉做到了呢？实际操作起来，知易行难。

相信大家都看过大量的评论作品，其风格各异、高下有别暂且不论，在文章内容之"叙"与"议"的比例权重上就有显著的差异。有些评论文章可以称之为"全议无叙"，有些评论文章则走向另一个极端，"叙九议一"。固然，自古"文无定法"，每个具体的议题，不同作者，写法各异，只要能对论点形成有力支撑（或对反对的论点形成有力批驳）、文风畅达，就算得上一篇好评论。不过，写文章终有一定之规和公认的范式，绝大多数情况下，不同类别的评论，写法上还是有一些规律性的区分的。

以《广州日报》的评论板块为例。我们的评论稿件，常见分类大致分为社论、"广言"署名评论、本报评论员文章、述评（含记者手记等）、《珠江观潮》栏目、《评论员观察》栏目、《评论员茶座》栏目、《微论》、《热评》、专栏（深论）、《画外话》等。从名称上大致就可以看出各个品类的区别——

社论当然是其中最高规格，当端庄大气、评述结合、以评为主；"广言"即"广州日报言论"之意，其规格略低于社论；本报评论员文章又略次之，此二者均要求与社论类似，但个性程度略高；述评自是"述"的比重较高，但"论"仍是目的，亦是行文走笔的逻辑红线；《珠江观潮》顾名思义，多属广州本地议题，夹叙夹议，风格较自由；《评论员观察》则为评论员个人署名文章，有一定思想深度；而《评论员茶座》则议题和风格更为轻松；《热评》多为短评，一般以评为主，叙事则点到为止；《微论》篇幅更为短小精悍，更是以评为主；专栏（深论）与《评论员观察》类似，但多为约稿；《画外话》则是新闻漫画的点睛之笔，二三十字，无需冗言，点评即可。

可见，一篇评论，总体的目标和追求，就是要追求有思想的精彩，追求观点的说服力。观点是新闻评论的"芯"。缺"芯"的机器，再庞大精巧，也可能只是废铁一坨，价值会大打折扣。

那么，有了"芯"，各种品类的评论在"论"和"述"的比例上，如何找准各自的"黄金分割点"？

上面也提到，在这个问题上，具体工作中存在两种极端。有些评论文章，通篇都是"论"，而几乎没有"述"，道理讲得多，而几乎没有例证支撑。这样的文章，从逻辑上看是自洽的，从层次上说是清晰的，但是可读性会不如人意，会让读者觉得枯燥乏味而难以卒读。而且，缺乏例证的论证过程，也会显得欠缺说服力，毕竟人是感性和理性相辅相成的动物，喜欢用可感知、易感知的身边事物来辅助理解抽象的道理和逻辑过程。所以，我们的评论应该注重夹叙夹议，增强文章的可读性、易读性和悦读性。

当然，强调可读性、易读性和悦读性，需提防走向另一个极端。实践中也有一些评论文章，围绕某个议题，通篇都是叙述，甚至是不厌其烦地引述、复述同议题的新闻报道内容，文中只是穿插了寥寥几句并无太多新意或创见的评价和评论。这样的评论文章往往乍看起来，平易近人、文风流畅，但是经不起检视和对照。试想，如果一篇评论，仅仅是大段重复新闻报道，那么这样的"评论"的存在价值是什么？"评"或"论"在哪里？

（九）
学会换位思考，多点"受众思维"

从事主流媒体评论工作，有一个问题我们应该"吾日三省吾身"：我身上有没有出现"传者固化"苗头，我有没有忘记读者视角？

这样的省思是十分必要的。

从主流媒体的职责定位看，党媒是党的喉舌、人民的喉舌。要想发挥这种喉舌的作用，我们的新闻和评论，首先必须到达读者，为读者所喜闻乐见，而后才能产生春风化雨、成风化人的媒体功能。这个道理不难理解——如果我们的新闻作品，或者盛气凌人，或者面目可憎，或者与群众趣味相去甚远，那么这样的新闻作品、评论文章，是不会受到读者欢迎的；而一篇没有人看的新闻作品，也是绝对不可能起到传播主流价值观的宣传作用的。

再从大众传媒的产业属性看，主流媒体要想形成较强的"造血功能"，在同新兴媒体、商业媒体的竞争中巩固阵地，就必须赢得受众。我们的新闻和评论如果失去了读者，长此以往，主流媒体的生存尚且存在问题，正所谓"皮之不存，毛将焉附"，就更别谈主流媒体的社会职能、社会角色的发挥了。

因此，移动互联网时代，我们必须时时提醒自己：要刻意地跳出传者视角，少几分传者自我固化的思维，多一些读者视角，多几分换位思考。这里需要提醒几种不好的倾向，也是值得我们反思的一些传者自我固化的表现——

比如，选题的自我趣味化。

现实业务工作中，有些评论员容易在评论选题上走进自己的圈子，以自己的兴趣、专长为最主要的选题取向。然而写出来的评论文章，多数读者可能根本就对你这个题材不感兴趣，自然就更不会去细读你的观点了。这也提醒我们，主流媒体评论员的作品是一种公众产品，而不是个人微博、博客，它具有公共属性，必须有受众思维、大众思维。

又如，逻辑进入死胡同。

如果我们的评论员在某个公共议题的论述过程中，过于钻牛角尖，从而进入某种个人的逻辑游戏的死胡同，这样的论述过程、得出的结论，是很容易与大众普遍的认知相背离的，自然也很难得到公众的理解和认同。那么，这样的论述过程就是值得警惕的，因为它缺乏受众意识，这样的逻辑过程及结论，即使再精巧严密，也是缺乏受众认同和现实价值的。

再如，文本过于晦涩。

有些评论员以非常严谨的态度，希望所叙述的文字能够最大限度精准地表达思想、论证观点，从而采用了过多的专业术语、学术语言，甚至自己创造的词汇。这样的做法在适度的情况下，有时是可以增加文章的深度和辨识度的，但是一旦超出了适度的范围，就很容易进入晦涩难懂的区间。毕竟，我们不能苛求每一个读者都能够对文章中出现的专业术语有清晰的掌握。如果一篇"大众传媒"上的评论文章，"大众"（普通读者）都很难流畅阅读，自然会令人望而生畏、敬而远之，从而很难产生良好的传播和劝服效果。

此外，还有一种不好的倾向值得一提。

我们有些评论员在写作过程中，不自觉地会把读者当成"媒体人"，甚至把他们当成跟自己一样的媒体评论员。其表现就是，在引述新闻由头或新闻案例时，默认所有读者都像自己一样对这些新闻事实有全面充分的了解，从而过于简略，新闻要素缺失、语焉不详；或者在制作新闻评论标题时，过多侧重观点阐释，而忽略呼应新闻点，默认读者在看到这个标题时，都能像职业新闻人一样熟谙这篇评论的新闻背景。

这也是缺乏换位思考、缺乏读者视角的典型表现。其后果，很可能导致不少读者在看到这样的新闻评论标题时"无感"、引不起共鸣；或者，即使耐着性子读完文章开头，依然不知所云，从而就此打住、转读他文——要知道读者的眼球投向你的标题和文章开头的那电光石火的一两秒钟，正是一场至关重要的"注意力争夺战"，如果在这一两秒钟之内，因为不科学、不合理的写作方式或布局，没能"抓"住你的读者，再祈求他回过头来点开或阅读你这篇文章，就近乎奢望了。

总之，在所有的采编活动中，新闻工作者都必须时刻提醒自己：受众永远是新闻宣传的工作对象、争取对象、服务对象，因此，受众思维应该多一点再多一点。必须对"传者中心"的潜意识保持足够的警惕。

（十）
发散思维和聚焦能力

时事评论员，一个非常重要的思维能力——发散性思维不可或缺。一个立志于成为优秀时事评论员的年轻人，应该有意识训练自己的这种思维能力。

什么是发散性思维呢？道家说，道生一，一生二，二生三，三生万物。其演示的，是一个逻辑的多环递进。我们评论员的发散思维，倒未必非要体现为这种多环的递进，但至少它应该在一个思维的环节上有"宽度"上的展开——我们要从某个特定的关键词、主题词的"圆点"，衍生出若干个"辐射状"的思维层次，沿着这些不同的思维层次，进而能够进行有相当深度的论述。如果要简单而不太严谨地解释，这就是发散性思维。

评论员为什么要培养发散性思维呢？因为，它代表了你思维的广度、宽度，或者说"辐射度"。正如我们在其他地方所谈到的，对于一个新闻事件，时事评论员看问题的视角、思考的层次、提出的观点，理应比普通读者体现出更多的专业精神和素养——他要"思常人之未思，言常人之未言"，所提出的观点应受到大多数读者心悦诚服的赞同、认同，同时对他们具有一定的启发性。而这，正是社会分工赋予时事评论员这一职业的基本要求。

要完成好这种社会分工，我们就需要一定的发散思维、拓展思维、创新思维。也就是说，在很多评论话题的思考、策划阶段，我们的思维不应自我设限、不应有路径依赖，而应该尽可能呈现发散性的状态，很多时候甚至可以天马行空、放飞自我。

之所以要提倡发散性思维，还有一个非常重要的现实原因。我们在其他地方也谈到过，很多时候，当我们把某一类文章写到一定时间后，很容易陷入一种套路，走不出某种固有的模式。比如，我们有些朋友在写某些主题的评论时，就通常会固化为某种形式的"三段论"：首先，提高思想认识；其次，确保落细落实；最后，强化组织保障……显然，这种惰性化、模式化的写作，是很容易让读者生厌，从而敬而远之的。尤其是热点议题、公共议题的评论，一旦陷入类似这样的思维窠臼，就会难以提高，更难以吸引读者。

所以，确定一个评论选题，尤其是社会热点类、公共议题类的评论选题，我们应该有意识地培养自己的发散性思维，让自己的思维能够活跃起来、兴奋起来，尽可能自我超越。这样，我们思考的层次、维度才能更为多元和立体；这样，我们的评论才是多姿多彩的，才是为读者所喜闻乐见的，才是勃勃生机的。

我印象很深的是，自己从中学时代起，有时会无意识地训练自己的发散性思维，比如当老师布置一个议论文题目时，我会拿一张大的草稿纸，从标题的原点上，写下自己对题目的千奇百怪的分析和延伸，每次都力争能抽丝剥茧一般"拉扯"出不少有意思的思维层次，然后从中选择两三点，理顺之后作为文章的框架。现在看来，当时的举动更多是一种懵懂的思维游戏，说得再好听一点，也算是一种发散思维的自我训练。这种歪打误撞的举动，应该说对自己的发散性思维多少打下了一定的基础。20多年前，我曾在北京一家创意策划企业短期实习过几个月，也目睹和参与了不少当时还很时尚的"头脑风暴"讨论会。其形式就是鼓励发散思维，想到什么就说什么，不放过任何一个可能有价值的念头，这跟体制内的按会议议程发言有着很大的不同。

可以说，发散性思维是一切以创新为主要诉求和动力的行业的重要思维武器，一旦缺乏这种思维，就必然导致想象力创造力的疲弱、创新能力的不足、行业发展的乏力。这就是我想跟大家交流的第一个层次的问题。

那么说到"放飞自我"，又不能不提到第二个层次的问题，也是我们在评论写作中容易犯的一类毛病——有时我们最终呈现出来的文章，在形式上也跟我们的思维过程一样，过于天马行空、放飞自我。固然，一篇文章，文无定法。但是，任何最终呈现在读者面前的文章，终究还是应该做到逻辑自洽。也就是形式上要有自己的逻辑主线，做到逻辑完整、逻辑清晰。所以说，我们在构思过程中发散出去的思维，最终还是要服务于我们论述的主题、主旨观点。

思维可以放飞，但并不意味着我们放飞出来的任何思维和所有观点，都可以一股脑地写到我们的文章里去。这样的文章，是无法让读者卒读的，从而对读者也是不够尊重的。我们要对自己发散出来的思维碎片进行整理，对那些似是而非，或者看起来很"精彩"但对论述主题和主旨观点没有支撑价值的内容，要懂得舍弃，只留下那些对我们的论证有用的部分。经过这样一个去粗取精的过程，我们再对留下的思维层次进行更深入的分析和论证。这样，文章的主题才能集中，观点才会鲜明；同时因为有着发散性思维的支撑，我们的论述层次会显得更丰富，观点也会更辩证，视角也会显得更多元；最后，文章也会因上述几个长处而显得更可读、更有借鉴性。

所以，思维的发散性和主题的集中性之间，始终是一个辩证统一的关系。作为评论工作者，我们不妨在平时的写作过程中有意识地培养自己的发散思维，先充分发散，再进行必要的"收拢"。经过一段时间的思维训练，相信每个人都会对这种辩证统一的关系理解得更加透彻，对它的运用技巧也会掌握得更加得心应手。

题外话

一个评论员，应该怎么样自我规划、自我修炼？

在从事新闻工作，尤其是评论工作的20个年头里，时常深感自己是幸运的，因为从事了一份与自己的兴趣高度匹配的工作。

我们经常说，新闻工作者的每一天都是新的。那么，身为新闻评论工作者，尤是如此。因为每天的观察议题，都是多样性的、动态的，都在随着社会的运行而不断涌现。而评论工作者通常都能够自主判断、选择其中的合适话题，去展开自己的思考和评述。直至今天，我仍然坚信自己所从事的工作有着不可或缺的社会意义、现实价值。因为评论工作者时刻在守望社会、观察社会、思考生活，在提出问题、建言献策。这些努力，为我们国家和社会的每一次点滴进步，贡献着一份或显眼或不显眼的合力。

如果年轻的你，恰好与当年的我有着共同的兴趣，有着对社会较强的责任感，那么从事新闻评论工作应该是一个不错的"初始选择"。当然，选择这条路，也就意味着要付出可以想见的艰辛，要耐得住寂寞，要保持学习的习惯和思考的精神，要经受得住一定的"苦吟""苦修"的工作强度。但是我们要相信一点：追逐梦想的旅程总是艰辛而曲折的，负重的爬坡必然没那么轻松写意，然而追逐梦想的过程是"累并快乐着"的，有梦想并努力实现梦想的人生终归是值得的。只要年轻时懂得"吃小亏就是占大便宜"的道理，多下笨功夫、苦功夫，你在追逐新闻生涯梦想的旅途中总会抓住属于自己的那一份精彩。

这些话，算是与大家共勉。

（本文系作者2019—2023年的几次交流谈话整理而成）

碎片化时代，评论员何为？

今时不同往日。融媒体时代，伴随着新媒体技术和设备的日益日常化、廉价化，尤其是移动终端和附载于其上的各类App的推陈出新，传统的新闻传播路径已经发生了质的变迁。

且看，信源的多维度、传播的交互性、解读的多元化等等，进一步颠覆了传统的传播体系；新媒体（尤其是移动互联网）及新生代受众的叛逆性、解构性和"去聚焦化"，对传统媒体的"言说权威"造成消解；新媒体传播的碎片化、浅显化、视觉化等特征，以及由此形成的阅听新习惯（年轻受众尤甚），对传统的言论范式构成无形的冲击；与此同时，层出不穷的新媒体传播平台日益强大的网络动员能力，以及新的传播形态中意见领袖角色的全新表现，也对传统主流媒体言论的社会价值形成深层次的解构……这一切，都在无声地蚕食着传统媒体言论的传播力、引导力、影响力、公信力。

那么，新媒体的碎片化、浅阅读化、视觉化会一直成为未来主流媒体言论生产、传播和阅听的常态，会成为传受双方都欣然接受的最佳传播范式吗？主流媒体言论如何在移动互联网时代做出适度调整，以提升自己的劝服力、生命力，守护并拓展自己的阵地……

这些问题一方面迫在眉睫，另一方面又令人迷茫。不管是业界还是学界，都还在苦苦求索。作为实操者兼研究者，我也一直在思考这些问题。下面分几个方面跟大家汇报自己的所思所感。

（一）
"碎片化"与"去中心化"

在诸多挑战之中，有一个显著体现值得首先提出来：今天，阅听的"碎片化"和"浅显化"日益成为趋势。

现实生活中，我们每天都在目睹的场景，反复印证着这一判断。今天，人们习惯于通过手机App、网站和电脑即时通信软件自动推送的简讯了解时事，而不再像"从前"那样从头到尾读完一份报纸、一篇报道；习惯于浏览和转发"自媒体撰稿人""网络段子手"的资讯和观点快餐，却惰于思考它的来源、逻辑乃至真伪……社会思维的多元化、传播过程的碎片化，加速了这种趋势。从而造成一些深层次的影响。

比如，意见的去中心化。随着网民主体意识、个体意识的崛起，网络意见表现出的多变性、无序性以及网络的开放性、自由性、高效性等特征，很多时候对主流价值观、主流观点产生了消解作用。网络意见所表现出来的无序状态与主流观点之间不可能总被维系于和谐稳定关系，而难免存在着持续的张力与冲突，从而在一些时候将公共话语推向"塔西佗陷阱"。

又如，容易形成聚变。碎片化的网络意见像无数个放大镜，从不同角度放大了人们的判断、态度和行为，由于"群体极化"现象的存在，当一个热点社会议题出现时，如果某一网络群体中的意见领袖（或者仅仅是简单多数人）出现了观点偏颇或偏激，该网络群体中的其他人便极易形成跟从或"盲从"心理。从而导致碎片化的观点、判断在这些群体中产生裂变式传播，形成"乘法效应"，进而可能造成非理性的社会参与行为。

对传统媒体来说，观点衍射的场景，恰恰意味着受众"总流量""注意力"的此消彼长和悄然流失。根据CTR媒介智讯对各类媒体2012—2017年阅读情况的调查，五年间报纸的阅读率下降了23.5%，且这种趋势仍在持续；相反，仅2017年一年，网络新闻的用户规模就同比增长了5.4%。时至今日，这种此消彼长之势更加明显。

上述严峻现状，已经引起普遍的反思与警惕。早在2013年习近平总书记就提出警示："很多人特别是年轻人基本不看主流媒体，大部分信息都从网上获取。必须正视这个事实，加大力量投入，尽快掌握这个舆论战场上的主动权，不能被边缘化了，要解决好'本领恐慌'问题，真正成为运用现代传媒新手段新方法的行家里手。"（《在全国宣传思想工作会议上的讲话》，2013年8月19日）

习近平总书记所提及的"边缘化"一词，值得引起我们深思。边缘化，其实亦即新媒体传播环境带来的"去中心化"之隐忧。

当前，包括主流媒体言论在内的主流传播范式，在劝服效能方面所面临着诸多深层次的风险，为了便于阅读，我将其归纳为六个"失"字：

失时

这一点显而易见。传统主流媒体产品的生产和传播流程环节多、工序长、传播慢、到达迟，在从前的"慢时代"尚且在时效性上早已力有不逮，在今天的新媒体传播语境下仍属短板。相较而言，自媒体的抢抓热点能力更为突出，在"时度效"的时效性这一最基本比拼上优势更明显。

失语

对传统主流媒体而言，除了技术层面的"失时"导致的"失语"（发声滞后），另一种"失语"则是缘于传播观念上的"不敢为"或"不作为"——面对一些本不必过度敏感避讳的热点议题，求稳心态的存在，导致传统主流媒体在众声喧哗的舆论场上缺位，一再错失因势利导或澄清谬误的时间节点，变相地将舆论主导权拱手相让。

失焦

新媒体的传播即时、互动交流、自由评论等特征极大降低了自媒体的进入门槛，话语表达呈现出"无中心"的自由松散图景，传统传者的权威性、主导性被消解，微博、微信、微视（抖音、快手等）、App客户端等新媒体平台成为海量信息的集散地、各种声音的跑马场，出现了人人既是传者又是受众的高度活跃状态。新媒体的"去中心化"使主流意识形态的传播主体、信息荷载、观点呈现都更加复杂多元，所谓"既得繁花，亦生野稗"，导致传统意义上的议程设置失焦和失效，传统主流媒体极力聚焦的议题，时常与自媒体自发关注的议题风马牛不相及。

失"众"（受众）

中央领导人所看到并警示的传统主流媒体受众流失，便是最明显表征。与新媒体产品的"快、活、亲、轻、新"等特征相比，传统主流媒体产品整体上仍偏于"慢、板、傲、沉、套"，加上新老媒介本身便携性、便捷性、阅读成本等的差异，很容易让年轻一代受众"用手指投票"，在他们需要消费资讯、观点和判断时，自然而然淡忘传统主流媒体而投入新媒体的怀抱。

失守（潜在风险）

当前，全球互联网的根服务器基本掌握在西方发达国家手中，现有的数十种新媒体类型也大多数由西方国家开发、运营，西方互联网运营商、服务商享有对网络媒介话语权的强大掌控力。某些西方发达国家借助新媒体技术的"穿墙术""过墙梯"，千方百计进行西方文化价值的强势输出。这一现状体现在观点传播领域，难免对我国主流意见的权威性、公信力形成潜在的消解和威胁。

失效

大众传播的最终目的是"效果"，言论传播同样必须通过观点、意见的陈述（表现），影响或改变受众的观念、判断和行为，从而实现为国家治理服务的最终效果。今天的新媒体语境下，媒介形态已经依次从精英传统媒体作为主流媒体，逐渐进入到新媒体作为主流媒体的全新阶段（不管我们是否愿意面对这一现实）。新媒体尤其是自媒体言论产品作为全新的媒介言论形式，从上述各个方面全面而深刻地稀释、侵蚀了传统主流媒体言论的"劝服效果"。这一无奈的"失效"趋向，已经对传统主流媒体言论形成严峻的挑战。

通过上面的分析我们不难看出，传统主流媒体言论要想说服受众变得日益艰难。如何提高传统主流媒体言论的传统社会功能，重新焕发新闻评论的生命力，亟须加快自身打造"新型主流媒体"转型进程，跳出舆论宣传的惯性乃至惰性思维，引入科学、系统的传播学理论，提高传统主流媒体言论的劝服技巧，令新闻评论这一文体重新适应迥异于从前的新媒体传播语境。

（二）
主流言论传播范式的处境和应对

一直以来，党报党刊影响力显著，不仅被视为党或国家的机关，也被视为"社会的言论机关"。然而，正如上面所提到的，新媒体带来技术的巨大变革以及传播范式的深远巨变，在一定程度、不少领域导致人的异化、价值认同的消弭、群体的极化、生活方式的深层嬗变，从而对主流媒体言论的传播效果形成始料未及的影响，对主流媒体言论传播的原有生态环境带来前所未有的冲击。

伴随着受众的逆反与流失、价值认同的碎片化、感召力和时效性的差距，曾经作为有效统一人们思想、强有力引导社会观念重要媒体武器的新闻评论，在新媒体时代呈现出说服力、引导力的衰减、地位的动摇，关于新闻评论的传统理论与崭新实践之间，呈现出某种断裂的困惑。

融媒时代，在碎片化阅听成为某种"主流范式"的语境之下，主流媒体言论的生产、传播整个传受过程的碎片化，便成为一个大概率事件。在这种似乎势不可挡的大背景下，面对"碎片化阅听"攻城略地式的冲击，传统主流媒体并非一成不变，而是在其言论版面（节目）上体现出一些共性的悄然改变。这种悄然变迁之中，主流媒体言论的"劝服能效"又发生着何种微妙的变化？这些微妙变化，是否也导致主流媒体言论劝服功能的碎片化及其劝服角色的"挤出效应"？

言论选题的碎片化

传统主流党报、党台的言论选题方式以"老成持重"为特征，往往是有策划、有步骤、有逻辑层次。

而到了新媒体时代，由于公共议题更容易借助互联网瞬间发酵形成热点，因此，即使对于党媒而言，言论选题的系统性和层次感，很多时候也要服从于议题的偶发性和紧迫性。传统主流媒体通过深入生活、"蹲点"观察、长期思考而"发现"言论选题的做法，在新媒体线索和网上舆情成为重要选题来源的情境下，也必须及时做出自我调适和改变，学会短时间内针对"瞬间热点"进行关注，并作出回应，展开主流观点的传播。

言论观点的碎片化

在新媒体"去中心化"的传播场域中，评论主体身份门槛日益降低，人人都是记者，人人都可成为评论员，主流媒体言论"一统天下"的难度越来越大了。

在海量的网络信息环境下，网民的评论具有多样性和自由性，一千个读者心中就有一千个哈姆雷特，同理，一千个"网上评论员"也有一千个哈姆雷特。各种或正确或谬误，或客观或片面的观点在各种新的传播平台上更为自由地散射、衍射。从而在很多时候，新媒体和网上舆情的草根性，对主流观点的传播力、影响力形成"分解效应"。我们自然也可以想见，这些充盈于互联网的多元化观点，在一些时候会对主流媒体言论传者的报道倾向产生直接影响。

内容生产的碎片化

以智能手机为代表的移动传播终端，冲击、颠覆了言论生产的传统范式，全媒体的传播环境倒逼，又促进了言论生产的跨界与融合。传统媒体言论生产流程有条不紊的惯性被悄然打破，不得不日渐进行自我调整，以顺应言论传播碎片化大趋势。

这种变化主要体现于两方面。其一，主流媒体的内部言论部门的设置日益即时化、融媒体化，如几年前新华日报、广州日报等便将理论评论部更名为"全媒体理论评论部（频道）"，人民日报评论部则较早设立了新媒体编辑室。这些都体现了媒体业内对融媒化生产和传播的重视。其二，融媒体的言论传播更具开放性，融媒形态下的评论方式不再像传统言论那样具有定式化的格式，而是更具多样化的特征，可以实现图片、文字、动画、音视频等多媒体呈现，有时一个视频、一个图表甚至一句话、一个表情、一张图片都可以传播一个观点、一种态度，对新闻事件的意见传播、观点引导起到画龙点睛的作用。

传播流程的碎片化

这与内容生产的碎片化有着直接的因果关联。融媒传播场景中的言论产品，借助全新的、多样化的传播信道、平台，以更具网络特征的形式进行着即时生产，也就必然进行即时传播。

融媒体传播的多元化、多维度化、多渠道化，改写了传统言论传播流程受制于时空限制的原有模式，让传播过程具有了全天候的滚动播报特征，实现了传者对新闻事件随时随地、极为便捷的解读和评说。另一方面，受众可以随写随发、随时更新各类新媒体平台上的观点内容，实现观点的双向、多向传播和即时互动。

与此同时，借助大数据的算法，媒体言论的传播超越了传统的单一信道、感官，进而能够实现区分群体、区分时段、区分情景、区分平台的"精准分发"特征。受众也可随时"跳跃式"地在多种传播途径中选择一种进行阅听，"传者—受众"的传播流程被极大改写，传播过程被明显分众化、碎片化。

评价机制的碎片化

普罗网友的阅听偏好日益受到重视，网民（用户）的评价，日益成为对媒体言论的产品价值、传播效果进行衡量的重要指标，传统主流媒体言论的精英式话语特权、评价体系开始受到明显挑战。

这种评价机制的悄然转变，主要体现在两方面：

一方面，点击量、转发量、点赞量、评论数、打赏量等网络数据成为评价言论质量的重要指标。辩证地看，单纯迎合受众心态和趣味固然不值得提倡，但也必须承认，与以往主要靠"圈内人"的主观性打分、定性化评判相比，通过大数据的可量化工具辅助，能够为言论价值和效果的评价过程增加更为全面、客观的维度。

另一方面，对媒体言论的评价过程也变得即时化和碎片化。包括"新型主流媒体"在内的新媒体，其最为显著的特征之一就是：传者与受众（用户）之间多向度的即时互动。比如，通过微博、微信上传播的言论性文章，既可以是粉丝对博主发布内容的反馈，也可以是粉丝之间的互动（如微博），还可以是朋友圈中的互动或受众与公众号"博主"的互动（如微信）。这与传统媒体言论传播中更为"有序"、程式化、单调的受众反馈机制形成鲜明反差。

自身定位的某种"异化"

碎片化阅听的偏好与趋势，也对主流媒体言论传者产生了明显的影响。这种影响，一方面是正向的激励和借鉴，另一方面则是影响力、劝服力衰减造成的焦虑与"异化"。

比如，体现在一些传统主流报刊的言论板块，具体包括：其一，指导思想（办报理念）上随大流，趋附于浅阅读和碎片化阅听，"微论"和"点评"比重显著增加，有思想深度和厚度的言论作品被弱化；其二，在文本、叙事方式上抛弃传统言论作品的起承转合结构甚至完整叙事原则，一些言论的创作过程片面迎合互联网的碎片化趣味，文本之中思维跳跃过甚，逻辑凌乱而破碎；其三，在观点上更强调"眼球效应"而忽略观点的立场、正确性及论证的充分性，自媒体上所盛行的文不对题的"标题党"手法，也被一些主流媒体言论效仿沿用。

（三）
劝服困局的三种成因

主流媒体言论的劝服传播实践，今天为什么会面临上述种种困惑、倒逼和变迁？原因显然是多方面的，前文也提到一些方面，这里再相对完整地进行几点归纳。

1 传播环境发生了前所未有的巨变

主流媒体遭遇劝服危机的首要"外因"，无疑是今天所处的传播环境发生了前所未有的巨变。主要表现在以下方面：

融媒时代带来的不适感

所谓融媒时代，简单来说，就是媒体融合发展成为大势所趋的时代。这种融合，意味着媒介之间边界的相互接近、渗透与交叉，它不仅是介质之"融"，更深层次的意义在于，它形成了网络环境下产品形态之"融"、经营模式之"融"、产业发展之"融"。这一过程并非简单的多种媒介形态的相加，而是一个"相乘"，也就是媒介再造的进程。这种"再造"，必然意味着对传统存在惯性、生产范式、传播流程的大幅甚至全方位颠覆与重构，也就必然对已长期适应传统传播环境的主流媒体传者造成强烈的不适应感。

比如，传播内容的海量化。这一点人们有目共睹——互联网技术的日新月异，让世界日益成为一个"地球村"。全新的信息技术实现了传播过程的巨大变迁，且不再受制于传统新闻媒介的物理容量（版面、时段）所限。人们可随时随地获知国内外资讯和观点，也能够即时分享意见、实现交互，传播内容极为丰富，真正实现了"海量信息、一屏拥有"。主流媒体的传统优势受到严重挑战，甚至相较而言，传统主流媒体的版面、时段载体形成了"时空硬约束"，成为竞争的短板。

又如，传播主体的广泛性。传统媒体时代，新闻传播的主体是媒体机构的从业者，处于传播资源的"垄断者"地位，以其高度专业化的策、采、编、发职业素养，主导新闻生产和传播的全过程，受众处于被动阅听的地位。而今天，借助新媒体技术之力，受众不仅可以更自由加入新闻的发布、传播环节，甚至可以直接介入某个议题的策划、生产和传播，广义上的新闻生产过程变得更加开放。其中值得一提的是，商业互联网平台对传统主流媒体构成的"议程竞争"。迅速崛起的互联网社交平台，近20年间影响力几何级增长，成为"眼球经济"中风头无两的"新贵"。凭借先进的媒介技术、便捷的交互渠道、海量的信息承载能力、灵活的运作机制、雄厚的资本力量，这些商业媒介主体在议程设置上很容易形成铺天盖地、直达终端用户的局势，极大地争夺、削弱了传统主流媒体的议程设置"阵地优势"。这一方面显著拓宽了新闻传播的时空范围，另一方面也使得传者主体越来越多元与泛化，新闻传播流程中的传受双方的界限不再泾渭分明、清晰可辨，主流媒体的传者主导地位受到前所未有的挑战。

又如，传播过程的交互性。传统媒体囿于理念、机制和技术等限制，属于单向度传播，互动不足、反馈不够及时畅达。而今天，借助跟帖、微信、微博等新媒体交互手段，显著提高了受众在新闻传播中的参与度。双向交互性成为融媒体与其他传统媒体形态相区别的重要特征。基于互联网信息技术的广泛应用，传者与受众的这种双向交互性日益提升，反馈的过程更便捷，根据受众反馈进行的内容产品的调整优化也更为灵敏和即时化。融媒体机构的这些优势，在相当一段时间里，势必凸显出传统媒体形态的相对劣势与短板。

又如，传播对象的分众化。融媒时代的今天，借助日益先进的互联网技术，基于大数据分析算法，技术上正在越来越成熟地实现用户偏好数据抓取、个性化信息推送方面的强大功能，从而做到"用户画像"和"千人千面"，能够根据受众的不同需求进行精准"投喂"。这种日益精准、"滴灌式"的分众化传播，显著地提高了新闻传播的精准度和有效性。我们看到，这一过程进一步加剧了受众个体及所属"首属群体"的阅听偏好、观点立场的"自我强化"。这一"信息茧房化"倾向，从整个社会群落的传播过程之"外部性"而言是不利的，对主流媒体的劝服传播本身也构成了新的难题。

再如，传播内容趋于可视化。我们都深有体会的是，移动终端上视觉内容的直观化、感官化、浅显化特征，恰好迎合了现代社会普通受众的阅听需求和偏好。这一点从抖音、快手的迅猛流行可见一斑，微信随后跟进开发的短视频，以嵌入现有社交移动端的方式，也迅速拥有巨大流量。主流媒体在上述短视频平台的入驻、开号、产品传播，一定程度上也推动了可视化传播范式的主流化。当然我们也知道，以报纸为主的主流媒体言论的传统劝服优势长期以来一直是文字内容。基于这种惯性的原因，这种转型的过程必然是痛苦而艰难的。

全新传播语境带来的阅听方式变革

在传统媒体环境下，受众的阅听偏好、阅听习惯、阅听渠道、阅听时段相对比较固定。而在现代社会，人们的生活节奏越来越快，很多人已无暇再在固定时间获取信息，而日益倾向于在乘车、排队、等人这类碎片化时间打开手机等移动终端阅听新闻资讯和观点。

与这种需求高度契合的是，融媒体时代的今天，从充斥公共空间和私人空间的手机阅听，到浮光掠影浅尝辄止的网站浏览，再到散布街头的LED大屏幕、占据楼盘小区电梯的分众广告……毫不夸张地说，融媒体时代的移动互联网技术已经为每个受众设计并填补了每一块碎片化时间，而人们则被无数碎片化的资讯产品时时包围萦绕。

这种阅听场景的变迁，对主流媒体言论的劝服传播产生了显而易见的影响。我认为，具体可从两个维度进行分析。

从社会学角度来看，社会的深度转型导致了"主流资讯（意见）"在一些领域的消解。近三四十年来，中国社会整体处于转型期，社会转型带来社会文化、国人价值观、心态及行为方式的深刻调整与变迁——

其一，价值观多元化导致"主流资讯（意见）"在一些领域的消解与重建。一方面人们倾向于按照自己的兴趣和个人体验进行随机性阅听；另一方面由于资讯的海量性、零碎性和不一致性，人们又急切需要在某一领域具备专业性的"意见领袖"，来为自己提供更多易读（"要点化"）、便捷（"快餐式"）的阅听产品，这些产品在很多时候也会表现为碎片化的形式，而不再讲究逻辑的连贯性和严密度，不再有耐心有条不紊地铺陈观点。

其二，"单位人"向"社会人"转变以及社会交往模式的变迁导致社会群体、社交行为的碎片化。一方面原有的"单位社会"逐渐瓦解，新的"社区社会"尚在发育，以往熟人社会式的、较为封闭的社交网络遭遇显著冲击，在新的"陌生人社会"的社交网络缓慢建立过程中，人们的人际交往在空间上变得比从前更为复杂，也更为随机、不稳定和碎片化。这种迥异于以往时代"超稳定状态"的人际交往和个体的社会存在，带来人们思想的活跃甚至浮躁，让静心阅读变得越来越困难。另一方面，由于交通、电信等基础设施前所未有的发达，现代社会人们的社交活动在时间上也高度精确化、日程化，从而导致人们高密度的社交安排之间，"小块"的"剩余时间"显得比以往更多，为了利用（打发）这些零碎的时间，碎片化的"浅阅读"就成了一个不错的选择。在上述变迁的社会场景中，主流言论劝服的外部条件发生了前所未有的改变。

从传播学视角来看，主流媒体言论劝服机制也面临着全新传播语境的"代沟"——

其一，传播的分众化可能导致信息的碎片化。我们的社会早已从单一媒体独大，走到今天的多元媒体并存、"竞合"。理论上，传播通道的多元化，理应让同一条资讯的传播过程变得更加立体、丰满和完整。但事实则是，出于惰性和惯性，人们往往更倾向于选择一种单一通道去接触和了解资讯，从而形成路径依赖。而这一"分众传播"场景的进一步发展，也诱使不同媒介的传者（内容产品提供商）出于传播效果或曰"眼球效应"、广告效益考虑，对同一条资讯进行过度的"分切"和包装，以最大程度投合自己目标受众的阅听兴奋点。这样做的后果，可能导致信息的完整性和原本性受到损害，从而变得过度简单化、碎片化和片面化。

其二，新媒体的阅听方式容易造成信息传播与接收的碎片化。这是新媒体的阅听过程、阅听时间的碎片化所致。比如，浏览网页的过度便捷，使得人们在每一个当前页面的目光停留时间大大缩短；又如电梯屏幕等资讯的摄取，必然是匆匆一瞥而只言片语的；再如，人们在地铁里、公交车站、飞机上阅听智能手机或平板电脑等移动终端上的资讯，由于时间短促、屏幕狭小，多半也是浮光掠影和浅尝辄止的。这些，都是此前主流媒体言论劝服活动中未曾遭遇的全新场景。这种客观存在的"代沟"，目前看来仍有继续扩大的趋势。

2 主流媒体评论工作者自身面临"本领恐慌"

我认为，遭遇劝服危机的另一个重要原因便是，作为劝服主体的主流媒体言论传者的"信誉手段"受到挑战。（所谓"信誉手段"，是亚里士多德劝服理论中的"人为劝服三种手段"之一，是指演说者本人的品格或素质所产生的劝服力。）

很显然，主流媒体言论公信力的巩固提升，就是这种"信誉手段"之所系，也是主流媒体言论实现劝服优势的基础前提。借用人民日报长期负责言论工作的原副总编卢新宁在一次演讲中所言"我唯一的害怕，是你们已经不相信了"，对于主流媒体言论而言，最大的潜在危机也正是受众对它所承载的某些主流价值和判断的"不相信"。主流媒体言论在一些重要议题上的公信力流失、衰减之表征，主要表现在以下方面：

"只接天线，不接地气"导致"平行舆论场"

一直以来，传统主流媒体的言论生产，通常最容易犯的一个通病就是"只接天线，不接地气"。评论员政治意识很强，但有时群众意识欠缺，在解读阐释上级精神上下了很大的功夫，但对普通受众的阅听期待、接受心理、阅听习惯研究不够、所知不多，容易官腔浓重而令人生厌，文风刻板而拒人千里，从而形成一篇文章只是"写给作出指示的领导看、说给制定政策的部门看"，而普通受众不愿读、读不懂的"高处不胜寒"局面。从而在宣传效果上形成两个没有交集的"平行舆论场"。

有时"错误观点声如洪钟、正确意见难闻其响"

由于强烈的"角色自觉"，以及特定角色所带来的特定政治责任，使得传统主流媒体与普通商业化媒体在面对同样的新闻事件、议题时，考量会更为周全、顾虑也会相对更多。这种身份差异及其产生的角色自觉，表现在实际采编工作上，必然导致前期的议程设置、选题策划的流程更长、更复杂，后续的采编审核环节更多、更审慎。这种自觉通常是必要的，但有时当面对一些热点焦点话题时，也容易抱有"宁缺勿过"心态，先"等一等、看一看"，动作"慢半拍"。

这种客观存在，在新媒体、自媒体迅猛崛起的竞争时代，经常导致一种后果：在很多热点议题上，自媒体、境外媒体迅速跟进、分析、评判，而主流传统媒体发声滞后甚至观点缺失，从而在一些时候形成一种"错误观点声如洪钟、正确意见难闻其响"的反常局面。长此以往，则主流媒体言论有被不断边缘化、非主流化的危险。

态度不够鲜明导致的"眼球缺失"

在信息过剩的资讯社会中，一种观点要想先声夺人，必须观点鲜明、表达创新、具有抓住眼球的标识度和思想张力。然而，主流媒体由于上面提到的"身份自觉"，在价值判断上必然更为公允、观点表达上更为审慎、在情感表露上更为克制。很多时候这是主流媒体言论的优势。但在一些议题上，这种公允、审慎和克制，有时也会形成某种刻意的"含混"和"晦涩"。相比而言，自媒体言论和坊间舆论则往往因为顾虑更少，可以轻装上阵、尽情表态，因此往往能够显得观点更有力度、更有锋芒。

而多数受众在这些舆论议题上，潜意识中本身就怀有对于价值判断和观点意见的消费期待、阅读预判。因此也就不难想见，当这种期待遭遇主流媒体言论和自媒体言论两种迥异的观点表达范式时，哪种更容易吸引眼球，更容易对受众产生影响和引导之效。因此，在海量信息的竞争时代，怎样在继续把好导向关的前提下，更有效地提高自身观点的鲜明性、标识度、吸引力，便成为主流媒体言论工作者一个新的挑战。

迫切迎合"自媒体趣味"带来"人设变形"

这种"人设变形"的倾向，应该说是面对新媒体冲击，主流媒体言论出现的另一种形式的"自我迷失"。主流媒体言论的一贯"人设"是"伟光正"类型，这种形象有其复杂深刻的形成机制，在一些时候其传播效果也存在某些不足。但是否需要全然否定、走向另一个极端？我认为这一问题也是值得思考的，需要保持必要的清醒和定力。

我们看到，这些年一些主流媒体在猝然置身新媒体竞争和自身融合转型的过程中，及时看到了传统新闻表达与新兴媒介之间的巨大差异（差距），进而以可贵的谦虚精神大胆借鉴，实行"拿来主义"。其中，不少借鉴之举是值得称道的，比如中央电视台《新闻联播》节目开辟的《主播说联播》小节目，主持人一改单纯正襟危坐的播报形式，强调平视感、缩短距离感，轻松随意，以相对个性化、亲和性的"主播评说"形式，将联播中的某些只能客观报道的内容"道理说得更透""态度说得更明""表达更为生动"；同时评说过程整体保持了新闻联播主播的庄重风格，在"人设"上形成既总体一致，又互为补充的效果。

但同时我们也看到，在种种"拿来"的过程中，也有一些做法是值得商榷的。有些会让受众产生不同程度的不适感甚至反感心理。举个例子，2020年12月2日某市公安微信公众号发布的《必须曝光！街头抛洒"小卡片"的就是他们！》一文，从警方角度对"虚假色情服务广告"这一丑恶现象进行了一番全面曝光，并提醒群众不要上当受骗。说句实在话，从主题、文风来说，这都算得上一个非常"接地气"、网友也喜闻乐见的警情产品。然而值得指出的是，该文后面热闹非凡的评论区"编读互动"中，对一些字眼过于露骨且明显有悖公序良俗甚至法律规定的网友评论，该公众号不仅允许其审核通过，甚至以"笑答""笑驳"的方式予以回应。

客观地说，该公众号评论区内容的审核指导思想值得商榷。一些不宜出现在这则严肃警方发布中的网友评论留言，却被审核通过、突出展示，明显降低了议题的严肃性；同时，"作者回应"（某种意义上也可视为一种新型主流媒体言论的产品形态）中的不少内容，不仅给部分读者某种不良的观感，也无形中降低了参与讨论者对招嫖这种违法行为的心理容忍底线，客观上可能对打击卖淫嫖娼行为的劝服起到反效果。

由此可见，主流正统言论可以活泼、诙谐也可以"潮"，但"人设"红线还是要把好关、掌握好"度"，绝不应为了"流量"或"眼球"而过度从众、迎合，从而导致"人设崩了"。因为，"人设"一旦"崩"了，一是可能背离初衷和使命，二是可能使得自身劝服功能在热闹一阵之后无形衰减。

3 体制机制掣肘影响主流媒体言论功能

主流媒体言论的劝服效能，除了要看"效果"，还要看"效率"。那么，影响效能的因素中，机制的掣肘不容忽视。当前，主流媒体言论的劝服效能面临哪些现有机制的掣肘？通过多年的工作实践、业界观察和同行交流，我认为其至少体现在以下几方面：

思想顾虑过多，导致竞争"起点不公"

这种情况的出现，有些属地方或部门因素，比如，在某焦点议题、某热点事件上对上级精神理解不深不透不准，难以把握，保持观望和沉默；有些则是主流媒体工作者自身指导思想所致，比如，对舆论导向理解有偏差，从而自我设置了一些不必要或过于宽泛的"禁区"。

不管是何种原因，最后结果就是，在一些议题上与商业媒体、自媒体言论的"眼球竞争"（本质上是影响力引导力竞争）中，部分主流媒体处于另一种意义上的"起点不公"，从选题策划环节就输人一着；或者绑着"铅袋"竞技，生产方式、产品形态上过度求稳，将劝服传播的主导权拱手相让，令这种竞争客观上陷入某种"规则不公"。

短期看来，以上做法似乎达到了一时之效，但若站在党执政大局观之，这些做法的后果，其实是从局部挫伤了主流媒体言论公信力，降低了主流媒体言论的劝服效能，从而不利于主流媒体言论的竞争历练和行业竞争力，不利于党舆论治理能力的现代化。

采编流程过长，导致响应速度偏慢

我们知道，本来，主流媒体言论的采编流程就比普通市场化媒体言论更为严谨、环节更多，移动互联网、自媒体时代，这种反差就变得更加明显了。若加入上面第一点提到的逻辑关联，难免导致一些主流媒体言论工作者"不求有功但求无过"心态增强。在此心态和由此形成的工作机制下，极易导致热点议题当前，决策和生产流程更加漫长，从而在一些时候错过主动发声、引导舆论的黄金时间，间接促成谣言满天、谬论流传的恶果。一旦舆情发展至此，再重新补救起来，自然费心费力、劳师动众，其负面效果难以挽回，正面劝服效果不易树立，劝服的效率则更低下。

激励机制粗放，导致资源利用率偏低

与商业新型媒体、自媒体相比，目前我国主流媒体言论生产领域存在一定的"激励失灵"现象。具体表现为几个方面：

比如，人力资源方面，目前主流媒体言论工作者薪酬较之头部商业新型媒体、自媒体言论从业者（不少是从主流媒体转行），相对偏低，吸引力较之二十年前有所减弱；受身份和各种要求所限，多数主流媒体言论工作者工作上按部就班，个人创造力一时没找到充分、全面施展的舞台，对个人事业和本领存在某种焦虑感。

又如，渠道资源方面，不同主流媒体之间，甚至同一家主流媒体内部不同传播平台、渠道之间有时也因种种无形壁垒而不能有效形成战斗合力，进而难以形成言论劝服传播的涟漪效应、共振效应。

再如，内容资源方面，由于上述渠道资源的非高效运作，也往往使得主流媒体言论在耗费优质人力资源生产出来，并在单一平台一次性发布后，便完成使命、结束生命周期，成为某种"易碎品"和"即抛型"产品，利用率、传播率、影响力均偏低。

另外，品牌资源方面，普遍而言，主流媒体言论的品牌利用意识有待提升，品牌维护和品牌运营人才及水平不足，不仅造成外围、衍生产品缺乏，品牌增值、价值变现度低，更导致主流媒体言论的品牌价值在后续劝服传播中没有起到充分的支撑作用和"溢出效应"。

以上这些方面，都不同程度地对主流媒体言论劝服效能的发挥形成了制约。

（四）
重塑主流影响力的几点思考

前面我们谈了不少传统主流媒体言论面临的困惑和潜在风险，可能会让大家感到比较大的危机感。有危机感是好事，但我们也要避免因此而过于消极悲观。从主流媒体及其言论工作的属性来看，其生命力还会相当强大，在主流媒体向"新型主流媒体"转型的过程中，我们也应该对主流媒体言论未来的传播新载体、新形态、新生机，秉持足够的信心和定力。

当然，这种信心和定力不能源于故步自封。如何提升传统主流媒体言论的众多传统社会功能，重新焕发新闻评论的生命力，亟须跳出舆论宣传的惯性乃至惰性思维，引入科学、系统的传播学理论，优化提升传统主流媒体言论的劝服技巧，令新闻评论这一体裁更好适应迥异于往日的新媒体传播语境。

正所谓大道不行，则小道泛滥，主流态度含糊或说服力不足，各种似是而非的观点便会先声夺人、先入为主，并进一步形成燎原之势。因此，提升或曰重塑传统主流媒体言论劝服效能，重要性不言而喻。个人认为，至少可从以下一些方面进行思考、探索。

以机制创新解放主流媒体言论生产力

前面提到，目前主流媒体言论在与自媒体、商业媒体的竞争中，体现出"规则不公"、采编流程过长、激励机制粗放等体制机制方面的掣肘，因此，"如何优化主流媒体言论劝服的体制机制"有必要引起足够的重视，从而改革主流媒体言论劝服传播活动中不合时宜的"生产关系"，提高"生产力"。

比如，平台再造。融媒时代，言论的内容产品必须"冲出二维平面"、实现多维呈现，受众在哪里，传播的阵地和平台就应该延伸到哪里。主流媒体言论应结合自身媒体定位和特点，扬长避短地选择最优化的平台再造之路。为实现这种"破维发展"，从中央到地方，各主流媒体在言论平台建设方面进行了孜孜不倦的探索，其中有些初有成效，提供了范例；有些则不尽理想，留下了教训。

又如，流程再造。新媒体技术的出现是颠覆性的，在一定程度上解构了传统媒体单向、封闭式的言论生产机制。这种解构的过程，既有着冲击之下的被动改变，更体现了心怀忧患意识的主动求变。这些年，主流媒体在言论生产、传播的流程再造上进行了诸多有益探索和尝试，大的趋势和努力方向是力争实现层级更扁、选题更准、形式更活、出品更快、反馈更灵。

提升"四力"增强主流媒体言论公信力

传统主流媒体言论公信力、受欢迎度的巩固提升，是实现劝服力优势的基础前提。正如习近平总书记所指出，"对新闻媒体来说，内容创新、形式创新、手段创新都重要，但内容创新是根本的"（2015年12月25日，在视察解放军报社时的讲话），传统主流媒体言论要想在今天空前多元化的舆论场中守住阵地、提高对受众的影响力，首先必须在自身立论的科学性、思想的穿透力、观点的可接受度、论证的逻辑性上下真功夫、有新突破。

中央部署的"四力"（脚力、眼力、脑力、笔力）教育实践活动，对新闻工作者进一步加强作风建设、提升业务本领，更好地承担使命任务具有强烈的现实意义，对提升传统主流媒体言论的"时、度、效"，塑造"公信力媒体"，培养"公信力评论员"，打造"公信力栏目（频道、节目）"，也必将起到积极的推动作用。关于新闻评论工作者"四力"锻炼的一些具体业务问题，本书收录的另一篇文章《跟年轻评论员的十次业务交流》会详细谈到，这里不再啰嗦了。

虚心借鉴商业平台分众化传播手段

实事求是地说，当前融媒体的发展为传统主流媒体言论劝服传播开辟了多维、多元渠道，各大主流媒体言论板块都在微博、微信、APP等新媒体平台设有出口，借助大众、分众传播路径，更直接、更有效影响意见领袖，形成互动、共振，进而影响小众（分众）传播。

这些"跟跑、伴跑"的举措，很大程度上补救了传统受众的流失。但是必须看到，与百度、淘宝等这一类互联网公司在用户偏好数据抓取、个性化信息推送方面的强大功能相比，传统主流媒体的言论融媒产品的分众化程度还很低，渠道还显单一，传播精准化程度还不足，受众数据分析和画像仍过于初级和静态。要"适应分众化、差异化传播趋势，加快构建舆论引导新格局"，传统主流媒体言论传播就必须改变以往那种"大一统""大喇叭"式传统运作，从传播模式、技术手段上虚心向商业互联网公司学习借鉴，在分众化、差异化、精准化上下功夫。

重视意见领袖的发现培养、增强良性交互

当前基于安全考虑，传统主流媒体言论的融媒体平台的交互功能发育不全，即时互动领域过于沉闷。尤其是对网络意见领袖掌握不足，沟通不畅、互动阙如，难以形成涟漪效应，传播参与性差，劝服效果差强人意。

如何更好发挥意见领袖在特定群体中较高的人格魅力优势，使其在不计其数的小众传播场域，将传统主流媒体言论"解码"和重新"编码"并以"面对面"的人际传播方式进行分发，从而极大提高言论要义的劝服效果，是一系列值得深入探索、大胆实践的新命题。

因此，善于发现并巧妙引导意见领袖发挥作用，已成为提升传统主流媒体言论劝服力的必由之径。一方面要"吸纳"，通过发现、引导、团结意见领袖，以主流价值观矫正不正确价值观、用"大道"澄清"小道"；另一方面要"培养"，通过有计划有策略的互动互鉴，提升优质意见领袖小众传播的辐射力、公信力与引导力。这一点在本书《不容小觑的"新型意见领袖们"》一文已有详述，这里就不再重复了。

将劝服学引入新闻评论研究

现代传播学中的劝服理论（Persuasion Theory），研究的是传播者如何利用传播的信息来改变他人的态度与行为。最早对劝服理论开展系统研究的现代传播学学者霍夫兰认为，传播不是仅仅为了传播信息本身，而是为了劝服的效果。在美国，劝服学已经有了很深入的研究，并被政界、商界和各类社会组织高度重视和娴熟运用。据说美国大学的传播专业都开设有劝服学这门课程。劝服概念对大众传播、公共关系学、广告学、推销学、谈判学、演讲学、竞选学、募捐学、人际关系学等很多学科而言，是一个非常基础且重要的概念。甚至有学者认为，以上所列的学科都是建立在劝服学的基础上的，"劝服学应该成为所有这些学科的哲学"。

而在我国，劝服学这门学科的研究还远远落后于发达国家，也远远滞后于现实劝服传播实践的需求。因此，很有必要补上这一课，争取将其纳入新闻学、传播学、公共关系学等上述学科教育和研究范畴，建立起我们自己的劝服学体系，丰富我们的马克思主义新闻学理论体系。这种积极的"为我所用"，也是推动新闻评论从所谓"术"到"学"的必要积累。

此外，我们还应充分认识到，在融媒舆论场的角力之中，无论是"面对面"或"点到点"的分众传播，还是借助新闻媒介的大众传播，劝服对象的个体差异，都是一系列左右着劝服效果的关键性变量。受众的这种

"个体差异"，又可以细分为原有态度强度、人格特征、知识结构、个体对所处首属群体的"忠诚度"等。要想达到好的劝服效果，作为传者，就必须洞悉不同劝服对象的心理和行为特征，从而善于从受众视角出发把握好劝服的"时"与"度"，提高劝服策略的针对性、精准度。

总之，身为主流媒体评论员，我们既要正视现状、直面挑战，又不必灰心丧气、妄自菲薄，而应抱着历史、辩证的态度，以科学、系统、与时俱进的方式，更好地实现提升、变革、创新、重构，从而尽快收复失地、巩固阵地、拓展新领地。当然，这些不是短短一壶茶的工夫可以探讨清楚的，本文只是开个头，算是抛砖引玉。

"劝服"与历史

新闻评论，素来强调以理服人。试想，一篇报刊评论，或者一段广播电视评论节目，如果缺乏说服力，自然是苍白虚弱、缺乏存在价值的，最直接的后果就是，读者不认同，甚至嗤之以鼻。

因此，研究新闻评论，一个非常重要的命题就是：怎样让它更有说服力？这也是我在长期的评论工作中经常思考的一个问题。带着这个问题，我结合自己20年来新闻评论的策划、写作、修改、把关、传播等日常业务工作，试图进行一些理论溯源。经过一段时间的资料搜集和思考琢磨，一个传播学理论让我产生了浓厚的兴趣和某种共鸣。它就是接下来要跟大家交流的一个非常重要但实际上可能被我们低估（有时甚至是无视）了的传播学理论——劝服理论。

那么，什么是"劝服"？其实，不管是"劝服"还是"说服"，其对应的现代传播学概念都是persuasion，只是译法不同。根据《新牛津英汉双解字典》的英文释义，persuasion是指通过详尽论述或辩论从而使人相信或愿做某事。而传播学范畴中的劝服或说服（persuasion），自有其特定涵义。如国内早就有学者对"说服"给出过定义，即个人（或群体）运用一定的战略战术，通过信息符号的传递，以非暴力手段去影响他人（或群体）的观念、行动，从而达到预期的目的。

可见，劝服行为带有改变对方想法的强烈意愿和明确的目的。我们可以说，它既是本能和自发的，同时又是自觉、有组织和有"预谋"的。事实上，从有人类社会开始，人类的劝服活动就相伴而生、如影随形。从宏观上看，它贯穿于整部人类历史，从微观上看，它充满每个人、每个社会组织的社交活动。

那么，放到今天我国新闻舆论工作的语境之下，劝服理论是否适用？或者说，参考价值几何？我认为，这一理论有着不容忽视的现实意义，值得包括评论员、评论编辑在内的所有新闻工作者视为他山之石、为我所用。这绝非轻率断语，而是如上文所言，是自己长期思考琢磨所感。

下面，让我们一起穿越时光、回到"劝服"的理论原点，在浓缩的历史进程中，速览一下劝服理论的演进脉络，思考我们未来的路径。

（一）
劝服的晨曦：亚里士多德的修辞术

首先我们必须承认，所谓的"劝服"的"理论原点"，由于理论演进的渐进性、变异性，以及历史原貌的不可复原性，其实早已在千百年时间的线性流逝中，变得面目全非，甚至无影无踪。我们能做的，只能借助现有的遗存，以尽可能忠于事实的主观意愿，最大程度去拼凑、还原它。

树立这种实事求是的敬畏感，将有助于我们在回溯历史的思想旅行中，既沿着相对准确的方向前行以获得足够的养分和启迪，又避免偏听偏信而变得极端和偏执。

也只有树立了这种实事求是的敬畏感，我才敢谨慎地说，从古希腊亚里士多德的三种修辞劝服模式，到春秋以来的东方式"庙堂劝服"，直至二战以来卡尔·霍夫兰的"4W"劝服模式，俯拾古往今来人类劝服活动所遗下的思想之贝，通过一段时间的整理、观察和思考，自己依稀从中感悟出不同时代、不同"流派"劝服理论主张的时代特征、内在贯通之趣，以及绵延其间的某种演进脉络及逻辑。

比如，饶有兴味的一点便是，西方修辞学（修辞术）的创造性理论家亚里士多德，与中国纵横家劝服活动最活跃的春秋末期到战国时期，时间上大致相当（公元前400年前后）。人类在劝服的理论和实践上，其智慧的早熟，在直线距离相隔超万里的两大人类文明发源地，惊人默契地同步生长，抽枝，开出似锦繁花。

作为一名劝服理论的探源者，显然会因为这一"发现"而感到惊喜，进而陷入沉思。

让我们由远及近，先来聊聊亚里士多德。

作为古代最伟大的百科全书式的先哲之一，亚里士多德不仅是希腊哲学的集大成者，他还几乎对每个学科都做出了贡献，比如伦理学、形而上学、心理学、经济学、神学、政治学、修辞学、自然科学、教育学、诗歌、风俗以及雅典法律等等。所以马克思曾称亚里士多德是古希腊哲学家中最博学的人物，恩格斯则称他是"古代的黑格尔"。

谈起亚里士多德的伟大，很容易让讨论不知不觉就离题了。让我们回到他对修辞学的理论贡献的讨论。公元前4世纪，亚里士多德为后世留下了一部影响深远的巨著《修辞学》。之所以说它影响深远，是因为这一著作，成为今天诸多更细分人文学科的经典文献。这里不再赘述了，单单对于传播学而言，该书就素来被公认为西方第一部"劝服学"经典著作。

一本从书名来看更像是语言学的著作，却被劝服理论研究者奉为圭臬，这多少有点令人费解。究其原因，一言蔽之，就在于亚氏修辞术显而易见的实用主义色彩。

比如，这本书一个非常明显的特点就是，与中国古代修辞学更关注赋、比、兴、比喻、对仗等书面语言（如《文心雕龙》这一传世经典）形成鲜明反差，亚氏的《修辞学》侧重于讨论演讲术——比如，演说者在法庭和集会中如何运用辩论手段，如何掌控、调动和利用听众的情感，都是亚里士多德高度关注、津津乐道的命题，而对这些命题的讨论，甚至具体到了演讲的音量、节奏、姿态、语气等技术性细节。

从他鲜明的目的论思维导向观之，"劝服"是亚氏修辞学产生的原动力，换言之：一切修辞活动都应该以追求"劝服"为目的。而人们所进行的修辞活动，本质上就是以语言为手段，以劝服、影响听众为目的，并对手段和目的进行修辞分析、寻找最佳劝服方式的一系列行为过程。关于亚氏修辞术的这种目的论思维、实用主义倾向，我们在这次交流的后面部分还会专门再谈到。

从上面这种目的论思维出发，亚里士多德进一步向世人证明，要想进行一次成功的演说，要诀大抵分为两类：其一是善用"非人为手段"，其二是活用"人为手段"。他所谓的"非人为手段"，是指那些客观存在的条件，比如证据、证人、法律条文等等，演说者需要做的只是灵活有效地对它们进行使用，就能发挥劝服之效。而所谓"人为手段"，则包括Ethos（信誉手段）、Pathos（情感手段）、Logos（逻辑手段）三种修辞劝服模式。后面这三种，就需要演说者在演说的过程中灵活运用、临场发挥，充分展示个人魅力、口才和才华，才能得以呈现和产生作用。

在亚里士多德的劝服理论体系中，上面提到的Ethos、Pathos、Logos这三种手段，是一些非常基础和重要的概念，值得我们格外留意。因为它们共同构成了"劝服力"的基本要件。比如，亚里士多德认为，信誉手段是指演说者本人的品格或素质所产生的劝服力。他告诉人们，演说家如果在讲演中能让听众对其产生信赖，就能更容易利用个人品格赢得绝佳的劝服效果。情感手段是指演说者调动听众的感情所产生的劝服力。亚氏认为，听众在保持友好和愉快心态时与处于烦恼和敌对时作出的判断区别颇大，因此，演说应尽可能打动听众，从而促使听众"自己劝服自己"。至于逻辑手段，则是指演说中的逻辑论证所产生的劝服力。

按照亚里士多德的主张，这三种"人为劝服手段"，关乎劝服理论中的一个最基本，也是最核心的问题：演说者与听众，或曰劝服者和被劝服者之间的关系问题。用我们今天的传播学术语换言之：信息源，即发出信息的劝服者，可称之为"传者"；而信息指向的目标，则是接收到劝服信息的"受众"。亚氏认为，Ethos、Pathos、Logos这三种劝服手段，本质上就是劝服过程中传者"控制"受众的手段——用我们今天更学术一点的话说，就是演说者如何有效运用个人信用、综合素质、劝服技巧来引导听众的意识和思路一步步认同、接受演说者预先设定的观点。亚氏对他的这种研究目的，有着直言不讳的反复解释和强调。比如，他多次提到，唯有"通晓具有各种表现形式的人类禀性和美德"，"通晓人的感情……懂得各种感情的起因和唤起这些感情的方法"，并"掌握逻辑论证的方法"，凭借这三种手段，演说者才有能力驾驭听众（受众）。

看了上面这些介绍，应该就能大概理解亚里士多德的《修辞学》之所以被后世传播学者视为劝服理论重要源头的原因了。

当然，通过了解亚里士多德所在时代的历史，我们也不难发现，修辞学并非亚氏的"专利"。在他之前，柏拉图等一些伟大的先哲早已开始了修辞学的研究和论述，甚至柏拉图在这方面更具有奠基性的历史意义。只不过，从劝服理论的视角来看，亚里士多德对修辞学进行了更为有效的实用主义改造，也许无意间迎合了后世的需求。另外，古希腊时期，"智者派"也曾形成了讲授演说术的讲义，这些讲义不幸后来均已失传。如今人们仅能从柏拉图和亚里士多德对"智者派"相关学说的批评中窥见其主张之一斑。这里就不再展开讨论了。

（二）
文明的遗珠：诸子百家的"庙堂劝服"

聊了这么久的古希腊，让我们把眼光拉"近"一点，一起来看看几乎同一时期的华夏大地。

春秋战国是中国历史上有文字遗存可资证实的、空前的思想解放、百家争鸣的时期。政治上波谲云诡、外交上纵横捭阖、军事上战乱纷争……在这样的转型时代，知识分子空前活跃，他们在时代的浪花间驰骋往复，竞相追逐实现抱负的机遇。在这样的喧嚣时代，他们要想让自己的学说、主张赢得一席之地，就必须不厌其烦、锲而不舍地通过文字、口才进行立论、驳论，就必须高度重视以劝服为宗旨的演说术（辩术）。

尽管从某种意义上看，东方文明古国的先贤哲人们，似乎并没有留给后代一部像《修辞学》那样的高度抽象化、理论体系化的劝服学专著（前面提到的《文心雕龙》侧重于文学史、文学批评以及文学理论方面内容）。而且，令人遗憾的是后世对他们在这一方面的理论研究、挖掘和继承发展也远远不足。

但是，我们也必须理性地看到，由于中世纪晚期以来的"西升东降""西强东弱""西进东守"，包括现代传播学在内的诸多细分的现代社会科学门类，其实都与古代西方（古希腊）哲学有着某种伏笔千里、遥相呼应的血脉关联；而这，事实上也恰恰造成了中国古代文明在"新学承继"问题上的某种相对劣势。

用这种辩证史观来分析，我们便可以大致上推导出一个判断：包括中国古典劝服理论在内的文化遗产，之所以在被现代社会科学吸收、传承上相对"吃亏"、效果不彰，其"错"不在于本身的内容和价值，而很大程度上在于整个国家在明清以降，不幸"错过"了现代社会科学从无到有、蓬勃生长的那个"最佳主导期"。

而一旦学术构建的最初主导权、话语权旁落，后面的路径便更是愈行愈远。

上面这一部分解释得有些艰涩和困难，大概的意思就是：我认为，古希腊的修辞学后来成了现代劝服学说的理论原点、主导成分，除了其理论价值的内核，也带有一定的历史的偶然性；那么同理，中国古代先哲们关于劝服理论的主张，虽然没有成为现代劝服理论的源头，但我认为它们有着同样不容忽视的理论光芒，是值得倍加重视和挖掘光大的中华古代文明在劝服学（传播学）领域的遗珠。我们应该有这样的文化自信。

这样的判断，并非源自主观臆断，而是基于明显的事实——

一个例子：纵横家令人惊艳的劝服技巧

辩术高度发达、最为活跃和令人惊艳的时代，当属春秋战国时代。在当时变幻莫测、朝夕变化的乱世之中，策士，这个独特的群体活跃奔走于各国之间，连横合纵，翻云覆雨，扶危持倾。他们运用娴熟而行之有效的辩术，时常能以一己之力"劝服"万乘之主，留下诸多"朝为田舍郎，暮登天子堂"的政坛传奇。从合纵连横的精神导师鬼谷子及其天才高徒苏秦、张仪，到危急时刻力挽狂澜的蔺相如、触龙、邹忌、鲁仲连、郦食其、陆贾……

那是一个宫廷演说家、朝堂辩论家的黄金年代。"一言兴邦"的传奇式、理想化案例频频见诸史书，成为历史现实和万世佳话。他们中的很多人，在特定历史时空下以布衣之身廷说诸侯，"以雄辩之才退百万敌军，以纵横之术解不测之危"，他们惊鸿一瞥式的口才展示，无疑是人类的一种政治智慧、语言能力的超常迸发、创造和聚变。

我们以传奇式纵横家苏秦这个人为例，就可窥见当时劝服术在实操层面的高度成熟。

苏秦这个人当时厉害到什么程度呢？他在战国时期一度佩戴六国相印，担任"从约长"职位——不太严谨地类比一下吧，他的职位可能相当于今天的欧盟理事会秘书长（与欧洲理事会、欧盟委员会不同，这个机构只是一个部长级联席会议的规格）。因为苏秦身上的六国"相印"，这个"相"，不大可能都是"相国"（总理），反倒更像是外交部长，比如英国、日本等现代君主立宪制国家的外交大臣（外交部长）就叫"外相"。

苏秦之所以能取得这种不可思议的政治成就，一个非常关键的要件就是所谓"纵横术"。纵横之术，内在而言，它是一种谋术、战略思维；外化而论，它则体现为以辩才陈述利害、游说君主的劝服技巧、劝服话术。苏秦的劝服术之所以能产生不可思议的奇效，与战国时期的天下乱局以及当时人们普遍的焦虑，是密不可分的；而苏秦在游说、劝服各国贵族联合抗秦时，也正是灵活运用了多种策略、善用了人们的普遍焦虑。

比如，苏秦总能敏锐找准对方的主导性需求。战国时期，各国贵族最大的焦虑、最迫切的需求，莫过于安全需求（生存需求）。正如霍夫兰所指出的，现实可感的恐吓诉求才是对劝服过程有效的。因此，苏秦游说时一方面用满足安全需求来引导对方，另一方面用丧失安全需求与自由的威胁来恐吓对方。他在游说燕国时警示，如果燕国不采取合纵策略，那么"赵军不至四五日而距国都矣"；在游说赵国时警示，如果赵国不同意合纵，那么秦必加兵于赵，"祸必中于赵矣"；他警告韩国，如果韩国不积极合纵，那么势必向秦割地，"不战而地已削矣"。运用这种恐吓式劝服，正反并用，击中了各国贵族的"心理软肋"，最终也取得了预期的劝服效果。

又如，他很善于掌握和运用大量论据以强化劝服的效力。庙堂之上，能否在短短时间内当众劝服各诸侯国君主和当权贵族，留给纵横家们往往只有一次稍纵即逝的机会。因此，游说过程必须具备高度的技巧，每一个环节都必须精心设计、减少"无效劝服"的成分。纵横家们在游说每一诸侯国前均作了充分准备，对各诸侯国的邻邦、国土、粮食储备、地缘政治、兵力、历史沿革和处境等方面都作了深入详尽的调查，对各诸侯国背景信息了然于心。苏秦无疑是这种调查研究工作上的优秀代表，他甚至为自己设计了一个通用的"话术模板"：＿＿国东有＿＿，西有＿＿，南有＿＿，北有＿＿，地方＿＿千里，带甲＿＿十万，车＿＿千乘，骑＿＿万匹，粟支＿＿年。从而避免了因信息不对称导致的可信度缺失、劝服力不足，其高超的辩才和对各国情况的熟知，在给统治贵族们留下深刻印象的同时，也极大提高了劝服的效果。

很显然，用现代传播学的视角来看，苏秦等纵横家的每一次游说，都堪称一篇观照现实、提出问题并解决问题的"政论"，在其独特的"庙堂劝服传播"场景中，取得了劝服对方的理想效果。

另一个例子：百家争鸣催生好"辩"之风

诸子百家的历史，也就是一部两千多年前各路门派的知识分子们奔走于各诸侯国贵族之间、竞相力图劝服当权者采纳自家学说、在百家争鸣中尽量压制潜在对手的纷繁活动史、喧哗竞争史。在这一过程中，为了达到"一击即中"的最佳劝服效果，"诸子""策士""客卿"这些当时的知识精英群体均主动或被动对辩术越来越重视，积极地对演讲术、劝服术进行了强化练习、深入研究和系统提炼。

比如，墨家创始人墨子，为宣扬其兼爱、非攻、尚贤、节用、明鬼等进步主张，积极游说列国，言传身教，旗帜鲜明地反对"辩无胜"的观念，主张理直气壮地为真理而辩，为实现这一目的甚至提倡"强说"。据统计，墨家文献中"辩"字出现19次。在长期的辩论活动中，墨家还创造了概念、判断、推理等思维形式的抽象框架，对构成逻辑的这三种思维形式的本质、内涵、外延及区别进行了一定的辨析和归纳。

又如，儒家先贤们对"辩"的态度，也随着历史现实环境的变化，发生了明显的改变。孔子时代，百家争鸣局面尚未形成，各学派的竞争性还没那么白热化。因此，那时的孔子认为"巧言令色，鲜矣仁"，也就是反对油嘴滑舌，鼓励读书人"讷于言，敏于行"，做事可以聪明一点，嘴巴应该笨一点。

到了孟子时代，已是战国中期，"礼崩乐坏"的趋势进一步发展，百家争鸣局面渐次形成。为了在竞争中使得本学派生存壮大，原本忠厚慎言的孟子也不得不积极投入到"百家争鸣"之中，并逐渐在社会上赢得了"好辩"的名声。郭沫若就曾评价："孟子在当时是以好辩而受非难的人，据现存的七篇书看来，他真有点名不虚传，他不断地在和人辩……辩得都很巧妙。足见得他对辩术也很有研究。"对"好辩"的标签，孟子却显得有点抵触。他自己就曾如此表露心迹："予岂好辩哉？予不得已也。"看看，孟夫子无可奈何的表情，是不是跃然纸上呢？

再到荀子所在的战国末期，各种学派已门派林立、各成气候。此时的儒家要想有所作为，就不得不主动出击、积极立言。因此，荀子主张"君子必辩"，并且提出，"善辩"应该是当时儒家学派必备之技，极力强调言辞的辩说功能，提出君子仁人一定要好尚辩说、善于言辞。

当然整体而言，儒家这一派的劝服观，还是表现出了他们一贯的追求与风范。比如，强调以德化人，认为劝服的最强大武器还是道德的力量。又如，提倡语言劝服和言外劝服相结合。再如，强调对劝服对象的了解和把握劝服的时机，孔子曰，"不愤不启，不悱不发"；他还说，"侍于君子有三愆（过失）：言未及之而言谓之躁，言及之而不言谓之隐（隐瞒），未见颜色而言谓之瞽（盲目）"等等。这些，与今天我国新闻宣传所倡导的"时、度、效"，显然有异曲同工之处。

再一个庙堂之上的案例，独特的劝服——"谏"

在中国古代的庙堂劝服实践中，还有一种值得特别观察的类别——"谏"，一般是指臣下对君主的劝服。

拜历史小说、历史戏剧和历史影视片所赐，古代忠臣向君主进谏的基本过程、形式和特点，早已栩栩如生地呈现在我们的眼前。所谓"雷霆雨露，俱是天恩"，又道自古伴君如伴虎，君与臣的关系本来就微妙复杂。由于劝服双方地位如此悬殊，因而它注定不是一种"平等的"劝服行为；而偏偏这种劝服过程由于通常是以批评、劝诫、劝服或建议为主，目的是促使君主改过从善，因此它往往很难是一种"愉快的"劝服过程，这个度拿捏不好，轻者根本达不到劝服目的，重者可能导致贬谪、牢狱之灾甚至身死名灭。这方面的惨痛案例，历史记载中比比皆是。

当然，也不是没有成功的例子。

如，秦穆公时代，客卿李斯进《谏逐客书》，力挽狂澜，不仅保住了自己的职位，也为秦国挽留了大批"国际人才"。又如，唐穆宗"政僻"（荒嬉惰政），柳公权借唐穆宗主动跟自己讨论书法技巧的契机，曲线规劝"用笔在心，心正则笔正"，令唐穆宗有所触动（可惜此君一贯对臣下的逆耳忠言是虚心接受、口称"当依卿言"，转头抛之脑后，依旧我行我素）。其他正面的例子，还包括大家熟悉的唐太宗李世民与魏徵的故事、狄仁杰与武则天的故事等。

尽管成功让君主欣然接受谏言的概率，要远远低于触发龙颜大怒的情况，但这也说明，进谏也是门技术活，除了君王这个重要的变量（"有道"还是"无道"、性格开朗还是乖张阴郁等），进谏者的技巧也是一个非常关键的变量。所谓"世事洞明皆学问，人情练达即文章"，放在进谏这门"艺术"上，也是说得通的。

人臣进谏，应掌握哪些基本原则呢？以下关键词，很"关键"——

"预判"。规谏君主过失，要善于"谏其渐"。"渐"即"防微杜渐"。汉代仲长统提出，"人主有常不可谏者五焉"，即"一曰废后黜正；二曰不节情欲；三曰专爱一人；四曰宠幸佞谄；五曰骄贵外戚"。这里面的原因，我想大家从历史影视剧中应该都看到过类似的情形，也见识过其烈性后果。艺术是现实的投影，真实的情况也无外乎这么回事。因为以上五种情况一旦发生，必然是冰冻三尺、积重难返，人主早已目迷五色、鬼迷心窍。这样的情形下，谏臣纵然使出浑身解数、舍得一身剐，劝服的成效也必然微乎其微，所谓"破首分形"也无济于事了。

"**换位**"。要精准观察、掌握君主的心理和情绪，争取信任，多站在对方立场考虑问题，从而让自己的主张契合被劝服者的心理需要，万万不可只从臣子思维、视角出发，冒失地"逆龙鳞"。

"**适度**"。进谏的态度不宜作"迂险之言""激切之论"。上文提到过，从劝服传播理论而言，适度采用恐惧性诉求，很多时候有利于提高劝服效果。但凡事皆有例外。"宫廷劝服"就是最大的例外。专制统治下，君王的威仪是一种不可忤逆和分享的垄断性政治资源，甚至说它"不可再生"也是成立的，因为但凡人主，最担心的莫过于自己的威仪扫地——这又是因为，君王的权力，并非来自公众授权，而是源自某种"君权神授"这类神秘力量，这种力量又全赖威仪支撑，一旦威仪崩了，也就代表着权力"大势已去"。因此古代谏论均主张，在向君主进谏之时，必须谨慎把握"度"，切忌把话说得太过、太满、太激切，而要诉诸日常经验、循循善诱，在维护其威仪的同时，令其于平和心态中乐于接受。

"**私密**"。《礼记·表记》里说："事君欲谏不欲陈。"也就是要尽量控制"谏"的传播范围。很多论者都一再警示：对君臣交流信息应恪守秘密、避免张扬于众。其间道理，乃是常情。常人被公然指出错误，难免都会脸上挂不住，更何况位居九五之尊者？如果进谏者事后还四处夸耀自己说服君王改正错误的英雄举动，必然招致君主反感乃至恼怒，不仅进谏效果可能"反转"，更可能招来横祸。

这种独特而风险极高的劝服形式，在中国历史上长期而普遍地存在，与中国独特的政治文化、文官体系形成"共生"关系。从今天的眼光看来，也为我们研究劝服这一命题，提供了一个独特的视角。进谏，风险这么巨大，为什么中国历史上却长期存在所谓"文死谏"现象呢？

这恰恰又是因为，"谏"在很多场景下是文官集团体现自身价值、追求个人政治境界的重要手段。某种意义上，它体现的是个体的身份自觉、群体的默契意志，为了达至这种境界，必要时的违背上意、献身精神会得到文官集团群体性的鼓励和尊崇，以及事后来自同僚见诸行动的维护与救助。

在一些独特的情况下，这甚至形成一种"有意为之"的风尚。以至于明神宗万历皇帝在"中兴"梦想受挫、意兴阑珊后，对百官的进谏不胜其烦，哂之为"讪君卖直"（意思是人臣刻意讽谏君王以显示自己的风骨与忠诚）。明神宗的故事说来话长，此处按下不表。

（三）
现代传播学的一扇新窗：霍夫兰的"4W"劝服模型

时光的穿越之旅，现在将我们带到了二战前后的卡尔·霍夫兰身旁。

在大众传播效果研究的众多流派之中，美国传播学者卡尔·霍夫兰等人的劝服效果研究，让"态度改变"成为新的研究焦点。他们的研究成果和理论创见，为传播学打开了一扇新的窗口，提供了现代传播学新的研究维度。这一理论的影响是如此之大，以至于麦奎尔把霍夫兰的劝服理论崛起最迅猛的20世纪50年代，直接称之为"态度改变"时代。

以霍夫兰劝服理论的开创意义和学术地位，非三言两语可以概括，我们这里只能引述他几个最重要的主张，尽可能窥其全豹。

霍夫兰对"传播"，有自己创新性的定义。他认为所谓传播就是一个人（传者）传递刺激去改变另一个人（受众）的过程。他主张，传播不仅仅是为了传播信息本身，而是实现劝服的效果，最终实现传播的终极目的——态度改变，以及进而带来的行为改变，亦即所谓"不为效果而从事传播及传播研究，同不为胜利而进行战争一样荒谬，一样不可思议"。

霍夫兰通过研究发现，劝服效果的达成受制于三个重要因素——注意、理解及接受，英文分别为attention、comprehension和acceptance。当这三个因素同时满足时，方能促成劝服对象的态度改变。因而霍夫兰的劝服逻辑大致可分为以下三个步骤——

第一步，传播过程本身为受众提供新的信息和意见。第二步，受众若接收并理解以上信息和意见，他们对原有信息意见与新的信息意见进行对比，从而产生相应的反应。第三步，在上述基础上，如果受众判断认为作出新反应的动机（得到的"回报"）比作出旧反应的动机更为显著（"回报"更丰厚），他们便会倾向于改变其原有态度。因此，劝服理论一个非常重要的研究命题就是：如何促成受众的注意、理解与接受。

在这一判断的基础之上，霍夫兰提出了关于四个重要变量的著名"4W"劝服模式。这四个变量就是传者、受众、媒介和内容——

Who，传播者的可信度。具体包括"专业度"（expertness）和"信任度"（trustworthiness）。

In which channel，传播渠道的差异。如维尔奇（Wilkie）就通过实验得出结论：面对面的劝服最为有效，广播次之，印刷媒介效果最为不彰。

What，讯息的内容和结构。这一变量具体又区分为情绪诉求和观点的结构。这两个方面问题相对复杂，就不展开说了。

Whom，受众特征。这一变量主要考量的问题包括：受众个体特质上的差异，以及群体对个体态度的影响。

这一部分听起来应该又有点枯燥了，那么，我们来讨论一下为什么说霍夫兰的"4W"劝服模型是一个重大突破呢？简单粗暴地概括一下吧——经霍夫兰之手，原本就已经很厉害的拉斯韦尔传播过程的"5W"模型得到了一次升华。拉斯韦尔的"5W"即谁（who）、说什么（what）、通过什么渠道（in which channel）、对谁（to whom）说、取得什么效果（with what effect）。霍夫兰通过一通"神操作"，建立起了前四个W（他称为自变量）与最后一个W（他视"效果"为因变量）之间的逻辑关联，堪称一次变量内部的"化学反应"。正如麦圭尔所说，霍夫兰"执着地将态度改变作为因变量，开展一系列有关态度改变是如何被其他自变量所影响的研究"，从而找到了通往建立自己的劝服理论的金钥匙。

当然，霍夫兰对传播学的贡献并不只是上述这些，比如，他还把心理实验方法引入传播学研究，并且通过研究揭示了传播效果形成的条件性和复杂性，否定了早期的"魔弹论"效果观。这里就不再展开了。

（四）
古今中西劝服理论：演进趋势及逻辑

前面我们一起神游了古希腊、春秋战国以及二战前后的美国，粗略了解了各路大神关于"劝服"的主张。下面我们来做一点比较和分析。

纵观中西劝服理论、实践的发展脉络，我认为，主要体现出以下两方面的演进逻辑：

第一条演进之路——从"技艺"到"科学"的演进

应该有不少朋友通过刚才的介绍已经发现，无论中西，古代早期的劝服理论都有一个很明显的特点，那就是：强调对演说（游说）技巧的重视，侧重在"术"的层面进行延展和提升。而到了霍夫兰所在时代，随着近现代社会科学的全面发展，尤其是传播学本身的成熟，劝服理论的研究也逐渐走向了科学化、系统化。

早期劝服术的特征与局限

我们知道，古希腊时期，演说盛行并成为事关安身立命的一种重要社交技能。因此，亚里士多德修辞理论的重要关注点就是研究演说技巧。

在《修辞学》一开头，他就明确表示，修辞术和论辩术颇为相似，均"不属于任何一种科学"。从他的表现来看，《修辞学》的目标就是研究如何使论据达到最大的劝说效果。比如，他不厌其烦地传授：演说者必须对听众关于所讨论议题抱有的情感和所持的态度进行充分的掌握，从而有效进行利用（甚至是迎合）；又如，在劝服过程中运用比喻、寓言，可以更好引发听众联想，形成情感共鸣，使其不知不觉中认同演说者的主张……

亚氏甚至断言，普通人以其学识和心智，在大多数情况下其实并不能获知所谓"绝对的真理"。因此，"劝服"就要以劝服对象"所认定的真理"为基础。在此判断下，他提出，修辞式论证与以"真假"为原则的逻辑证明是完全不同的，后者是纯理性的，其目的是得出科学的结论；但修辞式论证是功利主义的，目的是说服别人。故而，修辞术是一种实用的话语艺术，修辞学是一门人人应该掌握的学问（技能）。

那么我们可以说，这样的学问或技能，显然，也必然是市井化、大众化和实用主义的。

再把目光投向春秋战国时期的华夏。对于我国早期的诸子、策士、纵横家们来说，劝服同样是一种功能型、实战型的演讲术、纵横术、诡辩术，有着强烈而鲜明的现实需求和务实取向。比如，前面也谈到，为了适应"百家争鸣"的竞争局面，儒家一派，从孟子开始就不得不积极参与各种场合的辩论，不仅注重训练和实操"磨砺其词锋"，也加以经验上的系统总结，"对辩术也很有研究"；到了荀子时代，则进一步强调辩论的实用功能，并将"好尚辩说、善于言辞"视作学者、君子仁人应有的重要素养，同时在"辩"的技巧上进行了更为系统的阐述和总结，并将其付诸学派竞争和学生培养的具体实践。

又如，邓析的"两可之说"。《吕氏春秋·离谓》中，对春秋后期郑国著名讼师和辩士邓析的这个故事有一段生动的记载："洧水甚大，郑之富人有溺者，人得其尸者，富人请赎之，其人求金甚多，以告邓析。邓析曰：'安之，人必莫之卖矣。'得尸者患之，以告邓析。邓析又答之：'安之，此必无所更买'"。其大意为：洧河涨水，郑国一富人溺死河中。捞到这具尸体的人对富人家索价很高，富人家因此延缓索尸，得尸者一时无法售出尸体，这样一来，得尸者和富人家都很着急，分别跑来求教于邓析。面对双方的矛盾和焦虑，邓析从貌似矛盾之中找到了问题的解决关键，即得尸者必卖尸于富人家，富人家必于得尸者处买尸，并将此"谈判技巧"分别传授给双方。"以非为是,以是为非,是非无度",此即著名的"两可之说"。而这种是非观缺失的实用主义辩证法,也正是邓析最被正统人士诟病之处。

正如前面我们所谈到的,不管是春秋战国,还是古希腊,上述在辩论、劝服技巧方面展现出的实用至上的倾向,其实都体现出了"早熟文明"的鲜明共性。这方面的例证还有很多,比如,颇为典型的一个就是,普罗泰戈拉的"半费之讼"——

在雅典民主制时期,出现了一批职业教师(智者),他们以教人辩论和演讲为业。智者派代表人物中有一位叫普罗泰戈拉,此人最早传授和使用了二难推理,也就是逻辑学上著名的"半费之讼"。其产生的背景是,普罗泰戈拉收了一个叫欧提勒士的学生,并与他签订协议:教他辩论技巧,帮人打官司,学生拜师时交一半学费,另一半学费则在学成帮人打赢了官司之后再付清。但学生出师后迟迟不帮人打官司,普罗泰戈拉等得不耐烦,就把学生告上法庭,并提出了他著名的二难推理:

如果学生打赢了这场官司,那么按照拜师协议,他应付给我另一半学费;如果学生打输了这场官司,那么按法庭判决,他也应付给我另一半学费。

乍一看好像无可争辩对吧,谁知这个学生也算学到了师门精髓,立即针锋相对提出一个相反的二难推理:

如果我这场官司打胜,那么按法庭判决,我不应给他另一半学费;如果我这场官司打败,那么按照拜师协议,我也不应给他另一半学费。

乍一看,两人的二难推理都有一定道理,但稍加分析就能看出明显破绽:两人各自针对不同的前提采用了两个不同的标准,一个是法庭判决,一个是拜师协议,而双方又均采用了假言前提,因此选择性的假言前提和标准其实具有明显的谬误。当然从运用二难推理的形式而言,这个著名的师徒官司之所以"流芳百世",是因为它作为早熟文明的智力和语言游戏,对后来西方逻辑学的发展有着重要的促进作用。

与普罗泰戈拉的"半费之讼"颇为相似的,还有公元前4世纪古希腊哲学家芝诺的"芝诺悖论"（Zeno's paradox）。这是一个关于运动的系列悖论，其中最著名的有"阿基里斯跑不过乌龟""飞矢不动"。还有一个"两分法悖论"也颇有意思，芝诺提出：一个人从A点走到B点，要先走完路程的1/2，再走完剩下总路程的1/2，再走完剩下的1/2……如此循环下去，永远不能到终点。这个悖论与我国古代《庄子》中记载的"惠施悖论"（"一尺之棰，日取其半，万世不竭"）颇有相映成趣之妙，也都以朴素辩证法的哲学游戏，震惊并启迪了两千多年后的数学家们。这里就不多说了，大家感兴趣的话，可以找到相关的书籍深入读一读。

整体来说，通过上述中西案例，可以看出早期的劝服术的两个特征：一是专注于实用性的个体演说、辩论经验总结和传授，理论抽象（定性研究）和样本调查（定量研究）尚未得到基本的关注；二是囿于时代发展局限性、学科发展不充分性，观察和研究对象相对简单化、个案化，还未将更多变量纳入考察视野。

新的现实驱动与学科滋养

随着人类社会步入近现代，被纳入近现代学科体系中的劝服理论，逐步从"术"向"学"的方向发育和提升。

我想，出现这一转变，大致可以归纳为两方面的原因：

原因之一是，受近现代特有的、更为成熟的社会实践和现实需求驱动所致。在这些社会实践和现实需求中，我们最容易想到的可能就是，欧美政客的竞选活动、铺天盖地的商业广告等这一类例子。这些政治和经济领域的劝服活动，都促进了传播学领域劝服理论的发育和成熟。近代以来的美国，因为持续繁荣时间比较长，这一表现尤为明显，研究也更为深入和透彻。

当然，近代以来的这类劝服活动，跟前文提到的、早期劝服术所处的历史境况，已经发生了很大的差异——古代劝服术，主要强调的是劝服者个人的某种修炼、素养和技巧；而现代劝服理论则更倾向于某种"行业"甚至"产业"的概念，所谓"劝服"，已经成为一个需要多方协作、更具系统性的团队、跨团队行为。

这种"协作化""行业化"或"产业化"的表现形态，在近一个世纪时间里可谓不胜枚举。其中，霍夫兰受美国军方委托，进行过二战前夕的"参战劝服"研究，就是非常著名的一个案例。除此之外，美国各层次各类别的选举劝服、商业广告的营销劝服、美国价值观在新移民乃至全球范围的推广劝服，都算是系统性、规模化的劝服实操。

还有一个距离较近的案例，值得拿来向大家介绍一下。这就是香港选举劝服的系统化运作。我曾派驻香港工作四年，基于亲身工作经历，对这个方面有着大量直接的接触和观察。在香港较长时期以来的选举活动（尤其立法会选举、区议会选举等全民性选举）中，涉及各方的博弈和角力中，早已形成了成熟化的选民劝服机制和模式。其表现与特点我在其他论文中做了详尽归纳和辨析，这里简略言之，大致可概括为几个"化"。一是劝服流程模式化、模块化；二是团队化、阵营化；三是基层化、界别化；四是新媒体化和全媒体化；五是理论化、学术化。最后一点值得多说几句，在香港，选举关联研究在高校传播学、政治学领域早已是成熟的研究范畴。大学中的新闻与传播学院等院系机构，对选举劝服相关议题可以说都"青眼有加"、高度关注，校内各类发达而活跃的"民意调查机构"也往往对此类议题投入较多人力物力。每每大型选举前夕，这些民调机构滚动发布的研究成果、民调数据，往往成为选情的风向标，也无形中影响着选民的投票倾向。

出现这种从"术"向"学"的转变，**原因之二**则是，近现代社会科学的细分化发展，为现代传播学这一交叉性、边缘性、综合性学科的成型、发育，提供了至关重要的土壤肥料、阳光雨露。在这一过程中，作为现代传播学意义上的劝服理论，便也有幸得到这种大环境的"滋养"和"催化"，从而逐渐摆脱了古典劝服理论的原初状态，脱胎而成崭新的形态。

如，我们在现代劝服理论的进化历程、理论框架、方法论中，都不难看到诸如政治学、经济学、人类学、社会学、心理学、哲学、语言学、语义学、精神病学等多种社会科学理论的"基因碎片"或"理论移植"，甚至还能从中看到自然科学中的统计学、信息论、控制论、系统论等学科理论影影绰绰的身姿。毫不夸张地说，正是近现代这种学科细分的潮流，为现代劝服理论奠定了学科基础、提供了多学科养分，并且为它发育出更加成熟和开创性的理论体系做好了准备。

另外不能不提的是，近现代社会科学乃至自然科学的实证研究、试验方法，也深刻影响了现代劝服研究的走向，借鉴前者的研究方法，现代劝服研究从一开始就非常重视理论与实践的结合。这种"实证化"的倾向，为劝服学成为一门"学科"或"科学"一步一步夯实了基础。

第二条演进之路——从"自负"到"谦逊"的转变

前面我们也提到，自古以来，无数伟大的演说者、说客、纵横家，直至著名的现代劝服理论构建者，大多数都将劝服的传播过程自觉或不自觉地定位为"传者本位"。他们笃信，劝服传者在劝服对象面前，居于绝对优势的地位，从而能够对后者的观点、立场和行为，施加毋庸置疑的强大影响和操纵，促使其发生改变。这种自信，在知识匮乏时代，大概是成立的，甚至在广播电视等大众传媒"魔力乍现"的年代，也是可以得到印证和强化的。

但站在今天的时间坐标点回望过去，这种传者的自信，显然带有某种强烈的"迷思"的色彩。最近几十年，对这种"自我迷思"进行反思和纠偏，逐渐成为共识。

"传者本位"：历史客观与必然

就像上面提到的，早期劝服实践和研究中的"传者本位"倾向，有着人类文明发展阶段的某种客观必然性。比如，在知识分子（智者、辩士）极度稀缺且处于劝服传播链条顶端的人类文明早期，传者的垄断地位是不言而喻的。

再比如，我们若将视角从考证模糊的远古，聚焦于现代传播学关于劝服的研究倾向，在一个个大名鼎鼎的研究者及其理论面前，我们也可以非常直观地感受到附着其上的强势心态和优越感。简单回顾和梳理美国现代传播学的社会基础，不难发现它浓厚的实用性、功能性和商品性，换言之，研究人的"劝服"行为，一个极其重要的目的，就是为政治或商业服务。这种倾向，在20世纪中叶两个最重要的研究流派身上得到了鲜明体现——芝加哥学派显示出显而易见的实用倾向、经验主义倾向；耶鲁学派则高度强调实证研究。而无论是芝加哥学派，还是耶鲁学派，两者的焦点都是传者可以操控的劝服效果及其机制，从而为传播学这一新生学科的存在合理性寻找理论和实证支撑。

在这样一种大的背景下，一个基本前提或共识长期存在——传者对劝服的效果具备主导作用。但在不同阶段、不同具体研究者身上，这种共识又有着不同的侧重或主张。比如，霍夫兰的劝服理论，其目的和意图就是通过设计出一套操纵符号，促使别人形成态度改变、做出某种行为反应。而他的理论前提就是，劝服行为仍是一种传者对于受众的"刺激—反应"过程。

很多人都知道，在种种"传者中心论"之中，最具有典型性的莫过于"魔弹论"。这一理论流派形成并流行于第一次世界大战到20世纪30年代。其核心内容是，传播媒介拥有令人难以抵抗的神奇而强大力量，它所传递的信息对于受众而言，就像子弹击中身体、药剂注入肌肉一样，而它引起的反应是直接而速效的；它能够有效影响人们的判断、意见和态度，从而直接或间接"支配"人们的行为举止。

从这种概念描述来看，"魔弹论"确实是信心十足的一种理论。当然，如果我们对这一理论形成的现实背景稍作了解，也就不会感到奇怪了。"魔弹论"大致出现于两次世界大战之间的几十年间，那个时代，现代报刊、电影、广播等大众传媒或者刚刚崭露头角，或者一面世就爆炸式地成为主流，它们的出现，对普罗大众的日常生活、价值判断产生了巨大和前所未有的冲击。尽管也有学者，如被誉为"传播学之父"的威尔伯·施拉姆，认为"魔弹论"事实上并非一种学者之观点。但用历史的阶段性分析眼光来看，用"魔弹论"来观察和分析第一次世界大战期间直至第二次世界大战前这段时间的传播现象，却是非常贴切可用的。在那个全球充盈着战争、灾难等外部和个体困境的时代语境下，个体显得极为渺小和无力，他们的权益极易受到"时势"的威胁和损害。彼时，大众变得神经质、迷信权威和极易盲目从众。于是，"生逢其时"的新型现代大众媒介所传播的议题，便往往能达到令人惊诧的"魔法式"效果。

除了当时的社会现实使然，"魔弹论"这类"传者中心论"主张之所以大行其道，还有着独特的时代理论背景——当时本能心理学和大众社会理论在西方大行其道。其中，本能心理学主张，人的行为就像动物的本能反应一样，是一种"刺激—反应"的运行机制，因此如果对个体施以特定的刺激，就必定能够相应产生特定的生理和心理反应。而大众社会理论则是在孔德、斯宾塞等学者的"社会有机体"思想，以及韦伯等学者有关工业化社会理论的基础上融合演化而成的。这一理论主张，大众社会中作为个体的人们在心理上处于某种孤立状态，对媒介的依赖心态很强，从而导致大众媒介极易对其施加影响。

时代的洪流下，个体的弱势与无助，再加上理论界的"加持"，也就自然导致了那个年代传者的强势与自负。

"受众中心论"：纠偏与隐忧

到了今天，学术界对于大众传播的效果研究，应该说有了越来越客观和清醒的发现与认知，研究者对传播过程中受众的研究也越来越重视，对传受双方相互关系的认识日益客观和理性。简略从大众传播学发展所经历的"魔弹论"、有限效果论，到使用与满足理论、权变效果理论等若干节点观之，大众传播的效果研究已经呈现出一个从"传者中心论"不断向"受众中心论"倾斜、转轨的过程。

说得再直白一些——作为传播实践者和理论构建者，传者也在经历一个从自大到谦逊的转变过程。比如，受众的主观能动性得到更显著的关注和尊重，作为"传者中心论"的纠偏，"受众中心论"得到越来越多的认同。又如，对意见领袖这种兼具受众和传者两种角色的传播"中介"，学界也有了更深入的研究和了解。再如，一些学者提醒，由于媒介的"拟态环境"效应，很多时候我们可能主观夸大了大众传播的劝服效果——因为大众媒介文化可能会塑造出一个"虚假语境"，一旦脱离这个"场景"和"氛围"，原本"形成"的劝服效果可能会被真实语境的认知和行为抵消一部分，或者消解无遗……

前面聊了那么多，如果不太严谨地对我们聊过的人类劝服史进行概括，大概可以做出一个判断：我们用人类文明的前2500年酝酿、形塑了"传者中心论"，而仅仅用几十年时间就消解甚至颠覆了它。

（当然，在用户即媒介的今天，在传媒、商业、用户、分众化数字阅听技术及习惯等多元变量的共同作用下，诸如"魔弹论"构建的镜像似乎又有回归传者最初预设效果的迹象。比如，一些跟食品安全、母婴、疾病、公共卫生等议题相关的虚构结论和不实信息，通过微信群、朋友圈的传播和扩散，能够在老年人、女性等特定人群中产生惊人的影响。与此同时，一些媒体从业者尤其是媒体管理层也认为，迎合受众需求的低俗内容，只是"受众中心论"框架下的合理产物，因此从媒介伦理上并无不妥。在这种思维方式下，我们也看到，前些年间，传媒低俗化倾向一度令人担忧和警惕，部分媒体也一度热衷于报道"黄、赌、毒""星、性、腥"等方面内容。这些值得令人深思的现象，为劝服研究提出了新的命题。这是后话。）

（五）
关于劝服理论三类型的几点思辨

前面，我们先是从具体的"点"上对古今中外的劝服理论作了一些直观的介绍，随后又对劝服理论整体演进脉络作了一点粗线条的梳理和归纳，现在我们再换个观察视角——从中外古典劝服理论、霍夫兰劝服理论、我国党媒宣传说服理论三个类型，做一些分析思辨。

中外古典劝服理论：中西主张的内在相通与比较

通过前面的介绍我们已经知道，亚里士多德的古典劝服理论非常重视和强调传者的主导性和控制力，因此有着"传者主导"的明显倾向。亚氏认为，Ethos、Pathos、Logos这三种人为劝服手段，本质上就是劝服过程中传者控制受众的技巧，亦即演说者如何运用个人信用、综合素质、劝服技巧来打动听众，利用其情绪，如何利用听众的思考能力，引导听众一步步认同、接受演说者精心准备的观点。

如果对中外古典劝服理论进行横向比照，就不难看出，亚氏的三种"人为劝服手段"——Ethos、Pathos、Logos。不管是从字面观之还是从涵义析之，均颇似我国古人所言"晓之以义，动之以情，喻之以理"。此三方面，先秦诸子均已论及。比如，孔子说"名不正则言不顺"，其中所涉之"正名"，便与劝服者的德行、地位、资历密切相关，相当于亚里士多德所说的"信誉"。荀子所谓"正其名，当其辞"，也是强调了这一点。又如，韩非所谓"凡说之难，在知所说之心，可以吾说当之"（释义：大凡游说的困难，就在于如何了解被游说者的心理，若能做到这一点，便可以用我的说辞去说服他），指的便是要善于利用听话人的心理和感情。再如，在《八奸》中，韩非还列举了进谏者应该如何抓住君主特定场合下感情上的弱点，从而达到劝服目的。

我们前面已经谈到，无论是古希腊还是春秋战国时期，古典劝服理论更多还是侧重从"技巧""策略"层面进行归纳总结，其理论的系统性、科学性上带有颇多主观色彩，体现出强烈的传者本位意识，在很多时候则强调"强辩""狡辩"。整体而言，亚里士多德的古典劝服理论比诸子百家的劝服策略在理论性、系统性上特点更为鲜明。

但也有国外学者比较分析后认为，与西方论辩传统所强调的控制性劝说不同，《论语》等诸子百家学说提倡的"谏言"理念（英文原文是remonstration，也可译为"规劝、忠告"，与前面提到的臣对君之"谏"并不完全是一回事），往往是从维护人际和谐关系的目的出发，规劝、启发他人，从而引起被规劝者的态度变化。研究者认为，中国诸子百家的这一劝服理念更加体现了对受众的尊重，有利于建立相互信任的关系、建立社会秩序等。相比于亚里士多德高度重视以修辞、论辩"征服"受众的主张，儒家的劝服观更加重视维系劝服者与受众的和谐关系。这一观察视角颇有几分启示意义。

霍夫兰劝服理论："神奇钥匙"的科学性与局限性

霍夫兰"耶鲁计划"研究的历史价值在于，它形成了一次理论飞跃，开启了现代传播学意义上的劝服理论以及与之相对应的"态度改变"时代。其突出贡献至少体现在三个方面：

其一，他促使"劝服"成为大众传播研究的重要命题之一。其二，他通过研究提出了一系列新的命题与判断，比如"可信度"、宣传免疫力、"恐惧诉求"和"睡眠效果"等，都为后续效果研究提供了全新的思路和视角。其三，为了寻找打开受众心灵、劝服受众"改变态度"（进而改变行为）的"神奇钥匙"，霍夫兰将研究的视野拓展到传播者、媒介、内容、受众各个环节。而且，经霍夫兰的改良，拉斯韦尔传播过程"5W"模式中的前4个W与最后一个W（效果）之间的联系得到了一一贯通。霍夫兰还发现，不仅每个W可以单独影响劝服效果，不同W之间也会相互影响、共振或抵消，比如受众的预设立场、受教育水平与议题复杂程度等变量，很容易相互作用，最终导致劝服效果相去甚远。在此之后，"4W—效果"就逐渐演变为研究效果形成机制的一个主流理论模型了。

用我们今天的视角来看，以霍夫兰为代表的这一茬美国社会心理学家们，采用控制实验的方法，对影响态度改变的各种变量展开的系统考察和研究，某种意义上说，也可以视为是以现代社会科学、现代传播学的话语系统，对亚里士多德提出的逻辑手段、信誉手段、情感手段这劝服三要素的某种印证。

当然，我们也不能忘了，由于二战引发的劝服士兵动机的调查研究是当时主要的研究氛围，霍夫兰的劝服理论必然带有某种"战时需要"的痕迹。同时，作为行为主义鼻祖约翰·布鲁德斯·华生（美国心理学家，主张心理学应该成为"一门纯粹客观的自然科学"）的嫡系继承人（霍夫兰的导师克拉克·赫尔就是华生的学生），霍夫兰继承了华生的一贯主张，也奉行华生的行为主义传统。投射在他的劝服研究中，不难发现，霍夫兰很少考虑受众主动的"选择性"，也较少留意到受众所接受的来自他人的影响（除了他少量的研究涉及过"团体影响"）。

因此，客观来看，霍夫兰所遵循的研究模式，应该说还是属于"刺激—反应"模式，受众则被当成接受"刺激"信号的对象。今天看来，这种"研究基因"里天然存在的印记，构成了霍夫兰劝服理论的明显不足。以至于有人批评霍夫兰，说在他身上仍然延续着"魔弹论"等传播强效果论的阴影，而他本人也像是从一个否定"魔弹论"的斗士转化为提炼"魔弹论"的巫师。这种有趣的概括，固然有些苛刻，但是也部分地反映了某种客观事实。

此外，立足于美国传播语境的霍夫兰劝服理论还有不少与我国国情不符的方面，这也决定了我们对其应有所扬弃，对其中契合我国传播特征的理论主张批判性接收，做到于我有利、为我所用。

我国党媒宣传说服理论：更好避免"回旋镖效应"的思考

有一种观点认为，舆论引导的研究，其实始于"宣传"。从"宣传"（propaganda）一词的形成、演化历史来看，这一判断应该是成立的。

据学界考证，"宣传"一词的广泛运用，是在18世纪下半叶美国独立战争和法国大革命时期。而在中国，大概戊戌变法和辛亥革命时期，"宣传"一词已广为人知。

法国学者雅克·埃吕尔提出，所谓宣传，就是由组织化团体通过相关手段，促使公众达到心理上的统一，从而团结一致地参与该群体的行动。美国学者盖斯·乔维特和维克多·丹尼尔认为，宣传是传者为实现特定意图、达成欲求结果而进行的计划性和系统性活动，所以对于传统宣传的检视应侧重于扬长避短、趋利避害。

在中国，近代至今，"宣传"始终是一个正面词汇，它体现的，是政治文化精英对民众进行思想启蒙、教育鼓动的积极动机和相关活动。代表主流意识形态的宣传行为，必然以促成社会舆论、民众意见的良性发展为主观意愿和目标。简单地说，宣传具有激励、鼓舞、劝服、引导、批判等多种功能，它的基本功能是劝服，也就是通过多种内容和形式，阐明某种观点，使人们相信并愿意跟随行动。

我国党媒宣传说服理论有着自己的发展脉络，而其脉络走向，又是与我们党在不同历史阶段所面临的不同使命任务是相吻合的。这一点，从我们党历史上进行的三次新闻改革过程就能有所感受——

1942年的新闻改革，是在当时革命根据地的特殊语境下启动的。这次新闻改革，与我们党的革命诉求高度契合。当然，秉持历史唯物主义的立场来看，在当时的现实状况下，这次改革难免也一定程度上弱化了新闻媒体、采编人员的主动性和创造性。

1956年的新闻改革，是在国家准备转向经济建设的背景下进行的。这次改革对传统党报理论进行了探索，但由于历史原因，这次转型最终也没有进一步推进。

1978年之后的新闻改革，自然又是与以经济建设为中心的宏观语境相契合的。这一时期，党媒的宣传说服功能伴随媒体本身的迅猛发展，也得到明显激活。当然，在这一过程中也出现过某些偏颇和失范，低俗化、假新闻和有偿新闻等不良从业行为一度达到令人警惕的程度。及至党的十六大，尤其是党的十八大以来，随着市场经济体制的深层改革，社会结构继续深度调整，世界格局演化加剧，我们党的宣传说服指导思想又出现一系列积极变化，同时也为新闻媒体劝服功能的转型带来新的动力。

那么，我们党的宣传说服理念发展脉络中蕴含着何种逻辑理路呢？有研究者提出，随着社会转型、传播格局变迁，舆论引导的路径也发生变化，呈现出从"宣传""说服"到"对话"的变迁。这种归纳有其独到的启示意义。

当然，三者之间绝非简单的"迭代"或替代关系。我认为，更准确地说，"宣传"是最终目的，"对话"是途径和手段，"说服"是实际效果，三者相辅相成，共同构建成舆论引导的一个集成体系。很显然，基于既有话语系统的客观性固化，宣传劝服仍将被视为国家治理的重要手段。但是，这种坚守绝非墨守成规、一成不变。我们必须时刻保持清醒认识的是，新闻是宣传的重要形式之一。运用新近发生的事实的报道及其评论，暗含或阐明一定的观点和主张，其目的是吸引受众、争取受众、影响受众。因此，新闻要想发挥宣传之效，就必须尊重新闻规律、传播规律、宣传规律，通过受众所关心、关注的事实的传播，以"平视"的对话姿态，传递观点、表达价值判断，使受众乐于接受，方有望达到预期的效果。

因此，主流媒体所进行的宣传劝服，应该怎样更好顺应社会转型的特质，怎样更好适应融媒传播的全新环境，从而避免"回旋镖效应"而提高劝服效能？对这些问题的认识，我们正在经历与时俱进的发展与优化。在48字"党的新闻舆论工作的职责和使命"中，"成风化人"四字，就体现出鲜明的时代特色，可以理解为"新闻舆论要善于做人心工作"。从以往的单纯概念灌输，到今天强调学会"讲故事"，我们越来越感受到润物无声地做人心工作而达到宣传劝服效果的重要性。这种转变中蕴含着令人振奋的积极意义，也为主流媒体继续提高劝服传播效能指明了方向。

（2024年夏）

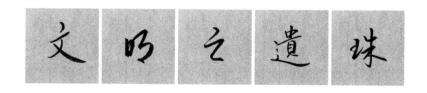

文明之遗珠

欲知大道，必先为史

——聊聊中国历史上的几次著名"变法"

作为时事评论员，平时不仅要密切关注时事，也要了解"历史上的时事"，也就是历史上的"重大热点事件"，从而尽可能做到鉴古知今、学史明智，知敬畏、明大道。

（一）
身份自觉："敬畏历史"的必修课

清代思想家、文学家龚自珍在《尊史》中说过："欲知大道，必先为史。"他提倡，只有懂得历史，才能把握得住社会发展规律。

此言可谓深刻，而且具有普遍意义。对新闻从业者，尤其是主流媒体评论员而言，更是如此。可以说，尊崇历史、研究历史，确立历史思维、汲取历史智慧，是一个主流媒体评论员保持对时事的敏锐度、领悟度、透彻度的必然路径，也是做到敬畏历史、敬畏文化的必修课。

习近平总书记在河南兰考县曾讲过一个有关政治家抱负的历史小故事。这个故事提到，北宋政治家王安石27岁在浙江做到了县令一职，可谓是青年才俊；明代文学家冯梦龙，61岁才担任福建寿宁知县，应该是说大器晚成。这两位当时都属于仕途上崭露头角，而且都非常务实勤政，干出了很多老百姓交口称赞的实绩。"郡县治，天下安"，这个故事告诉我们：作为基层干部，就是应该有这种执政为民、脚踏实地的情怀和抱负。

那么，我们也知道，故事中的王安石，后来走上了更大的人生舞台，有了施展经世之才、实现政治抱负的更宏伟壮举。那就是名垂青史的王安石变法。这次变法，以发展生产、富国强兵、挽救北宋政治危机为目的，以"理财""整军"为中心，涉及政治、经济、军事、社会、文化各个方面，成效显著，是一次规模巨大的政治变革运动。当然，众所周知，变法最后以失败告终。

这就是我在读这个故事时，常常以一个时事评论员的身份自觉拓展开来思考的一个问题——为何中国近代以前的多次变法（也就是改革运动），绝大多数都是以失败告终？一次又一次惨痛的失败背后，又隐藏着何种历史的共性与启示？

（二）
6次"变法"的不同结果

简单梳理一下中国历史上的几次变法，有这么6次值得回味：

比较早的一次，应该是管仲变法，它的时间是公元前600多年，我称之为"政兴人安"的类型。管仲变法，发生于齐国，公子小白（姜子牙的后裔）继位后，不计前嫌，任用多年前政治斗争中差点一箭射死自己的管仲为相，当时叫"上卿"。管仲的改革思路，用他的一句名言可以管窥全豹，"仓廪实而知礼节，衣食足而知荣辱"。整体而言，管仲变法中，振兴商业等经济改革占了比较大的比重，因此也让国人分享了改革红利，齐国也由此成为春秋霸主。而管仲自己也在相位40年后安然病逝，并荫及子孙，可谓"功德圆满"。

另一次著名的变法，则是战国时期秦国的商鞅变法，不妨称之为"人亡政绩"式变法。商鞅是一个卫国人，公元前350年来到秦国，自荐做了秦孝公的左庶长（大致相当于诸侯国的宰相），是那个年代妥妥的秦国"境外高层次人才"。商鞅的变法，受到魏国李悝变法、楚国吴起变法的影响。他以法家的刑名之术，进行了颠覆式、系统性的改革。改革的成效显著，但过于激切和冷酷，旧贵族集团反对和敌对者众，百姓也怨言甚多，最后被诬告谋反，遭新君追捕，兵败身亡，再遭车裂，并殃及家族。但吊诡的是,他的改革措施,基本上被后来者全盘沿用,从而为秦国灭六国、一海内,奠定了雄厚基础。

接下来的一次变法,便是王莽新政,算是"政息人亡"式变法。王莽篡位于两汉之间的公元9年,建立了短命甚至不被史家承认的"新"朝。王莽是个复杂、矛盾的统一体。篡位前,他政治手腕颇多而圆熟;但做了皇帝后,又时常表现得像个书呆子和空想主义者,他采取了大量时而复古改制、时而异想创新的改革措施,思路极为混乱和随性。偏偏他又时运不济,在位时遭遇蝗灾、旱灾、瘟疫等等,最后自己都承认新政搞不下去了,又全部宣布失败、撤销成命,随后在身为失败者的舆论形象中被农民起义军所杀。

接下来,讲回北宋王安石变法,可称之为"人在政息"的类型。王安石的改革,客观上看,应该说卓有成效,也革除了不少制度性积弊。然而,宋朝是一个比较特殊的朝代,比如,它秉承的是"富国弱兵"的发展路径;又如,它泛滥冗余的文官集团,形成庞大而系统的既得利益群体,以及造成规模空前的党争现象……王安石的变法,代表了历史发展的先进力量,但遭遇了来自保守力量的强大阻力,加上变法过程中部分具体措施的失当、对一些"变法干将"用人失察,最终争议太大,连变法最大的支持者宋神宗都产生了动摇和怀疑,新法已难以推行。王安石辞官,目睹十年间新法陆续废弛。神宗死后,哲宗继位,垂帘听政的高太后以"反对党"司马光为相,新法几乎全部废除。同年,王安石郁郁而终。哲宗亲政后,重新启用新党故吏,王安石新法部分得以恢复,但效果不彰,这是后话。

接下来的一次重要改革就是张居正变法,可以归入"人亡政息"的类型。张居正变法的最大支持者也是"神宗"——明神宗,此人更为人所知的头衔是"万历皇帝"。当时,明王朝北有蒙古威胁,南受倭寇侵扰,朝廷吏治腐败、财政拮据,可谓苦苦支撑、奄奄一息。作为少年天子的"首席帝师",张居正备受信任和重托,以内阁首辅(宰相)之位,展开大刀阔斧、极为强势的系统性改革。改革同样成效显著,不仅疲沓的官风为之一振（史书记载，"万里之外，朝下而夕奉行，如疾雷迅风，无所不披靡"），而且在经济、军事、社会治理上均有重大建树，比如重用戚继光，取得抗倭、抵御蒙古的胜利，明王朝一度生机勃勃，有"中兴"迹象。然而，反对的保守力量也在悄然积蓄、窥伺时机。万历十年，张居正去世，反对派疯狂反扑，明神宗愈加动摇。随即，张居正长子被迫自杀，亲属惨遭迫害，新法除"一条鞭法"外，几乎全盘推翻。从此，明王朝积重难返，迅速滑向历史的崖边，明神宗死后仅24年，明朝灭亡。

再往后很著名而惨烈的一次变法，要算"戊戌变法"，也可以归为"政息人亡"类型。某种意义上说，戊戌变法算得上是洋务运动的余波或"进阶版本"（尽管两次事件中改革者的阶级属性、改革目的均差异甚大）。戊戌变法由康梁新党受光绪皇帝支持而发起。在当时世界潮流影响之下，这次变法力度之大，其时可谓震古烁今，也带有明显的时代进步性。不幸的是，由于光绪羽翼未丰，加上变法带有浓厚理想主义色彩且操之过急，最后在保守集团的反戈一击下，"百日维新"逝如流星，资产阶级维新派政息人亡、血溅刑场。而大清帝国也错过了最后一次跳上飞驰即逝的时代列车的机会，只能木然坐以待毙了。

（三）
为什么成者寥寥、败者比比？

纵观上述近代及此前的数次变法改革，何以成者寥寥而败者比比？究其缘由，莫过如下几条：

其一，保守势力的反对、反扑。这是所有变法的角力赛中的"常量"，也往往成为压倒骆驼的最后一根稻草。

其二，治理能力的缺失。古代多次变法，属皇帝支持、改革派主导。然而在当时治理水平、技术能力之下，对幅员辽阔之基层的掌控，极为吃力，从而使得改革愿景大打折扣。

其三，脱离实际，空中楼阁。上述变法中，不乏理想主义导向、知识分子推动的类型，其改革措施，或者带有改革者个人强烈的主观主义色彩，不接地气、南辕北辙，最典型者莫过王莽改制；或者在支持力量、执行力量、依靠力量上存在致命短板，来如迅雷、去似雾散，最典型者莫过戊戌变法。

其四，"旧袍子之上的补丁式改革"。究其根本，古代失败的诸次变法，都未能触及专制社会的本质痼疾，而只能依托专制帝制进行缝缝补补，试图扶大厦之将倾，此种"权宜式改革"的成效，自然可想而知。

其五，人文关怀缺失，未能争取最大民意支持。中国专制帝制下，正所谓"兴，百姓苦；亡，百姓苦"，万千黎民百姓绝大多数时间里都是王朝盛衰兴亡的渺小棋子和最大牺牲者。同样，上述多次变法之中，即便一度达到富国强军目的，百姓也往往并非改革红利的受益者，很多时候甚至沦为某些"零和式改革"的"精准被剥夺者"。这样的变法，自然难以得到最广大人民的衷心拥护和支持。

回顾历史，带来的启示是不言而喻的：

中国改革开放40多年，极大解放了社会生产力，产生了世人瞩目的普惠式改革红利。当前，我们党正在推动全面深化改革。放眼全世界，没有哪个国家和政党能有这样的政治气魄和历史担当，敢于大刀阔斧、刀刃向内、自我革命；也没有哪个国家和政党能在这么短时间内推动这么大范围、这么大规模、这么大力度的改革。今天，改革进入深水区，剩下的全是"硬骨头"。接下来，我们必须坚持"刀刃向内"的自我革命精神，以敢于涉险滩的勇气和智慧，大兴调查研究，秉承"实事求是"这个制胜法宝，加强"顶层设计+摸着石头过河"的双向路径，通过体制机制改革创新激活改革潜力，通过改革提升治理能力，通过"有形之手"推动共同富裕，让中国特色社会主义的制度优势淋漓尽显，让各种发展要素充分涌流，为下半程改革凝聚最广泛民意支撑。

（本文系作者参加2022年7月广州市高层次人才国情研修活动时的现场交流发言整理而成）

二

大湾区观察

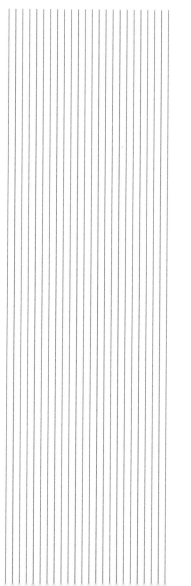

老城维新，活力何来？

凯风自南，吹彼棘心。习近平总书记同时将实现老城市新活力和建设粤港澳大湾区区域发展核心引擎两大任务交给广州，是对广州的关怀和信任，更是对广州的重托和鞭策。

中流击水，不进则退。如何摒弃"老城市"的疲态、破解"大城市"的难题，抢抓大湾区建设的机遇，焕发新时代的活力，需要生活在这座城市、关心着这座城市、热爱着这座城市的你的建言、你的奔跑、你的奋斗。

奋斗的城市永远年轻；

奔跑的城市永葆活力；

奋进的城市最能出新出彩。

坐而言，起而行。《广州日报》今起向每一位广州人，每一位关爱广州的人发出号召，加入这场"抢抓大机遇，焕发新活力"坐言起行大讨论，用你的真知灼见，用你的身体力行，化作广州的出新出彩，为新中国70华诞献礼！

——原编者按

"周虽旧邦，其命维新。"

新，是一种状态，意味着生机勃发、活力涌动。新，更是一种追求，要求解放思想、敢于革新、永不僵化、永不停滞。

从历史深处行来，站在新中国成立70周年的节点，走向新时代的广阔未来，广州，正处于改革发展的关键期。

2018年10月，习近平总书记在考察广东时，要求广州实现老城市新活力，在综合城市功能、城市文化综合实力、现代服务业、现代化国际化营商环境方面出新出彩。日前发布的《粤港澳大湾区发展规划纲要》进一步明确了广州的定位，为广州发展指明了前进方向。

实现老城市新活力，是习近平总书记交给广州的重要政治任务，是广州当前和今后一个时期的头等大事。面对这一重大课题，我们必须思考：为什么要实现新活力？老城市的优势在哪里？问题在哪里？新活力新在何处？活力体现在哪里？活力怎么来？广州在大湾区建设中的目标要求是什么？

一连串追问，令人陡然惊醒；一系列反思，催生倒逼动力。

（一）
"机"在何方？
大湾区纲举目张，广州等不起慢不得

夜幕降临，从太空俯瞰，环绕珠江口灯火璀璨，粤港澳大湾区连成星河。《粤港澳大湾区发展规划纲要》恰如一根红线，将大湾区7000万人的未来紧紧联系在一起。

一个意义深远的大机遇已然来临，一种积蓄已久的力量次第爆发，一个世界级城市群正在崛起。

历史的机遇，再次向广州敞开怀抱。《粤港澳大湾区发展规划纲要》提出，以香港、澳门、广州、深圳四大中心城市作为区域发展的核心引擎。这是国家大战略赋予广州的重大使命。

江阔好行船，风起速扬帆。广州清醒认识到，粤港澳大湾区建设为城市发展提供了重大机遇，也提出了更高要求。只有焕发新活力，才能发挥区域发展核心引擎功能，展现广州的定位、担当和作用。

抢抓大机遇，焕发新活力，是使命所系。

进入新时代，广州承担更大责任，肩负更高使命。在全省实现"四个走在全国前列"、当好"两个重要窗口"中勇当排头兵，这是一份沉甸甸的政治责任。省委要求广州扎实推动国家中心城市建设全面上新水平、着力建设国际大都市，这是对广州更高的定位和期许。实现老城市新活力，既要立足广州发展广州，又要跳出广州发展广州，在服务全国全省发展大局中发挥更大作用，更好代表国家参与全球合作与竞争。

在我国的城市体系中，广州遇到的问题，具有代表性，广州的尝试和探索，具有借鉴意义。紧扣老城市和超大城市发展的特点和规律，让老城市持续焕发新活力，这是广州承载的期许，亦是广州的时代使命。

抢抓大机遇，焕发新活力，亦是发展所需。

"苟日新，日日新，又日新。"广州，自古以来就是一座敢闯敢试、以新取胜的城市。早在农业经济时代，广州就没有受缚于农耕文明，而是向海而生，演绎着对外贸易的传奇。改革开放以来，广州抢抓机遇，一步步先行先试，一次次开拓进取，勇立于时代潮头……求新求变、与时俱进，这是历史的启示，更是广州发展的重要经验。

当前，广州发展正处于滚石上山、爬坡过坎的紧要关口。放眼世界，全球城市竞争空前激烈。环顾国内，前有标兵、后有追兵，广州先发优势遇到挑战。一篙松劲，则退千寻；乘势而上，才能不断超越。实现新活力，这是广州城市发展的内在需要，并且已经到了不能等一等、慢一慢的时候。

（二）
"老"在何处？
两千年栉风沐雨，广州凭何保持优势

城市的老与新，不是电极的正与负、战场的矛与盾，而是你中有我、我中有你，循环往复、生生不息。

没有昨天的厚积，哪有今天的薄发？两千多年建城史，是广州的活力

所系、底蕴所藏，也是前行的力量所在。

君不见，西关骑楼下不起眼的士多，狭窄的青石板路小巷里的甜品店，珠江边粤韵悠扬、自得其乐的私伙局，十三行络绎不绝的人流……这些是城市老的一面，但这样的"老"却有着历经沧桑后的淡然从容，有着生生不息的烟火气，有着别样的岭南风情，向人们诉说着一个个古老而独特的广州故事。这些，何尝不是生猛广州再出发的力量之源。

老，意味着深厚的历史底蕴。时光从来不会亏待一座城市，文化积淀是其无私的馈赠。作为国家历史文化名城，广州是海上丝绸之路发祥地、近现代中国革命策源地、岭南文化中心地、改革开放前沿地，百越楚庭，汉唐明珠，一贯海纳百川、领风气之先。作为全球唯一千年不衰的商贸名城，中西文化在这里交流、碰撞、融合。广州古迹众多、遗产丰厚，粤剧、广绣、广彩等非物质文化遗产享誉世界。迎春花市是年俗，也是广州的文化名片。辉煌厚重的历史文化积淀，既是老城市的荣光，也是宝贵的资源，更是支撑城市赓续前行的重要软实力。

老，意味着雄厚的综合实力。城市有了成长的时间，也有了花开的空间。全球权威世界城市研究机构GaWC发布的2018年世界级城市名册中，广州在世界一线城市中排名第27位。全球城市的竞争，从来不是"单项技能"的角逐，而是"多项全能"的比拼。这也是广州雄厚综合实力的最佳证明。广州经济总量长期居全国城市前列，产业结构完备，也是华南地区工业门类最齐全的城市。改革开放先行一步，市场发育比较充分，市场化程度也较高；基础设施完善，枢纽地位突出；毗邻港澳，集聚辐射能力强大；广州地区集中了全省2/3的普通高校、70%的科技人员、97%的国家重点学科、77%的自然科学与技术开发机构，以及绝大部分国家重点实验室……这些是广州创新发展的实力支撑。

老，意味着优雅的城市气质。千年沧海桑田、风雨洗礼，历经过和平、繁华，也遭受过战乱、窳败，在中西文化的碰撞交流中，形成了海纳百川、包容开放的独特气质，广州可以坦然接受一切的"不合常理""不走寻常路"。很多人觉得广州是一座说不清的城市，它似乎什么都有，什么都能容得下。开放与多元，成为广州笑看风云、保持活力的秘诀所在。开放的城市，可以兼容并蓄为我所用；多元的城市，可以更好地满足人们多元需求。城市发展也有了更多可能。

"壮心与身退，老病随年侵。"老有老的境界，老也有老的局限，老城市也不例外。

一是机能退化，城市机体的不少"零部件"需要修补保养，有的甚至要大修。随着人口与城市功能的增多，广州也和国内外大城市一样，面临着城市管理欠账多，城市更新任务重，传统产业待升级，城市环境需优化等问题；二是思想僵化，人们容易陷入惯性思维、路径依赖，因过去的成绩沾沾自喜，躺在历史的"功劳簿"上裹足不前，习惯待在舒适区，习惯于跟跑、不想并跑、更不愿意领跑；三是知识老化，信息时代一日千里，创新发展是时代主题。有的部门和干部老办法不管用，新办法不会用，学习与创新意识不足，跟不上时代发展，解决不了城市发展中的新情况新问题。

必须防止"又老又旧，不新不活"，否则一切蓝图都是空中楼阁，又谈何抓住机遇、激发活力？

（三）
"活"在哪里？
四十年领潮争先，广州能否"生猛"如昨

活力是一座城市的精神面貌，更是城市赖以发展的基石。沿着时间轴线，去观察一座城市的起伏兴衰，其实不难为这句论断找到诸多例证。

四十年改革开放的实践证明，每到城市发展的关键时刻，老城市迸发出的新活力，都给广州综合实力带来跃升。四十年领潮争先的广州故事，正是老城市新活力这篇大文章的生动注脚。

从率先打响城市经济体制改革"第一枪"，到第一批个体户应运而生；从率先开办"三资"企业，到第一个劳务集市开锣；从全国首家五星级宾馆

落成，到首家超级市场开业……四十年筚路蓝缕，广州一次次打破纪录，也一次次创造历史，在"改革不停顿，开放不止步"的跋山涉水中，走出了一条向改革要动力、向改革要活力、向改革要生产力的康庄大道。

船到中流浪更急，人到半山路更陡。我们深知，将改革开放进行到底，仍然是广州在更高起点、更高层次、更高目标上接续奋斗、出新出彩的关键一招。越是艰险越向前，在这个非进不可、不进则退的关头，广州必须冲激流、过险滩，一往无前。

活，在创新动力。当前，广州在科技创新能力、创新龙头企业数量、科研成果转化等方面还存在着一些不足。仅以全社会研发投入这一项数据来看，全市R&D经费支出占比仅2.5%左右，与北京、上海等地差距明显，一些核心技术、关键零部件、重大装备仍然受制于人。

活，在产业升级。实现高质量发展，产业转型是关键。高技术制造业和新兴产业比重不高，高端服务业偏弱……广州要有紧迫感，在建设现代化经济体系上补齐短板，多想办法、多下苦功。

活，在破解"大城市病"。大城市有大的样子，也有大的难处。发展愈迅速，也就愈发能体会城市建设管理的欠账。社会治理创新跟不上发展需要，违建治理任务繁重，还有交通拥堵、垃圾围城等"大城市病"亟待有效破解。

活，在推进绿色发展。这几年，广州城乡环境持续优化，"广州蓝"一次次刷屏朋友圈，美丽乡村建设卓有成效。然而，坚决打赢黑臭水体剿灭战、大气污染防治攻坚战、净土保卫战，把绿色发展推向深入，广州还有许多块硬骨头必须啃下。

清醒认识当下问题，是为找到激发活力的新抓手。在这一轮抢抓机遇的比拼中，广州优势有之、短板有之，底蕴有之、不足亦有之，这些问题必须在发展中回答，在发展中解决。

新时代改革开放，重整行装再出发，广州仍需保持"杀出一条血路"的胆识和锐气。

（四）
"新"从何来?
七十载华诞将至，广州将交怎样答卷

"新故相推，日生不滞。"

时光如潮，滚滚向前。今年是新中国成立70周年，是全面建成小康社会关键之年。关键之年，当有关键作为，广州要自加压力、勇挑重担，奋力实现老城市新活力，以优异成绩向新中国成立70华诞献礼。

知之愈明，则行之愈笃。抢抓大机遇，焕发新活力，我们必须明确：新在哪里？活力体现在哪？

新，在发展格局。格局决定层次，层次决定高度。只有进一步优化城市空间结构，全面增强综合城市功能，才能发挥国家中心城市和综合门户城市引领作用。

新，在运行机制。在城市发展的决定因素之中，运行机制是关键。加快政府职能转变，才能实现城市治理体系和治理能力现代化，方能以"营商环境2.0改革"为新起点，进一步优化现代化国际化营商环境。

新，在发展动能。放眼世界，经济发展向来都是一个动能不断迭代更新的过程。广州要不断完善现代产业体系，显著提高科技创新能力。

新，在民生改善。以人为本，城市要不断满足人民对美好生活的向往。要实现更高水平的幼有所育、学有所教、劳有所得、病有所医、老有所养、弱有所扶，建设平安广州、幸福广州。

新，在城市面貌。一座城市的老与新，城乡环境是最直观的窗口。只有深化生态文明建设，打好污染防治攻坚战，把城乡环境建设得更干净更整洁更平安更有序，才能焕发云山珠水、吉祥花城的无穷魅力。

新，在精神状态。思想是行动的先导，精神是强大的力量。提振精气神、奋发实干劲，正是广州不断焕发新活力、开创新局面的源头活水。正扎实推进的文化强市建设，必将为广州改革发展凝心聚力、加油鼓劲。

老城市新活力涉及方方面面，"四个出新出彩"是实现老城市新活

力最集中、最重要的体现。必须聚焦重点，持续发力，久久为功，善作善成。

新活力，从何而来？

从党的创新理论引领中来。科学理论指引方向，坚定信念凝聚力量。广州必须以习近平新时代中国特色社会主义思想武装头脑、指导实践、推动发展，为实现老城市新活力注入强大真理力量、理论力量、实践力量。

从重大战略机遇中来。"来而不可失者，时也；蹈而不可失者，机也。"粤港澳大湾区建设是广州发展的重大战略机遇，抓住了、用好了，才能不负时代的重任、历史的青睐。增强粤港澳大湾区区域发展核心引擎功能和实现老城市新活力，要相互联系、相互融合、相互促进、相得益彰。

从改革创新中来。"变者，天道也。"变革创新，始终是推动人类社会向前发展的根本动力。纵观广州发展历程，正是得益于敢为人先、敢闯敢试的城市精神，广州才能在经济发展不同阶段走在时代前列；正是凭借求新求变、与时俱进，广州才得以在全球城市体系中不断提升显示度。

从苦干实干中来。创业维艰，奋斗以成。实干才能创业兴业，苦干才能攻坚克难。实现老城市新活力，任务艰巨，使命光荣，且越往前走，越是困难重重。唯有进一步强化担当，以钉钉子精神一锤接着一锤敲、一茬接着一茬干，才能不辱使命，乘势而上。

潮起海天阔，扬帆正当时。在广州中流击水的航船上，没有坐享其成的乘客，没有事不关己的看客——你、我、他，每个人都是划桨者、搏击者。只有喊着同一个号子，朝着同一个方向，同舟共济、弄潮搏击，才能奋力驶向梦想的前方。

如果我是埋头攻关的科研人员，自当积极投身自主创新的主战场，瞄准关键领域、"卡脖子"的地方，潜心钻研、孜孜求索，为广州建设科技创新强市矢志奋斗。

如果我是奋斗在生产一线的工人，自当练就一身真本领，掌握一手好技术，发扬工匠精神，为广州建设先进制造业强市添砖加瓦。

如果我是培根铸魂的文艺工作者，自当坚持以人民为中心的创作导向，走进实践深处，为人民抒写，为人民抒情，为广州建设文化强市尽己绵力。

如果我是为人民服务的党员干部，自当在担当上再强化，实字当头、干字为先、夙夜在公、善作善成，立足自身岗位，奋发有为。

抢抓大机遇，焕发新活力，实现"四个出新出彩"，最终要落实到每一个区、每一个行业、每一个项目、每一个岗位、每一个人身上。

一个人就是一个"活力因子"，千万个"活力因子"奋进奔腾、共同律动，广州就有了勃勃生机、旺盛活力，广州发展就有了坚实基础、不竭动力。

滚石上山，仍需提气；逆水行舟，劲不可松。

大机遇时不我待，老城市其命维新！

（本文是2019年广州"抢抓大机遇 焕发新活力"坐言起行大讨论的开篇长论，原题《奋进的城市出新出彩》，2019年4月10日刊于《广州日报》后引发广泛关注和强烈反响。作者为"广言"团队徐锋、夏振彬、练洪洋、谭敏、毛梓铭）

南沙与港澳1小时生活圈，
还可以是什么"圈"？

南沙与港澳"一小时生活圈"，是一个非常高的目标。因为它要求的绝不仅仅是交通便捷化带来的空间感的缩小——"生活圈"的关键词，更蕴含着人的工作、生活、教育等全方位的交融。亦即，它不仅是一个"交通圈"（当然这是非常关键的第一步），更应是一个"经济圈""创新圈""文化圈""社交圈""医疗圈"，也理所当然是一个"行政圈"（行政资源的顺畅对接、行政效能的相互促进）。

日前，正在北京参加全国两会的广州市市长陈建华代表接受采访时，向人们推介了南沙自贸试验区（下文称"自贸区"）的有关情况。其中提到，南沙自贸区的目标是打造与港澳的一小时生活圈，把香港、澳门的先进经验学习融合进来，将南沙建设成"走出去"的一个全新的合作平台。

从区位上看，南沙自贸区有着得天独厚的优势。只要粗略了解自贸区的发展历史，或者纵览目前全球一千多个形态各异的自贸区，不难发现，自由贸易区往往具备鲜明的"地缘特征"，它往往与"港口""边境"这些关键词紧密相连。这种共性之中有着某种必然性，取决于商品经济自由贸易的天然需求。从南沙自贸区的区位来看，它地处珠三角地理几何中心，位于珠江出海口，离香港38海里，离澳门41海里，若以南沙为圆心画一个圆，方圆100公里范围内，就囊括了珠三角所有大中城市；同时它位于广东三个自贸片区"品字形"布局的上部，与大陆腹地最为接近，腾挪的纵深更大。可以乐观地畅想，作为未来广州乃至珠三角发展的新引擎，南沙能满足人们无限的想象力。

像我国的自贸试验区这样几乎是前无古人的创新之举，必然细节决定成败。"一小时生活圈"，看似重在交通网络等基础设施的搭建，其实却是一个非常高远、难度颇大的目标。因为它要求的绝不仅仅是交通便捷化带来的空间的缩小。"生活圈"的关键词，更蕴含着人的工作、生活、教育等全方位的交融。亦即，它不仅是一个"交通圈"（当然这是非常关键的第一步），更应是一个"经济圈""创新圈""文化圈""社交圈""医疗圈"，也理所当然是一个"行政圈"（行政资源的顺畅对接、行政效能的相互促进）。

比如，如何在这种更深层次、更全方位的互联互通、无缝连接中，更好发挥香港作为"全球超级联系人"的角色。前几天李克强总理《政府工作报告》释放的一个重要信息就是，香港将会在内地改革开放和现代化建设进程中继续长期发挥特殊的补益作用。也就是说，香港对于内地尤其是珠三角城市群的发展，具有特殊的作用。这是因为，香港的国际金融、贸易、航运等中心地位是长期形成的，也是多种因素综合作用的结果；同时，香港在营商环境方面仍具有许多优势，包括法治成熟、经济高度自由开放、金融体系稳健、专业服务发达、政府廉洁高效、社会管理先进、税制低等；加上，香港国际化程度高，跨国公司总部云集，国际商业网络发达……这些都是值得南沙自贸区以"拿来主义"加以汲取、进而打造自己"后发优势"的元素。

打造南沙与港澳的"一小时生活圈"，三地多元化的形态，必然要求形成互补互促关系。香港目前服务业占比非常高，但是创新乏力，而香港社会早已意识到这个问题。因此，尽管港府关于新设"创新及科技局"的提议，在立法会因少数人阻挠而未能顺利落实，但却最终以"创新及科技咨询委员会"的变通形式得以体现，并得到公众的默许。这种面对周边地区赶超所形成的普遍的危机感、焦虑感，无疑也给了香港人更多的压力和动力。现在，广州、深圳的科技创新成绩斐然，成为香港有识之士研究的新命题，在未来的粤港澳深度融合中，珠三角城市群如何做大自己的创新相对优势，并与港澳的科技创新比翼齐飞，将是一个值得期待的兴奋点。

（2015年3月12日刊于《南方日报》）

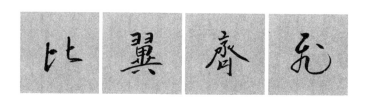

批发市场旧改，
就该多些对"商脉文脉"的敬畏

"商脉往往跟着文脉，文脉没了商脉也就断掉。"这些批发市场用今天的发展眼光看来，或许财税贡献率吸引力不如高端服务业，对一个现代都市的形象也加分不多，但整体而言，其"一席之地"已经成为一个赫然的现实存在。当然，慎重和敬畏，并不代表就该无为而治。如何把握好新与旧的"度"，更考验一个现代政府的公共治理能力。

日前，时隔8年，荔湾区清平中药市场再次启动二期改造计划，二期地块"控规"提交广州市规委会审议。值得一提，"控规"中提出，将部分市场用地性质修改为商住用地，建筑设计楼下经商、楼上住人方案，并未得到与会专家认可，专家认为商住结合方式或将导致清平市场风貌消失。广州市规委会认为，该议题可暂时放一放，"旧城改造要有敬畏之心，慎重行之"。

这是一则让人感触有些复杂的新闻。基于广州老城区批发市场与新型城市化发展日显不符的现状，清平中药市场的二期改造计划的"流产"，难免让人感到惋惜，毕竟对于广州今天的发展而言，老城区三旧改造早该提上日程并有所突破了；但同时，让人深感欣慰的是，无论是规委会也好、市政府决策者也罢，都以对城市负责、对历史负责的态度看待清平市场的改造方案，对"清平市场风貌消失"的担忧、对旧城改造的"敬畏之心"成为首要关切，这又体现着广州这座有着市民主义情怀的古城在对待自身历史遗存、文化血脉的自觉与认同。

包括清平中药市场在内的诸多批发市场，在广州城市历史中有着不容忽视的地位。一方面，它们曾为广州、广东乃至中国的改革提供了最初的动力。广州清平中药材市场是国内开办最早的专业市场之一，也是广州改革开放后第一个冲破计划经济束缚、进行市场化探索的成功样板，如今已成华南乃至全国中药材物流的集散地，其影响力辐射东南亚以及美加澳新。目前广州市有近700个专业批发市场，中心城区的5个区占了80%，比较有代表性的皮革皮具、鞋业、水产品等均在全国同类市场中规模名列前茅。如此地位，不由得人们在今天进行"升级改造"之时心存敬意、考虑再三。另一方面，它们在长期的扩张过程中，早已与老城区的文脉和历史"水乳交融"，深度嵌入了老城区生活的方方面面，不仅化为"清平路""纸行路"等路名，更与周边居民的就业、生活方式密切相关。可以说，这些批发市场用今天的发展眼光看来，或许财税贡献率吸引力不如高端服务业，对一个现代都市的形象也加分不多，但整体而言，其"一席之地"已经成为一个赫然的现实存在。简单剥离，不仅难度极大，而且可能伤筋动骨。这也正是市领导所言"商脉往往跟着文脉，文脉没了商脉也就断掉"的缘由所在。

当然，慎重和敬畏，并不代表就该无为而治。尤其是在此类传统业态对老城区中心区域的城市管理、人居环境形成某种负面效应之际，如何把握好新与旧的"度"，更考验一个现代政府的公共治理能力。仍以清平市场为例，它位于广州旧城区，地处交通要冲却大小货车云集、交通拥堵；市场房屋多以砖混结构为主，多处楼房经鉴定已是危楼，采光不足、卫生堪忧、消防隐患、雨污未分流、没有管道煤气、供水尚未一户一表等；居民构成复杂，治安隐患不容小觑；此外，传统营商模式的沿袭，与广州正在积极推进的现代服务业大趋势严重脱节……据报道，由于人居环境与

"新广州"有较大的差距，此处居民回迁意愿和改善居住条件的意愿十分强烈。

从此次公布的改造方案观之，"将商业用地放置于地下"的理念有其可贵之处，"实体售卖与电子商务结合"的倡导也体现了远见，尤其是政府对此类批发市场的态度上从以往的"能搬则搬"微妙转变为更关注安全隐患、更有针对性的甄别，让人看到决策者在旧城改造上更多的理性与审慎。批发市场作为广州城市空间"中调"的重点、难点，在未来数年内必将成为城市转型升级的新焦点，因此，对其的改造上应尽快形成社会新共识。关键一点：既然是针对历史遗存所进行的改造，就必须讲点历史的辩证法，一方面，历史也不是一成不变，必须超越刻舟求剑式的静态保护，尊重包括这些批发市场在内的老城区的动态、进化、活化的历史变迁，大胆作为、寻求破局；另一方面，又切不可权宜苟且、急功近利，必须站在更长远、更宏大的历史语境下审视这种"改造"，如果暂不成熟、各方意见暂不统一，不妨审慎行事，让民意和政府决策充分互动和博弈。"磨刀不误砍柴工"，现代社会的公共治理尤当如是。

（2014年8月21日刊于《南方日报》）

市长谈"邻避"折射治理理念之变

"邻避现象"的复杂之处就在于：对于公共利益而言，它是自我甚至"自私""不顾大局"的；而对于具体个体或某个范围的人群而言，它又往往是正当权益的声张，是对公权力"侵权"行为的抗议，是合理和"正义"的。相应地，作为城市管理者，在这个个体权利意识逐渐觉醒、政府公共服务职责渐成共识的时代，也就面临着前所未有的考验。

前天，由央地有关部门联合举行的"网络名人看广东"活动开启首日，网络"大V"们走进广州市政府，与陈建华市长面对面交流。有"大V"问：广州有没有出现居民对工业项目建设反感的情况？广州如何应对？陈建华市长直言，对于地方政府，相当一部分的公共设施都是"邻避"设施。并拜托各位"大V"对政府提供公共服务的邻避设施要笔下留情，因为没有一个市民能离开这些设施。

"邻避"一词，从中国一个特大城市市长口中说出来，显然引起了舆论的普遍关注。这一方面是因为，这一"舶来"的术语以前更多用于"民间"性质的语境，而其英文缩写"NIMBY"（Not In My Back Yard）的音译+意译，也多少显得有些生僻，从而影响了其在公众中的广泛理解和传播。此番"邻避"能以官方渠道得以表达，既体现出广州一贯的包容并蓄，也引发了更多人对这一术语的兴趣和好奇。从公共管理学常识的普及上说，提供了一个很好的契机。

另一方面，则在更深一层的意义上，折射了今天的城市管理者在公共服务和行政理念上呈现出了可贵的进步。这并非谬赞。单说此次在1个小时时间里，广州市市长回答了8个网络"大V"的问题，对反腐、垃圾焚烧、污水治理、网络舆情等问题没有过多回避，这种坦诚和自信的心态便值得"点赞"。再回到市长谈"邻避现象"这一问题本身，其背后意味更值得分析。包括变电站、核电站、监狱、殡仪馆、垃圾焚烧厂甚至肉菜市场、垃圾中转站在内的所谓"邻避设施"，人们从来都是"又爱又恨"——既离不开它们，又强烈反对它们建在自家楼下或门口。原因无须赘述，无非担心这些设施对身体健康、环境质量和房产价值等带来诸多负面影响，从而激发利益相关者的嫌恶情绪，滋生"不要建在我家后院"的心理现象。面对这种明显的、涉及特定公众的悖论式态度，作为这些公共设施、公共服务组织者或提供者的政府怎么应对？是一味顺从、有反即退？还是付之强硬、寸步不退？或者有新的理念和思维？

"邻避现象"的复杂之处就在于：对于公共利益而言，它是自我甚至"自私""不顾大局"的；而对于具体个体或某个范围的人群而言，它又往往是正当权益的声张，是对公权力"侵权"行为的抗议，是合理和"正义"的。相应地，作为城市管理者，在这个个体权利意识逐渐觉醒、政府公共服务职责渐成共识的时代，也就面临着前所未有的考验。其中涉及诸多难题，最明显的莫过于公平问题。当一个需求紧迫的垃圾焚烧厂项目亟待建设时，假定每个个体与政府的博弈能量是相同的，则这个焚烧厂必然"无处安放"，从而最终对社会整体福祉不利。而现实中之所以类似的设施最终总能建成，正在于这种假定不存在，因为不同社会个体、社区群体的话语权、谈判能量存在明显差异。这就导致相对弱势的个体或群体，在影响项目决策、争取有关补偿时更容易"吃亏"。而这种不公最终又会导致一种恶性循环——最后谁都怕吃亏，谁都信不过官方说法，于是"闹"成为一种下意识的本能。

鉴于这一问题的复杂性，未来的解决途径必然也需要对行政理念和技巧提出更高要求。首先，行政部门自身要"正心诚意"。换言之，这些邻避设施本身应该绿色无害，在安全性和环保性上对得起老百姓。其次，在邻避设施的分布、补偿上必须一碗水端平。从"不问路径但求抵达终点"的初级阶段向"实体正义与程序正义并重"的高级阶段过渡，不让老实人吃亏，不让顾全大局者受伤并逆反，这既考量社会公平，也是对公共治理的良知的检验。此外，还要做好辅助手段、创新做群众思想工作的方式，比如，适度地少说大局、项目重要性，多谈安全性、利益补偿等个体关切。如此，方有望真正减少阻力，赢得共识。

（2014年9月24日刊于《南方日报》）

城镇化如何担起抵御"全球经济减速"重任

城有城的魅,乡有乡的美。无论是城镇化还是"乡村优化",我们要的是美丽的、生态的、以人为本的城镇,以及美丽的、生态的、基本公共服务均等化的乡村。

刚刚闭幕的中央经济工作会议,透露了不少关于下一步中国经济增长的决策思路,其中提到:城镇化是我国现代化建设的历史任务,也是"扩大内需的最大潜力所在"。这一指导理念的明确与强调,折射出重大战略性色彩。

之所以将城镇化提到这样的高度,必须看到"全球经济减速"这样一个大的背景。今年7月,国际货币基金组织下调了全球经济增长预期。中国经济欲实现"逆周期"运行,只能激发"三驾马车"中投资和消费的活力,以此来部分取代不断萎缩的国际市场。而由于政府投资拉动往往留下后遗症,故而,消费的作用凸显。

但我们必须正视,近些年,最终消费占比不断下降的趋势在全球范围内一直未能得到有效控制。以何种方式有效激发国民消费力,我们面临同样考验。从道理上看,出路无非几点,其一,减负。通过健全社会保障网络,免除"存钱防老""存钱防病"的国人消费的后顾之忧。其二,增收。这就是党的十八大首次提出"居民收入翻一番"惹人瞩目的原因。当然,有必要打预防针的是,这种居民收入的倍增,必须是实际购买力的增加，而不是名义财富、账面数字的增加。其三，尽快形成新的消费增长点。以往汽车和房地产对消费的带动性很强，现在这两方面都遇到了一些问题，新的消费增长点在哪里？

"城镇化"看来已成为答案。前不久，综合各种信息，人们预测中国经济下一步布局中，城镇化将成为新的内需发动机。刚闭幕的中央经济工作会议印证了这一预测。

城镇化对内需的拉动作用，无需赘言。从终极目标而言，城镇化是为了缩小城乡差距、增进国民福祉，而从现实效果和中短期诉求而言，则在于"创造需求"、激发消费，应对"全球经济减速"——据测算，一个农民转化为市民，消费需求将增加1万多元，每一个百分点的城镇化率，对应的都是上千万人口以及数以万亿元计的投资和消费。城镇化是我国最具潜力的内需所在。

然而也必须看到，近30年来，尽管我国的城市化率，按现有统计口径已达51.3%，但现有路径留下诸多教训，必须自我修正。有目共睹的莫过于：其一，低成本的强力推进。部分地方出于政绩考虑，赶农民上楼，失去土地的农民搬进楼房却失去了可持续发展的能力。其二，城市病的重蹈覆辙。一些新发展起来的城镇，规划滞后、废弃物和污水处理能力滞后、基础设施滞后，城市造血功能不健全。无疑，这样的城镇化不仅不能激发"新市民"消费力，长远看反而无益于"新市民"就业居住，挫伤其消费力。

因此，城镇化同样要讲究"系统性、整体性、协调性"，唯如此方能真正成为内需发动机。比如，以人为本。城镇化的落脚点是要让"新市民"实际购买力提高、享受的公共服务更齐全。又如，循序渐进。不拖沓也不冒进，对城市病未雨绸缪，防范"逆城市化"。又如，因地制宜。对适于城镇化的区域大力引导，对城镇化条件暂不成熟、更适于"乡村优化"的区域予以保留和扶持。广州在未来发展蓝图中，将"美丽乡村"建设融入新型城市化进程，一方面继续优化城市的发展，另一方面大力扶持农村的特色发展、生态发展和可持续发展。城有城的美，乡有乡的美。城镇化切忌大干快上、千城一面。无论是城镇化还是"乡村优化",我们要的是美丽的、生态的、以人为本的城镇,以及美丽的、生态的、基本公共服务均等化的乡村。这才是真正意义上的城乡一体化发展。

（2012年12月17日《广州日报》社评）

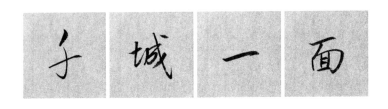

粤港合作，如何以"化学反应"
催生世界级经济区

当前，全球产业格局重新洗牌，如何抓住机遇在国际分工中抢占有利地形，最重要的就是保持并提升传统优势，实现"嫁接"和"质变"，培育出先进制造业和现代服务业"双剑合璧"的"优良品种"。

这几天，新签署的《粤港合作框架协议》不仅在粤港两地引发阵阵涟漪，也引起国外观察家的高度关注。

该框架协议在第一章第一条便开宗明义，提出粤港区域发展的共同愿景——"携手打造亚太地区最具活力和国际竞争力的城市群，率先形成最具发展空间和增长潜力的世界级新经济区域"。在全球格局发生深刻变化、地区竞争日趋激烈的今天，这是一个具有世界眼光和战略思维的目标。论其前景，单从经济规模观之，国务院权威专家已表示，若把粤港澳三地作为一个经济体来计算，在亚洲区域内是排在日本、韩国和印度之后的第四大经济体。而若再计入这一区域合作将产生的产业优化、体制创新及其"外部性"（比如可为珠三角等区域一体化提供范本），以及它在未来全球分工中的新定位，其意义远非我们现在可以预计。

欲达此"世界级新经济区"的愿景，显然要超越1+1等于2的简单量变，使其催生1+1大于2的"化学反应"。那么，打造粤港世界级新经济区的"催化剂"是什么？

首先，硬件升级。两个地区要形成一个紧密城市群和经济区，就必须在"桥梁"上做文章，加快两地融合，降低双方"交易成本"。这种"桥梁"首先包括交通网。以日本为例，位于太平洋沿岸的东京、大阪、名古屋三个城市圈，因新干线开通而迅猛发展，新干线成为串起大小珍珠的一根红线。同样，港珠澳大桥的开工建设、深港西部快速轨道交通的初步规划、珠三角高等级航道网的规划等，亦将为两地交往提速。此外，合作框架协议还意在打造两地教育网、通关网、环保网、绿道网、信息网等。多"网"并举，必将粤港两地"织"得更加紧密；这些"网"再往外扩散，则体现为粤港新经济区的世界级辐射力。

同时，软件更新。放眼全球，但凡成功的城市群或经济区，必然具备一个共同点：区域内部信息共享畅通、沟通机制成熟、产业和贸易壁垒低。在粤港合作的议事日程中，"营商软环境建设"成为一个重要内容，其中包括在便利往来、检验检疫、电子商务、技术标准、知识产权保护、法律合作等诸多方面消除门槛、加强协调。此外，"优质生活圈概念"的提出，也将为粤港"宜居、宜商、宜创业"规划装上人性化的"驱动程序"，推动全方位接轨。

当前，全球产业格局正在重新洗牌，如何抓住机遇在国际分工中抢占有利地形，所有经济体都在暗暗角力。对于粤港新经济区来说，最重要的就是保持并提升传统优势，实现"嫁接"和"质变"，培育出先进制造业和现代服务业"双剑合璧"的"优良品种"。北美五大湖城市群曾是美国重要的制造产业带，但随着汽车产业竞争的加剧，当地制造业出现衰退，在一番痛苦的产业结构调整后，制造业比重日益缩小，而服务业快速发展，城市群整体经济竞争力重新焕发。此例子不无启示：既顺应世界潮流，又立足区域现实，先进制造业和现代服务业的发展，在粤港新经济区内必然密不可分，二者理应合理设置产业链分工，互为犄角和支撑；同时，"前店后厂"模式在将来不妨逐步向"店厂一体"过渡，力争将"香港服务"和"广东制造"塑造为"粤港创造"，在全球产业链中占领更多高端、高利润环节。

先行先试，不拘一格，大胆创新，以"拿来主义+因地制宜"的勇气和智慧，借鉴世界上其他城市群和经济区的先进经验，新经济区的世界竞争力必将日益增强，粤港澳这一全球最具活力的都市圈将更引人注目。

（2010年4月10日《广州日报》社评）

广州慢行系统，何处最迫切？

香港中心城区空间极其紧张，"上天入地"式的"人车分流"模式，当然是逼出来的智慧。因为路窄、坡多、楼密，只能把行人疏导到空中（天桥）和地下（地下通道）。而其中一个制胜之道便是，天桥必须建得足够便捷、足够舒适，方能抵消并压制行人潜意识里横穿马路的冲动，也就是说天桥带来的综合效用明显高于横穿马路带来的综合效用。

广州珠江新城的天桥系统建设，这几年从无到有、由寡到众，作为新生事物，引发了不少争议，也承受了不少非议。反对者的最大理由便是，这些天桥用起来太麻烦，一些楼宇业主甚至人为对行人通行设置障碍，使用率太低，貌似劳民伤财的形象工程；赞成者则指出，这一套做法在香港早有成功范例，本属"拿来主义"。

反对者有其道理，赞成者也并无不妥。从笔者在香港生活的感受而言，以天桥为最显著特征的市区步行系统，确实让很多初来香港者印象深刻。与摩肩接踵的匆匆人流一起走在那些四通八达、便捷舒适的天桥上，确实能真切感受到这座被誉为"东方之珠"的国际发达城市基础设施的完备，以及城市管理的精细化程度——有的人行天桥可以让行人乘坐扶梯轻松爬升数十米，有的人行天桥如飞虹卧波平行于主干道上空绵延数公里，甚至一个双车道的单行路口上空也会不厌其烦地建一座天桥……

这个庞大的天桥系统给香港人带来的便捷是显而易见的。香港中心城区空间极其紧张,道路资源非常有限,人口密度、车辆密度非常高,但让人不得不佩服的是,除了上下班高峰时间车流较缓慢外,多数时段、多数路段车速都快到令人"心惊惊"。如何达到这一点的?除了高素质的行人和司机,天桥系统起到了至关重要的作用。这种"上天入地"式的"人车分流"模式,在香港当然是逼出来的智慧。因为路窄、坡多、楼密,只能把行人疏导到空中(天桥)和地下(地下通道)。而其中一个制胜之道便是,你的天桥必须建得足够便捷、足够舒适,方能抵消并压制行人潜意识里横穿马路的冲动,也就是说天桥带来的综合效用明显高于横穿马路带来的综合效用。在这一点上,香港的天桥系统经过30年左右的精心打磨,已经用事实证明了它的巨大优越性:安全(不用冒横穿车流之险)、便捷(上下接驳四通八达)、舒适(很大一部分有自动扶梯且多数是廊桥式设计)……

说到这里,广州珠江新城的天桥系统该不该建,应该不成一个问题了。作为广州未来的"心脏",在规划上有所超前并没有错,不能到了道路不够用、新城变"堵城"的那一天才想起来补救。

但是有一个更关键的问题往往并未被纳入"珠江新城天桥之争"双方的视野。广州现在最急需规划、建设人行天桥系统的,到底是新城区还是老城区?对比目前广州老城区高密度的行人和车流、逼仄的道路现状、拥堵的交通状况,我只能说,珠江新城的"高大上"人行天桥系统,真的本应该优先建在越秀、荔湾这样的老城区!毕竟,老城区目前道路资源现状更为窘迫和急切——笔者记得广州前几年提过要"中调",亦即优化老城区格局,那么以优化步行系统来优化整个老城区交通状况,当是题中之义。反之,珠江新城就目前而言,路尚宽敞,行人和车辆的路权分配、挖潜上还有不少空间(比如必要时还可以减少甚至取消部分过于宽阔的绿化隔离带)。二者之轻重缓急,不言而喻。

其实某种意义上说,香港的立体式行人慢行系统最集中、最发达的路段,不少也是昔日的所谓"老城区"。正是包括人行天桥系统在内的各种优化、改造措施，才让这些老城区今天焕发出"新城区"的全新面貌。这种先行者的成功经验，值得调整期、转型期的广州借鉴。应该明确一点：作为高起点的后发区域，珠江新城的人行天桥系统的"规划优先"是必须的，但规划优先并不等于"建设优先"，城市基础设施建设上，如果精力财力总量有限，还是应该多些对更紧迫区域的雪中送炭。

（2014年9月12日刊于《南方日报》）

"幸福广东"的内涵应该包括什么

我们应警惕"先造成了'不幸福'再去追求'幸福'"的弯路，形成倒逼机制，利用重大任务打硬仗，避免工作动力和压力层层递减。

走进2011年，万象更新。日前召开的广东省委十届八次全会上提出，"十二五"期间要突出"加快转型升级、建设幸福广东"这一重要目标。"幸福广东"的新提法，引人关注，发人深省。

在"幸福感"和"幸福指数"日益成为一种通用的地区发展指标的现实语境下，"幸福广东"的提出，是科学发展观在广东的"落地"、落实，有着极强的针对性；亦有着深厚的民意诉求基础——一方面，当前广东已全面进入经济社会发展转型期，传统发展模式难以为继；另一方面，追求体面、尊严和更高质量生活已成全社会的强烈呼声和价值追求。

在广东枝繁叶茂的科学发展之树上，"幸福广东"就好比日益成熟的累累硕果，有着丰富的内涵与外延——

"幸福广东"应该是"富庶广东"。经济基础决定上层建筑。广东近20年来稳居GDP全国第一，家底殷实；今后建设"幸福广东"，更应在提高经济增长"质量"、更好"藏富于民"上下功夫。"十二五"期间，广东提出GDP年均增长目标为8%以上，低于"十一五"预期目标。暂时的"放慢"，目的是将来的"更好"和"更快"。

　　"幸福广东"应该是"平安广东"。安全感是人的最基本需求。近几年来，广州实行警力下沉、对犯罪活动实行高压态势，市民幸福感显著提升到97%，平安亚运的目标圆满实现。继续打造平安广东、提高公众安全感，无疑是建设"幸福广东"的题中应有之义。

　　"幸福广东"应该是"宜居广东"。近年的"大变"和亚运工程中，广州集中优势兵力打赢了治水、"退二进三"和"腾笼换鸟"等几场硬仗，城市蝶变令世人惊叹，"花园城市"更加名副其实。如何进一步改善全省城乡居住环境，让人们"诗意地栖息"，大有可为。

　　"幸福广东"应该是"公平广东"。社会转型期，公众表达利益诉求的要求更高，对公平的期待也在增加。如何尽早遏制贫富差距扩大势头，减少分配不公、回报不公或者司法不公，改善社会保障体系，是当前提升群众幸福感的重要内容。

　　"幸福广东"还应该是"绿色广东""人文广东""福利广东"……只有诸多软硬件基础条件都夯实了，"幸福广东"才能成为现实。

　　作为省会城市，广州理所当然要做建设"幸福广东"的排头兵。这一方面有赖于其不俗的物质基础，广州预计去年GDP增长12.5%，继京沪之后跨进"万亿俱乐部"城市行列；另一方面，更源于多年来广州对提升民生福祉一以贯之的执着与坚持——"惠民66条"与17条补充意见，富民优先、民生为重；"大变"和"创文"系统工程，均以打造宜居城市、服务市民为宗旨；迎接亚运会与"创造新生活"紧密结合，亚运成为市民共享美好新生活的契机……"敢想、会干、为人民"的精神不仅体现在迎办亚运工作中，同样也体现于城市管理与发展的方方面面，春风化雨滋润着这座南国古城。正因如此，广州入选"中国最具幸福感城市"，市民幸福感、自豪感跃升，"94.2%的市民愿意留居广州"等成绩也便水到渠成。

　　成绩属于过去，未来仍需开创。身处"十二五"开局之年，面对建设"幸福广东"的新征途新任务，我们应警惕"先造成了'不幸福'再去追求'幸福'"的弯路，形成倒逼机制利用重大任务打硬仗，避免工作动力和压力层层递减，振奋精神、转变作风、狠抓落实，将"敢想、会干、为人民"的精神与理念贯穿于各项工作，为建设一个更幸福的共同家园而继续奋斗。

（2011年1月7日《广州日报》社评）

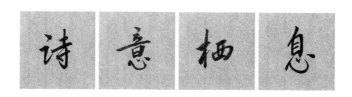

系统思维治水，方能实现流水不腐

江河湖海，必须水体通达、去塞求通，方能河清海晏，这是自然规律。治理理念上的偏差，很容易导致行动上的顾此失彼、厚此薄彼。唯有将水生态看作一个多维度、多链条的整体，方能环环相扣、相互支撑，从而形成一个良性循环。

作为"千河之城"，广州有着1338条河涌，从数量上看不愧为"岭南水乡"，其规模之宏伟，看看市财政局大楼外立面的巨幅寓意为"水为财"的全市水系图便能领略一二。然而，数量之巨，不等于质量之优——数据显示，广州已有172条河涌，在城市发展过程中填埋、截断、拉直或堵塞，不幸沦为断头涌、死水河。

流水不腐，户枢不蠹。河涌被"腰斩"，后果不言而喻，自然是水系不畅、水体变质，日积月累，江河日下。这也是广州不少河涌水质不佳的重要原因。所幸，如今从官方到民间都已经关注到这个"症结性问题"——今年广州两会期间，23位市政协委员联名提交了关于"打通断头涌、重织水网"的提案，提案被选为市政协年度重点提案；而近日，广州市水务局在对提案回复的草案稿中也表示，将开展全市断头涌整治规划编制工作，计划2015年底前完成。

广州大手笔治水，始于亚运前夕。实事求是地看，当初的第一轮大规模治水，决心不可谓不大、动作不可谓不大，然而，尽管在市民层面的治水意识启蒙方面、在政府通过机制创新（成立水务局）寻求"顶层设计"方面均有难能可贵的探索，但成效应该说没有达到预期。今天，在全市第二轮大规模治水即将启动之际，有关方面有必要对前一轮治水的得失进行一次全面深刻的总结与反思，一方面尽可能充分利用好之前打下的基础和经验，避免草率"推倒重来"；另一方面要多一些"系统性重构"的视野和气魄，以系统化思维重新定位、考量全市的水系治理。

放在"系统化重构"的高度上，"打通断头河涌"，本身就是运用系统化思维看待和治理河涌水系的具体落实。这是由水生态本身的特性所决定的。

这种系统化思维体现于水系的系统性。城市水生态的恶化，往往正是缘于"塞"（也就是"断头"），而其治理，也必须从"去塞求通"落笔。上一轮广州治水，从零到一，摸索难度之大不难想见，可能正因这种摸索性和试验性，在治水的系统性上存在一些偏差，或者说看到了问题、提出了思路但未能形成统一共识和行动。本轮治水，刚开始就紧抓"打通断头涌"这样一个关键环节，应该说抓住了要害。

这种系统化思维体现于治理流程的系统性。水生态治理绝非简单的"治涌"，而是一个截污治污、水质达标改造、湿地工程、防洪排涝、农村自来水和污水改造等多维整治格局。治理理念上的偏差，很容易导致行动上的顾此失彼、厚此薄彼。唯有将水生态看作一个多维度、多链条的整体，方能环环相扣、相互支撑，从而形成一个良性循环。

这种系统化思维还体现于区域协调的系统性。治水一个现实的难题就是：我们的行政区划是分块治理的，而河涌水系却是跨界流动的，相邻行政区的竞争性、各地对治水重视程度不一等各种原因，导致"流域治理"很多时候只能停留于口号与宣言。水系上下游用力不均甚至存在"反作用力"，治水必然事倍功半。据了解，目前广佛交界处的牛肚湾涌已被广州市水务局列入治理断头试点，所需资金由广佛两市共同承担，2015年完成工程建设，以期为其余断头涌整治工作提供参考。对此，人们心存期待。

纵观各国各大城市，水系治理均是一个难题，欲求有所成效，一要系统化治理，二要官民同心，三要经年累月。两个月前，广州市召开了生态水城建设动员大会，提出"水民生"的新概念以及"奋战三年再现岭南水乡风情"的宏伟蓝图，这是一个值得振奋的大决心。系统化治水，广州为时不晚。希望在政府、人大、政协、市场、民间的合力下，在系统化治水新思维的牵引下，广州治水能迎来新局面，取得新成效。

（2014年9月14日刊于《南方日报》）

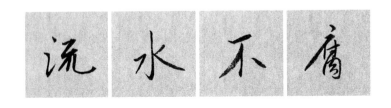

黑停车场痼疾，病源何在？

> 与国际上的发达城市相比，中国的城市化进程还处于初级阶段、赶超阶段。在种种管理乏力乃至失责背后，裹藏着一种潜意识：我们城市治理的精细化水平还没到发达国家的那个阶段。而沿着各种"不作为"朝上溯源和探究，正可以看到这种庸俗化的"国情论""阶段论"影影绰绰的踪迹。

新华社最近的报道称，国内大城市停车费至少一半没进政府口袋。记者调查发现，在政府"钱收不上来"的同时，几大一线城市的黑停车场却广泛存在，仅京津沪等城市便至少有上千个黑停车场。在不少城市，无论是日常执法还是集中打击，政府对黑停车场均监管乏力。

公众早就对种种黑停车场怨气满腹，但一直没有解决之道。从市民角度看，黑停车场之"黑"，一是收费往往比正规核价的停车场更贵，有时收多少纯粹看"收费员"的心情；二是一些黑停车场随意霸占小街小巷甚至主干道路面，一些原本就拥挤不堪的路段凭空又被缩减一两条车道，令交通状况雪上加霜；三是车主付了钱，过几天却收到一张违规停车的"牛肉干"，原来这所谓"路边车位"根本就是"流嘢"，交警叔叔根本不认。至于政府税费的流失，则对普通车主痛感不强——当然，这部分流失的税费最终还是会以间接方式由市民买单。因此，综合来看，黑停车场的存在，民众和政府皆是利益受损者，唯有"黑老板"是最大的赢家。

　　既然如此，当然要对黑停车场下点狠招，否则，一方面对财政收入和市民抱怨无法交代，另一方面按照"破窗理论"，如果任其发展，必然效尤者众，令城市管理越来越步向无政府状态，到时再来整肃，行政成本只会更高。

　　道理很浅显，操作起来却成效甚微，给舆论以"有关部门管不好黑停车场"的不良观感。背后原委，确实值得反思和检讨。以笔者所感，出现这种令人无奈的现状，其中一个重要原因在于，在种种管理乏力乃至失责背后，裹藏着一种监管者都未必全然清晰的潜意识：我们的城市管理的精细化水平还没到发达国家的那个阶段，因此黑停车场之类的管理漏洞是一个必然出现的"阶段性存在"。这并非揣测，只要仔细辨析五花八门的城市治理困局，日常监管的缺失、监管机制的不健全、监管者责任意识的不足，都是一个共性的客观存在。而沿着这一系列"不作为"朝上溯源和探究，正可以看到这种庸俗化了的"国情论""阶段论"影影绰绰的踪迹。

　　诚然，与国际上的发达城市相比，中国的城市化进程还处于初级阶段、赶超阶段，实事求是地说，不管是从硬件、管理经验上还是市民素质上看，目前要想一步跨越到人家的管理水平，确实还有不少差距，还需假以时日。这种客观规律不能违背。

　　但是，这并不代表我们的管理部门就可以以此作为无所作为的借口。看到差距不代表就可以松一口气，将其作为"自甘末流"的理论支撑。有必要辨析的是，在目前哪些差距确属现有发展阶段必须长期面对的，哪些差距则是在现阶段踮一踮脚、使一使劲，也是可以做到的——甚至，这本就是这个发展阶段有关部门的本职所在、能力范围之内。对于前者，市民想必也不会过多苛责；对于后者，则必须有所追问。比如，我们的监管部门平素对黑停车场是否没放在眼里，怠于监管，从而养痈成患？又如，黑停车场之大有市场，也侧面说明合法停车场的严重不足，有关部门在这方面是否真心实意下了工夫、花了心思呢？再如，种种迹象显示，某些公然"营业"并事实上受到执法者特别关照的所谓"黑停车场"，一定意义上其实已经与正规停车场别无二致，唯一的区别在于，好处进了谁的钱袋。

可见，黑停车场这类城市管理困局的存在，有其阶段性的必然成分，但也有着明显的监管失责、服务缺位所导致的治理漏洞。必须建立倒逼机制和舆论监督机制，不能再任由监管无为而治下去，令城市文明蒙受各类"苍蝇"的猖獗侵扰。

（2014年12月24日刊于《南方日报》）

辉煌十三行，不言陶醉更待自省

　　从《帝国商行》中，悲观主义者可能看出了"因时而盛、因时而衰"以及个人力量的无奈，积极者却可能得出相反的道理——"时势"只是一时的外因，持续的发展则有赖于主观能动性的发挥。

　　昨日起，一部以广州十三行为题材的纪录片《帝国商行》在央视科教频道陆续播出，此片以大量珍贵的历史镜头和画面，重现了十三行曾经流金淌银的辉煌历史，展示了绚丽多彩的西关风情，当然，也客观描述了它后来被迫黯然消亡的悲歌情景。

　　今天，当我们重访十三行的繁华故地，凝视那美轮美奂的西关大屋、岭南庭院、西洋骑楼……昔日帝国商行、天子南库千帆竞渡、万商云集的盛况早已消逝在了历史烟云中。曾经的辉煌和富庶，何以今日只遗下些许片段？作为今天的南粤人，我们有责任对这一切进行反思，而不仅仅是陶醉于历史，或者面对逝去的繁华，只是发出无可奈何的一声叹息。

　　十三行勃兴也罢，衰落也罢，都是与当时的国内、国际形势密切关联的，甚至是政治的直接产物。大清帝国，闭关自守，四口通商，仅余广州——这种自然垄断格局，使得广州一时间成了时代的宠儿，每年巨额的中外贸易，皆须经由"粤海关"方可做成，行商之富，不足为奇。

　　等到西方的坚船利炮打开闭塞中华的国门，沉重的战争赔款被转嫁到行商头上，通商口岸骤然增多，十三行的特权不再，它的衰落也就成为必然。因此，今天我们回望这段历史，不能只看到"世界首富曾是广州人"，"广州出现了中国最早的跨国企业"，更应看到"时势造英雄"。

然而，这也并不意味着我们便可将一切都归因于"特定历史环境"。古人之所以说"天时地利人和"，也就是强调在客观条件之余，人的因素也极为关键。回顾历史我们可以看到，十三行的生意兴隆，固然本质上是垄断所致，但南粤商人的勤奋以及非凡商业才能也不容小觑，甚至直到十三行全面崩溃之时，一些精明的广东商人开始把目光转移到上海，他们带着大笔财富北上，成为上海开埠的先行者。

更难能可贵的是，即使在当时"只此一家、别无分号"的情况下，行商们便表现出了可贵的诚信品质，据当时美国商人亨特在《广州番鬼录》中说："由于与被指定同我们做生意的中国人交易的便利，以及他们众所周知的诚实，都使我们形成一种对人身和财产的绝对安全感。"诚信是一种基本的商业伦理，缺乏这一基础，商品经济必然秩序大乱，清朝的广州行商早早认识了这一点，也给了后人可贵的启示。

从《帝国商行》中，悲观主义者可能看出了"因时而盛、因时而衰"以及个人力量的无奈，积极者却可能得出相反的道理——"时势"只是一时的外因，持续的发展则有赖于主观能动性的发挥。改革开放，南粤大地得风气之先，取得了"先行一步"的先发优势，而在今天各地"政策差距"日益缩小的新的历史条件下，如何从锐意创新、诚信经营中获得持续强劲的发展后劲，便成为每个南粤人必须深思的话题。

（2006年4月9日《广州日报》评论员文章）

开放厕所是打开衙"门"第一步

"打造人民满意的服务型政府",克服思想深处的旧式衙门观念需要自觉,更需要"革自己命的勇气",正所谓"破心中贼"最难。门难进、脸难看、事难办,这是一个递进的过程。先打开"衙门",摆正心态,才可能有后面的笑脸相迎、热情办事。

也正因如此,"广州市城管委再次公布一批沿街开放内设厕所的新增单位"的消息,再次印证了广州这座有着市民意识、平民精神的城市,正在变得越来越文明和现代。

从最直接直观的层面来看,街道、区政府附属部门等公共部门适度向公众开放单位内设厕所,解决路人"内急"难题,一方面是便民,展现了人本关怀;另一方面也提高了这些单位厕所的使用效率,尽管会稍稍提高保洁成本,但节省了更多新建公厕的费用。因此,此举在这两方面均具有明显的"正外部性"。

如果再从更深一个层面探析,小小一个单位厕所的"分享",背后的深意是:公共部门开始将一部分原本来自公众(纳税人)、应由更广泛的公众共享、却往往被"独享"的公共资源,以一种循序渐进的方式重新"回馈"公众。而其引发的思考则是:公共资源的边界到底在哪里?

在不少国家，政府办公场所都是对民众开放的，比如美国的政府办公楼，无论是联邦政府还是州政府、各级地方政府，民众都可以入内参观或办事，就连五角大楼这样真正"事关国家安全"的单位，同样每周一至周五开放。如此开放度，借用个厕所自然不在话下。再看看我们某些部门和地方，巍峨办公大楼前威风的石狮子到底是摆给谁看的、想表达何种情绪？某地政府大楼门前象征"九五之尊"的95级台阶，又要给拾级而上的老百姓带来何种感受？有了这些与旧时官员出巡时的"肃静、回避"字样在潜意识里一脉相承的元素，也就难怪拍摄著名的"政府大楼"组照的摄影师白小刺说自己所到之处的政府大楼门前多数人迹罕至、女童借用某公共部门厕所会遭拒。

一句"国情不同"不能包打天下，让"主人"的权利归位、让"公仆"的自觉更强，这是现代国家框架内的一条基本的政治伦理准则。自然，"公仆"在无损自身安全的前提下，让渡一部分"主人"授权给自己使用的公共资源、尽可能为"主人"解忧，本是题中应有之义。因此，对司空见惯却经不起推敲的独享独占行为的矫正，确应体现出更多的谦卑和诚恳。

知易行难。"打造人民满意的服务型政府"，克服思想深处的旧式衙门观念需要自觉，更需要"革自己命的勇气"，正所谓"破心中贼"最难。门难进、脸难看、事难办，这是一个递进的过程。先打开"衙门"，摆正心态，才可能有后面的笑脸相迎、热情办事。

推而言之，这种"衙门"的打开，绝不应仅仅体现于对公众开放厕所，还需要更多努力，比如预算报告从向人大公开扩大到向民间公开，公共政策的制定、公共决策的出台真正做到让公众参与……莫不如是。

（2015年1月30日刊于《南方日报》）

看待广州高架路，宜用历史和辩证眼光

> 历史没法假设，我们不可能设想如果广州没有内环路，人民路和中山路是否一定就能在城市中心东移的大趋势大背景下，仍然繁华如昨。我们只能用现在能够感知和证实的事实，来验证既有的合理性。

最近报载，广州将投入八千万元对主城区高架桥安装隔声设施，目前正在对工程进行招标。其主要区域包括内环路沿线、昌岗立交、南洲高架等，而其方式包括对高架桥安装隔声屏障、沿线安装隔声通风窗等。

这是一项实实在在的德政工程。因为它与沿街市民的生活质量息息相关。这些二十年来与高架桥毗邻而居（有些甚至是"咫尺之遥"）的街坊多数是低收入群体，在目睹城市高速发展的同时，也直接承受了"发展的代价"。他们的痛苦，任何人驾乘车辆从内环路上呼啸而过时，都不难感同身受。这些年，广州陆续开始对这些路段进行隔声改造，前两年更是计划投资数亿元。政府所进行的这项"补偿性投资"，虽然是补课，但瞄准了特殊群体的"底线民生"之困，此可谓"德"焉。

在这一事件的讨论上，不少人认为，广州的内环路等这一批高架桥，虽然曾经对城市交通起过积极效果，但负面效果也甚大，应该全盘推翻，比如造成城市格局的逼仄、造成人民路中山路等传统商业旺地"商脉"的中断等。

这种观点有其道理，广州城市格局的逼仄、人民路中山路商脉的风光不再都是事实，与贯穿全城的内环路高架桥恐怕也存在一定因果关联。但历史没法假设，我们不可能设想如果广州没有内环路，人民路和中山路是否一定就能在城市中心东移的大背景下，仍然繁华如昨。我们只能用现在能够感知和证实的事实，来验证既有的合理性。最明显的莫过于，内环路迄今为止在广州城市交通上仍然起到不可或缺的作用，"上内环"依然是广州人想避开城区拥堵路段、走捷径的首选。而从国际发达城市的经验来看，但凡人口稠密的大都市，必须在城市交通系统上突破平面思维，而进行立体的架构，或入地（地铁）、或上天（高架）。

当然，与东京、香港乃至上海、北京的高架桥相比，广州的立交桥有其特点，也存在明显的短板。这种局限，有些体现于硬件的设计理念和规划上。比如，与北方一些超大城市高架桥的横平竖直、气度开扬相比，广州高架桥堪称因地制宜（有时甚至是"因陋就简"），很多时候与城市原有建筑"无缝连接"，留下权宜仓促的后遗症，但从另一方面则也避免了其他城市一些高架路段的大而不当、华而不实。

这种局限，有些还体现在软件的后期管理和利用上。比如，与香港、东京同样密集却不失美观的高架路相比，广州的高架桥曾长期给人留下破旧、阴暗、廉价的视觉印象。这种观感随着前几年广州亚运会前夕，城市整治工程的完成而有了明显改善，高架路的"美化"和"亮化"效果显著。又如，对于商脉的维护，香港不仅在高架路规划、设计上周密论证，而且在后期细节上极为考究，比如何处安排行人天桥（连廊）、何处设置斑马线（行人引导指示牌）等，都尽可能将高架路对购物便捷性、舒适性的负面影响降到最低。再如噪声问题，在香港、东京等城市，隔声设施一定是高架路规划设计之初就必须"伴生"的要素，不存在"先建设后治理"的问题。这些方面上，我们可以尽快补课。

（2015年7月31日刊于《南方日报》）

培育垃圾文明：
围绕"痛感"和"快感"下功夫

在香港，"一口痰"的罚款额也由从前的600元提至最高1500元。这么昂贵的"痰资"，自然谁张口之前都会掂量一下。

据报道，《广州市生活垃圾分类管理规定》将于9月1日起实施。按照这一规定，不按规定时间地点投放垃圾的个人及单位将面临处罚，个人最高罚款为200元，单位最高罚款为5万元。

此消息一出，引起本地舆论热议。大家关心的是：以后随意倾倒、抛撒或者堆放生活垃圾，真的会被执法吗？如果没有被"抓现行"，有关部门如何顺藤摸瓜揪出"真凶"？还有人质疑：这个规定怎么确保执行？广州文明程度真到了这个水准吗？

我们先讨论必要性，再讨论可操作性。

广州对乱丢垃圾行为开罚，超前否？必要否？这就要谈谈公共文明的相对论和阶段性。为什么在香港地区、日本，吸烟者都自觉围着街边垃圾桶"打边炉"，而我们这里连一些官员都公然在办公室、会场上抽烟？为何我们往往觉得随手丢个垃圾不算什么，但是在街头路边小便就感到羞耻，而在印度不少城市男人却对随地大小便司空见惯……这种反差还能举出一长串。道理很简单，不同地方的人们对公共文明的理解存在差异，文明倡导的理念也存在阶段性分野。

　　实事求是地说，包括广州在内的内地城市，公共文明的发育尚处于赶超期，与精雕细琢了几十甚至一两百年的境外发达城市相比，仍有差距。但一方面必须认识一点：公共文明的养成，绝不能单靠"自然而然"、水到渠成，赶超型社会在时间上耗不起，应该多些时不我待的精神，必须要借助外力（公权力）进行心理和行为的干预甚至矫正。另一方面，也要看到，广州作为毗邻港澳的经济先行区，按照"衣食足而知荣辱"的唯物主义理念，在社会整体文明上尤其是"公共文明"上，是先行一步的。这是一个基本事实。因此，无论是禁烟也好，禁乱丢垃圾也罢，应该在广州这样的城市率先做起来，而且理应取得鼓舞后来者的成效。

　　那么，广州开罚"垃圾虫"，如何不再成为一纸空文？无非还是两方面的问题。

　　一是必须做好"硬执法"。这事关"痛感"。这个恰恰成为软肋，不够硬，例子无需赘述。说到这个问题，人们也自然会想到香港地区、新加坡的"苛法"。这的确是一个法宝。在香港，每年因违反《定额罚款（公众地方洁净罪行）条例》而被罚款者达到约3万人次，而"一口痰"的罚款额也由从前的600元提至最高1500元。这么昂贵的"痰资"，自然谁张口之前都会掂量一下。更值得一提的是，在香港，包括食环署、康文署、房屋署和警务处等多个政府部门均获授权可发出定额罚款通知书——是的，你没看错，在香港，抓吐痰、开罚单的不是"红袖章大妈"，警察也会上阵，因为警察的工作范围包括一切违法行为。反观我们，一是处罚金额太轻，阻吓作用微乎其微，二是执法主体权威不足，市民不当回事。这两方面不向发达城市看齐，效果难言乐观。

　　二是注重做好"软培养"。这则事关"快感"。从心理学上分析，随手丢垃圾，是基于一种便捷感衍生的快感，当然，有时它也会变异为一种故意冲破秩序、微妙罪恶感混杂形成的快感。但是无疑，维护良俗、自觉文明，也会产生另一种"快感"，更精确地说，这是一种对自我价值的肯定感（有时甚至堪称"自我高尚的满足感"）。社会公共秩序的倡导

159

者、维护者，要做的就是千方百计去放大、强化后一种快感的形成机理，压制、消解前一种快感的形成机理。从这个意义上说，中国香港特别行政区、日本、新加坡民众的公共文明习惯，真的不仅仅是重罚出来的，政府、社会对大众文明心态的培养同样功不可没，甚至在更长期的文明习惯的维护和保持上，起到更为关键的作用。因此，"垃圾文明的文化工程"同样重要。多一些"干的拿去卖"这样朗朗上口的"垃圾分类歌"、多一些润物细无声的文化熏陶（而不是完成任务式的宣教口号），公共文明的发育也会更顺畅、更持久。

（2015年7月16日刊于《南方日报》）

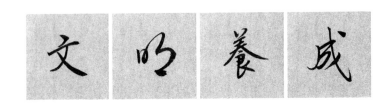

汽车限购负效应的消弭之道

党的十八届三中全会以来，提升国家治理、社会治理能力成为一个热词。这种"治理"是一种建立在双方良性互动基础上的，科学、民主、合情合理合法的系统化"善治""共治"。唯有站在这种更均衡、客观的视角，包括城市治堵、治污、治安在内的各项工作方能建立起名副其实的"长效"机制。

近日，有本地研究机构发布2014年城市社会发展状况蓝皮书，其中有关汽车限购政策的内容引人关注。整体而言，蓝皮书对这一政策的正面效果是肯定的，但同时也提醒不可过度满足于目前的成绩，更应看到其中逐渐呈现的负面效应，并警示从三大一线城市实施汽车限购政策的经验教训来看，"仅仅执行单一的限购政策是无效的"。

从现有数据观之，限购政策的正面效应有目共睹。以广州为例，相比调控前广州月均2万辆的增长量，调控试行期月均增长量降至7200辆；核心区晚高峰主次干道平均车速也有望略高于上年水平，达到23公里/小时，市区交通拥堵状况有所缓解；同时PM2.5污染越过拐点持续下降……

当然负面效应也毋庸讳言。从目前采取汽车限购政策的几大城市来看，首先公众感受最直接的，莫过于对买车人的影响：一是车牌资源稀缺后买车变得不便；二是车牌竞拍方式增加了买车的负担。其次，除了这种个体化的"不便+负担"，还有整体性的城市形象的减分以及不可避免招致来自各方面舆论的议论与微词。

回顾整个从决策到执行的过程，现在还难说超大城市汽车限购试验的成或败，但引发的思考却是可以盘点的，那就是政令的"有效性"与"合理性"之间应如何保持一个"度"，其边界到底在哪里？在一个日益走向法治化、规范化的社会中，公权力（治堵）与私权利（消费）的边界必须越来越清晰，这是大势所趋。即使是为"大多数人的福祉"着想，也应在实现"实体公正"的同时越来越关注"程序公正"的问题。从抑制需求下刀，见效虽快，却极易误伤无辜，从而人为制造"需求壅塞湖"。防堵之下，造成一种"虚假回落"，却掩盖了时代进步下住房和汽车消费需求的变相发酵；而一旦政策变形或松绑，便很容易形成报复性反弹，让前期治理成果事倍功半甚至功亏一篑。

同时，一个城市的汽车限购、限行，仍面临诸多技术性难题。比如，可能"为丛驱雀"，导致购车需求外流，不少市民跑到周边城市购车上牌，却开回本市使用，这部分"隐形汽车保有量"是否会对城市车辆管理形成数据干扰？又如，一市的限行方案出台，难免对城市群一体化发展形成反作用，并可能导致周边城市的反弹反制……

那么，如何求解？恐怕还是要在科学管理上挖潜力。蓝皮书建议，"完善城市公共交通系统和配套设施的建设，建立高效的交通管理系统，培养市民公交出行的习惯"，这些都是金玉良言。放眼看一看欧洲发达国家、我国香港的现成经验，其实只要我们在城市治理上开动脑筋，治堵还有很多牌可以打的，而非只有限购、限行这一条"单行道"。同时，值得商榷的是，上述蓝皮书也建议"采用提高市中心繁华路段的停车费、征收交通拥堵费、市中心征收汽车'进城费'等行政和市场手段来限制私家车上路"，对后者中的多数建议笔者持保留意见——它们在本质上与限购、限行有何区别？仍然是从抑制需求着手，可能进一步步入管制误区。

固然，消费需求需要"有形之手"的调节，但这只手必须有所节制，不能过多依赖权宜之术，而更应寻求一揽子解决、系统求解的途径。党的十八届三中全会以来，提升国家治理、社会治理能力成为一个热词。这种

"治理"绝不是单向度的、刻舟求剑式的"管理"或者"管制"，更不可"锯箭疗法"、眼不见为净，而是一种建立在双方良性互动基础上的，科学、民主、合情合理合法的系统化"善治""共治"。唯有站在这种更均衡、客观的视角，既正视转型社会政府的主导性作用，又尊重广泛的社会心态与公众诉求，包括城市治堵、治污、治安在内的各项工作方能建立起名副其实的"长效"机制。

（2015年6月26日刊于《南方日报》）

探索与广州定位匹配的新型户籍制度

我们的人口调控要与新型城市化的未来布局相适应。长远而言，最终我们必将告别改革初期那种以低幸福度、人性关怀不足的廉价劳动力支撑经济增长的人口管理模式——这一旧模式，因其不可持续，因新的发展理念成为共识，也正在遭到摒弃。

近日，广东省政府正式印发了《关于进一步推进我省户籍制度改革的实施意见》（以下简称《意见》），进一步放宽了户口迁移政策，如在县级有合法稳定住所（含租赁）者及直系亲属即可申请常住户口，在珠海、佛山、东莞等市合法稳定就业满5年并有合法稳定住所、参加社保满5年者及直系亲属亦可申请常住户口。但是，《意见》规定，对人口压力较大的超大城市广州、深圳，仍要严格控制人口规模。

将此次改革举措放在全国户籍改革的大背景下考量，不难看到一条清晰的脉络，那就是越来越与现代文明的本质要求相适应、越来越与时代发展的方向相吻合，越来越与公众对改革的诉求相趋同。因此，日益宽松和人性化的户籍管理理念，在此次广东的户籍改革中得到充分体现。

有人或许会疑惑，既然如此，为何广州、深圳仍要"严格控制人口规模"？这是否与改革大方向相背离？这个问题还宜实事求是、辩证看待。作为省会城市、经济特区，广深两市对外来人口的吸引力是显著优越于广东其他城市的，而一定时间内城市的承载力又是相对固定的，这就决定了人口流入与城市承载力之间必然存在一定的冲突。尽管从既成事实来看，国际上如巴黎、东京、首尔这一类超大城市，随着人口规模的不断膨胀，最后也能倒逼政府做出相应的制度改进来与其相适应。但这种被动调整的成本之高，也是显而易见的。中国作为赶超型国家，后发优势的一个重要体现，就是可以对前人犯过的错误提前预警、早作准备、少走弯路。亦因如此，对于京沪广深这一类特大城市，从中央层面也是明确要求严格控制人口规模。如此，方能为其未来留有更多腾挪空间。

而从积极的角度来看，此次广东户籍改革实施意见中，虽然对广深仍强调要严格控制人口规模，但同时也高度强调"逐步放宽"——"两市改革将着重在调整人口迁入条件上，用逐步放宽条件，来调剂人口总量和人口结构……不会越来越紧，只会越来越宽"。比如，以前高学历人才落户要求本科及以上，现在放宽到大专，并且放宽特殊人才入户，比如环卫工人。这就体现了一种实事求是的精神。从观感上看，城市管理者在人才引进时容易倾向于强调高端化、精英化。但城市是一个完整的系统，不能只有金领、白领而没有灰领、蓝领。将普通劳动者挡于户籍的隐形城门之外，这一方面对城市的健康运行和发展不利，另一方面也有公平阙如之嫌，因为一座缺乏包容精神的城市同样也是缺乏人格魅力的。

同时，我们的人口调控要与新型城市化的未来布局相适应。长远而言，最终我们必将告别改革初期以低幸福度、缺乏人性关怀的廉价劳动力支撑经济增长的人口管理模式——这一旧模式，因其不可持续，因新的发展理念成为共识，也正在遭到摒弃。值得一提的是，广东省户籍制度改革的主要目标是：到2020年基本建立有效支撑社会管理和公共服务，依法保障公民权利，以人为本、科学高效、规范有序的新型户籍制度……很显然，这一愿景更加符合人和城市的长远发展，将带来一波更符合科学发展要求的"人口红利"、改革红利。

广州作为省会城市，有着独特的资源集聚力和吸引力，有能力也有责任和使命在这一领域扮演率先探索的角色。如何从城市和人口的科学发展的大视野，及时更新理念、做好规划，管理和服务并重，为在这个城市命运共同体内生活、打拼的所有个体营造一个公平、安全、和谐的环境，既是新型城市化发展的内在要求，也是城市治理能力不可或缺的元素。

（2015年7月9日刊于《南方日报》）

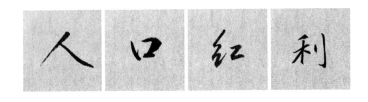

以众之行，升华"城市神韵"

> 有了神韵，一座城市才算真正"活"了。这种城市之魂的形
> 成、广府神韵的发育，一方面是对传统市民性格不断去糟取精式
> 的传承，另一方面它又必须在历史的行进中不断挖掘、提炼新的
> 时代内涵，从而构筑出合乎时代发展的核心价值体系。

有人说，一座城市最动人处，在于其独有的气质。这气质，亦即一座城市的神韵，它让城市散发出迷人的魅力。广州创建全国文明城市，不仅要在物质文明方面再上台阶，更需要在精神文明方面捧出丰硕成果，换言之，就是要进一步提炼和升华广州的"城市神韵"。

所谓"形恃神以立，神须形以存"，广州的"城市神韵"与城市物质文明是一种共生关系。一方面，有了神韵，一座城市才算真正"活"了，也才能在城市发展中形成长远持久的竞争力。另一方面，城市神韵必须借助发达完善的硬件（如富有岭南文化底蕴的建筑物）、人性化的设施（如通畅安全的盲道）方可得以淋漓尽致地体现；同时，"仓廪实而知礼节"，广州唯有在经济增速上继续保持高位、人均GDP继续保持全国前列，文明礼仪、安定和谐之风方会更显浓郁。

城市神韵，又可视为一座城市之"魂"。城市之魂，体现为生活在其间的全体市民之魂——在广州，这种市民之魂被称为"广州人精神"。这种精神不拘一格，在不同的历史时刻展露出不同的风采——汶川地震后，

167

广州人爱心如潮，一幕幕让人动容的场面，书写出这座千年商都血管中涌流着的爱心与激情；2008年春节的冰雪春运危机，广州全市应急总动员、社会各界守望相助、外来务工人员理解配合；2003年"非典"战役中，广州人班照上、馆子照下，这份淡定从容给"非典"恐惧中的其他地方同胞带来了几许宽慰，同时，广州人在与"非典"疫情的战斗中却毫不放松毫不低头。再回溯历史，从黄花岗起义、北伐战争，直到改革开放三十年历程，广州人所体现出的摸着石头过河、敢为天下先、杀出一条血路的勇气和胆略，无不让人感受到岭南文化的独特魅力和广州人精神的恢宏力量。

而这种城市之魂的形成、广府神韵的发育，一方面是对传统市民性格不断去糟取精式的传承，另一方面它又必须在历史的行进中不断挖掘、提炼新的时代内涵，从而构筑出合乎时代发展的核心价值体系。

这种广府神韵和广州人精神，就透过你我每时每刻的每个举动得以展示，我们每一个善意的眼神、每一个宽容的微笑、每一次伸出援手、每一次对照道德模范的善举，都传递出文明的信号，改写着城市文明的历史，提升着云山珠水之城的独特神韵。

（2008年9月9日《广州日报》评论员文章）

三

经济学管窥

"于法有据"与"摸石过河"的改革辩证法

"时势异也"。在这个时代,当敬畏法制、"行有所止"成为社会共识,改革就不能再一味以违法为"胆识",也不能再在改革中碰到法律问题第一反应总是"绕着走""跳过去"。破除掣肘,需要"极大的政治勇气和智慧",虚心运用法律利器助推改革。

近日,习近平总书记在中央全面深化改革领导小组第二次会议上强调:"凡属重大改革都要于法有据。在整个改革过程中都要高度重视运用法治思维和法治方式,发挥法治的引领和推动作用,确保在法治轨道上推进改革。"(《习近平主持召开中央全面深化改革领导小组第二次会议》,2014年2月28日)

"凡属重大改革都要于法有据",此言是对"重大改革"的一种强调,从更普遍意义上说,任何改革亦当在法律的框架内进行。这是依法治国的本质要求。可以说,本次会议划出了"改革不能与法律冲撞"的行为边界,意义不言而喻。

具体而言,这句话可以理解为:其一,任何改革举措本身不能违背现有法律法规。这体现了"摸着石头过河和加强顶层设计辩证统一"的思想。以房产税为例,目前在一些地方进行试点是可以的,但若全面推开,就必须先加快房产税立法,解决法律依据和授权问题。又如最近,河南多地建立"非正常上访训诫中心",当地政府官网甚至刊文肯定其为"积极探索依法集中处置非正常上访新路子"。但这一被舆论普遍质疑为变相劳教所的"改革创新"显然与法律公然相悖,亦被该省相关部门连夜叫停。其二,在任何改革过程中亦需时时警惕有人打着改革旗号偷梁换柱、暗渡陈仓。这种情况无需多言,如1994年开始的城镇住房制度改革,明显改善了群众居住条件,但少数地区、部门也出现领导干部违反规定突击分房、低价购房乱象。20世纪的国企改革中出现的国资流失问题,亦属此类。

当然有人会说,改革是要杀出一条血路、闯出一条新路,旧的法律法规束手束脚,怎么施展得开?此言确实道出了中国式改革的某种现状,马克思主义政治经济学指出,落后的生产关系会制约生产力的发展。同理,落后于时代、不合时宜的旧法律法规也必然在一项改革的关键环节形成瓶颈。如果说在改革之初,由于十年"文化大革命"结束,国家立法系统千疮百孔、很多法律法规严重与时代脱节,彼时改革又时不我待,要待各种"上层建筑"万事俱备再着手改革,显然不现实,只能"摸着石头过河"。

而在改革已30多年的今天,正所谓"时势异也",法治中国建设已经渐上轨道。在这个时代,当敬畏法制、"行有所止"成为社会共识,我们的改革就不能再一味地以违法为"胆识",也不能再在改革中碰到法律问题第一反应总是"绕着走""跳过去"。改革当然要破旧立新,必然冲破既有格局,难免在很多方面与现有法律法规相冲突。如何破除这种掣肘,首先需要法治思维,守住法律红线;其次需要"极大的政治勇气和智慧",虚心运用法律利器助推改革。

在这一过程中,各级人大有着广阔舞台,更承担了义不容辞的时代使命。对不合"时势"的法律,应该提起修改或废止;对具体改革事项中遇到的法律瓶颈,要及时关注和跟进,精确区分改革与法律规定各自的合理性,从而分门别类予以破解。

退几步说,一些法律难题暂存争议、暂难破解,也完全可以以合法的方式进行,不一定非以违法作为代价。比如,最近上海自贸区的一些改革措施也与现行法律形成冲突，经国务院申请，全国人大常委会授权：未来三年在自贸区内暂停实施《中华人民共和国外资企业法》等有关法律规定。又如，两年前全国人大常委会也授权国务院在广东省暂时调整部分法律规定的行政审批，同意广东暂停实施《中华人民共和国海关法》《中华人民共和国城乡规划法》等25部法律的部分条款。这些，都是主动让改革"于法有据"的积极举措。

与此同时，行政体制改革也与经济体制改革高度正相关。广东、广州以行政审批改革为突破口进行的政府"自我革命"，正有这种为市场改革松绑的破冰意义，有利于避免以往"一改革就违法"之困，实现了改革创新与依法治国的有机统一，值得期待。

（2014年3月3日《广州日报》社评）

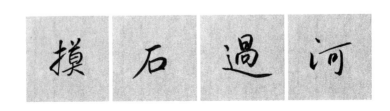

改革就应多些"系统性重构"的魄力

> 而无论是治"一时之弊"还是谋"系统重构",均须坚守一点:"渐进式改革"绝不等于"折衷式改革"或"妥协式改革"。锯箭疗法不仅于事无补,反而可能掩盖问题、拖延改革。眼下我们更需要提倡的,也正是"系统性重构"的改革魄力和勇气。

日前召开的中央全面深化改革领导小组第三次会议上,习近平总书记在论及财税体制改革时指出,财税体制改革不是解一时之弊,而是着眼长远机制的系统性重构,主要目的是明确事权、改革税制、稳定税负、透明预算、提高效率,加快形成有利于转变经济发展方式、有利于建立公平统一市场、有利于推进基本公共服务均等化的现代财政制度。(《习近平:改革要聚焦聚神聚力抓好落实》,2014年6月6日)

"不是解一时之弊,而是系统性重构",用这种系统化的思路统领财税体制改革,令人耳目一新且为之一振。治国好比当家,财税收支是国家治理的基础和支柱,因此财税改革牵涉面极广,可谓牵一发而动全身,绝不可头痛医头、脚痛医脚。中央将财税工作放到全国一盘棋、改革一盘棋的大视野中,决心用系统论的理念与大开大阖的气魄完成1994年税改以来的"半场改革",其中有着有目共睹的现实针对性、发人深省的时代意义。

客观而言，我国的财税体制改革一直在摸索中前行，此前若干阶段的改革分别对国家整体改革起到推动作用，但也逐渐显露短板和掣肘，从地方政府滥施税收优惠，到各地各部门乱收费，再到"土地财政"积重难返，以及现在的地方债务问题，无不与财税体制的内在机理性缺陷息息相关。此外，目前中央与地方的分税，在省以下还存在混沌地带；中央向地方的转移支付有时缺乏效率；中央与地方在财权与事权上存在不匹配、不平等现象。因此，党的十八届三中全会的《决定》，将财税改革摆在重要位置，明确指出要建立现代财政制度，发挥中央和地方两个积极性。正如财政部部长近期所透露，未来财税改革设计中，将按照事权与支出责任相适应的制度要求，在转变政府职能、合理界定政府与市场边界的基础上，合理划分中央和地方事权与支出责任，适度加强中央政府事权和支出责任。纵观一系列改革思路，不难判断，未来将更加强调以财税体制为依托改善政府的治理能力、凸显公共财政的公共服务职能，从而契合现代财政制度的"现代"之义。

"一时之弊"与"系统重构"的辩证统一关系还带给我们更多启示。奉行无为而治的治国信条，早被时代证明不合时宜，与现代国家治理要求脱节甚远。因此，"有形之手"与"无形之手"要各司其职。对于政府而言，在改革遭遇"硬骨头"、必须"涉险滩"时，理应积极有为，做好"小政府+强政府"。而现实难题林林总总，必须分门别类、采取针对性举措。一些时候，现实倒逼之下，必须采取实事求是的务实态度，先治标后治本，"治标为治本赢得时间"，比如眼下对反腐的指导思想便是如此。另一些时候，在涉及节点性、根源性、病理性的问题，则唯有治本，方可实现彻底治标，比如财税体制问题、行政性垄断行业的伪市场化、医疗与教育体制改革困局等等。锯箭疗法不仅于事无补，反而可能掩盖问题、拖延改革。

而无论是治"一时之弊"还是谋"系统重构"，均须坚守一点："渐进式改革"绝不等于"折衷式改革"或"妥协式改革"。事实上，从全面深化改革的时代命题的高度来看，眼下我们更需要提倡的，也正是"系统性重构"的改革魄力和勇气。三十多年改革至今，大潮所至，浩浩汤汤，能改的都已经改了，剩下的几乎都是"水下堡垒"或"深水险滩"，特殊利益集团盘根错节、相互咬合。面对种种来自特殊利益集团的企图消解、对冲改革剑锋的"小动作"，更须明确"系统性重构"的整体思路，在稳妥可控的前提下，坚决从根子上挖出病灶、解开症结，彻底打破实质性改革所面临的僵持格局。

（2014年6月9日《广州日报》社评）

多些 "牺牲财政整治××" 的常识回归

> 一些地方往往混淆了发展的目的,在财政收入 "从哪里来" "为了什么" 的问题上本末倒置。"不惜牺牲财政收入整治旅游行业",这样的句式我们还可以列出一长串——"不惜牺牲财政收入整治污染" "不惜牺牲财政收入整治煤矿乱象" "不惜牺牲财政收入整治 '乱收费'" ……

从 "宰客门" 到 "回扣门",近几年三亚旅游市场负面新闻不绝于耳、几成反面教材。前天,海南省三亚市市长王勇接受媒体专访时,坦承三亚旅游行业存在缺陷,并表示三亚市政府将 "不惜牺牲财政收入去整治旅游行业"。

"不惜牺牲财政收入整治旅游行业",这样的话说出来颇显铿锵。也不难想见,在三亚旅游市场备受诟病、被不少游客视为畏途的现实倒逼下,作出这样的决策应该是当地的自然选择。道理很简单,当地旅游市场再不下狠手痛加整顿,长远来看旅游业一旦凋敝,其 "财政收入" 会遭受更严重的损失。换言之,现在不愿有所 "牺牲",将来必然 "牺牲" 更多。

显然,今天的中国社会需要有更多这样的清醒和勇气。面对以往交的 "学费",就应该 "学" 有所得,千万不要一味以 "成绩是主要的,问题是次要的" 自我辩解、自我麻痹。亡羊补牢,而非听任纵容;壮士断腕,而非饮鸩止渴。唯如此,方能避免重蹈覆辙。

因此，"不惜牺牲财政收入整治旅游行业"，这样的句式我们还可以列出一长串——"不惜牺牲财政收入整治污染""不惜牺牲财政收入整治煤矿乱象""不惜牺牲财政收入整治楼市""不惜牺牲财政收入整治食品行业""不惜牺牲财政收入整治'乱收费'"……

这些类似的现象中，以前一个共通的内在理念缺失便是：对"鸡生蛋，还是蛋生鸡"的命题认识存在偏差。只有"鸡"养得健康，才能持续收获"金蛋"。这本是一个浅显的道理，但在我们视线所及之处，杀鸡取卵的目光短浅之举却屡见不鲜、层出不穷——无良工厂将污水排入河道、地下甚至溶洞，一些地方的环保部门近乎失明失聪甚至袒护包庇；楼市非理性狂飙、部分开发商越过红线，一些地方的房管部门却对中央调控政令阳奉阴违"软抵制"；公路收费、乱罚款、增容费、赞助费，面对"费负"高企，一些地方或部门却视而不见并千方百计进行合理化辩护……

屁股指挥脑袋。一些地方、一些领域，或者是囿于目光短浅、发展观滞后，或者是出于短期内的政绩驱动，往往混淆了发展的目的，在财政收入"从哪里来""为了什么"的问题上本末倒置。比如，为了招商引资的成绩好看，重金悬赏、滥给种种优惠政策，甚至对某些重度污染企业也奉若至宝，不惜引"狼"入室，对"带毒GDP"甘之如饴；为了财政增收，对传销这样的"畸形产业"、对"三无"小煤矿的"带血GDP"也默许纵容。举凡种种，不一而足。

观念上拨乱反正，发展路径方能与时俱进。据最新消息，经过多年的呼吁和推动，我国去年教育支出首次达到GDP的4%。这是一个积极的信号。公共财政本应如是——以公共福祉为最重要考量，而非以"账目增收为本"。十年树木、百年树人，风物长宜放眼量，牺牲或多花费一点暂时性的财政收入，换取的却是人力资本长远的发展后劲。这既是以人为本的善政倡导，亦是一笔更划算的"生意"。同样，未来即将推进的新型城市化进程中，亦需要这种宁可"牺牲一点财政收入""速度稍慢一点"也要规划先行、防污治污先行、规则先行的意识，绝不能再走"先乱后治"的老路。

（2013年3月5日《广州日报》社评）

一次巨赔判决胜过千次事后"排查"

一个秩序井然的市场环境不可能自发形成，因此，既要有事前的规则设定、隐患预警，又要在出现害群之马时"挥泪斩马谡"，杀一儆百。

《纽约每日新闻》近日报道，美国女孩萨曼莎因服用强生公司生产的儿童布洛芬后导致双目失明、身上90%的皮肤灼伤，其父母向强生提出诉讼，律师称，该药品上只有一个小小的警告，未能提醒消费者药物存在的潜在副作用。近日，马萨诸塞州法院裁定，强生应对萨曼莎及其父母作出6300万美元的巨额赔偿，并且预计最终赔偿金额可达1.09亿美元。

由于目前强生公司表示"我们相信药物的标签是合理的"，并表示正在考虑上诉，案件本身的是非曲直，仍有待观望。但毫无疑问，当地法院用一种在我们看来近乎夸张的判决，昭示了法律以及公共权力对相对弱势的消费者权益、对市场伦理的无比珍视。

麦当劳咖啡烫伤案赔300万美元、福特车祸赔1.25亿美元、墨西哥湾漏油事件赔200亿美元……一连串近乎天价的赔偿裁决先例，让国人已经从最初的叹为观止，逐渐变成审美疲劳。"疲劳感"某种程度上来自比对形成的落差——因为在我们这里，类似的判例几乎闻所未闻，就算千辛万苦告上法院，消费者也很难胜诉，即使侥幸赢了官司，判赔金额也少得可怜。市场监管手段成熟国家在这方面的做法，对我们而言，只是一次又一次成为"新闻"甚至"逸闻"，就是与中国消费者形成不了交集。

这就要论及中外在"赔偿"的法律规定乃至立法理念上的差异。英美法系中有一个"惩罚性赔偿"原则，顾名思义，它兼具填补损害、惩罚被告和"杀鸡骇猴"三大功能，而我国所处的大陆法系则一贯强调"补偿性"民事责任，强调损害填补而不重视惩罚。这种司法理念导致的一个后果，便是在单个的维权诉讼案例中，仅限于"补偿损失"的司法原则。尽管我国食品安全法也新增了10倍的惩罚性赔偿，但鲜有成功索赔判例，从而使得无良企业对生态环境、对更多消费者的"隐性侵权和损害"不能得到体现，更不可能因为单个利益受损者的官司胜诉而令企业得到罪有应得的重罚。其结果是变相鼓励企业继续进行这种低成本的侵权和损害。从害人假药，到毒奶粉、石化污染等等，我们的判赔金额对于肇事企业而言往往只是"湿湿碎"，利益受损者的索赔也往往只能成为"沉没的声音"。

与这种司法理念上的差距相伴而行的，是监管的乏力。法律上缺乏强力支持和惩戒震慑，职能部门的监管权威难免打折扣。所以，当出现重大消费者权益受损事件时，某些地方和部门屡屡采取"拖字诀""捂字诀"乃至"'愚'字诀"。我们不能说，这些地方或部门的种种事发后立刻一哄而起的所谓全行业停业整顿、突击检查，没有起到积极效果，但在不少时候确实属于应付"上面"和舆论的权宜之计，对于整个行业缺乏必要的系统性、根源性整顿和"防疫"，对肇事企业更缺乏痛打板子的决心与果断。因此，也就只能整顿一阵风，监管打乱仗，监管精力上拆东墙补西墙，"防疫队""巡逻队"沦为"救火队"。

一个秩序井然的市场环境不可能自发形成，市场的逐利性和非理性时常与秩序和良知背道而驰。因此，既要有事前的规则设定、隐患预警，又要在出现害群之马时"挥泪斩马谡"，杀一儆百。"治乱需用重典"。这种重典，其实除了要"打得痛"，也要"赔得痛、罚得痛"，毫不留情地给出轨者以电击，令其不敢再越市场良知和法律的雷池半步，进而形成一道所有人烂熟于心的高压线，对潜在的效尤者形成震慑和警示。

（2013年2月18日《广州日报》社评）

179

劳动力"弱势要素"地位必须改写

> "弱势要素"和"强势要素"的分野，暴露了经济体内的某种失衡，严重遏制了劳动力的创造激情和主动性，从而导致我们曾经奉为圭臬的"效率优先"，某种意义上仅仅体现为企业微观意义上的"收益"，而非社会整体发展层面上的"效率"。

近日召开的加快转变经济发展方式会议强调，要营造良好的用工环境，维护和谐的劳动关系，把关心人、注重人文关怀、调动人的主观能动性纳入"转方式"的重要内容。

改善用工环境，注重人文关怀，与普通劳动者的利益息息相关。与此相呼应，不久前广东发文正式调整最低工资标准，调整后全省最低工资标准水平平均提高21.1%；同时，珠三角一些"用工大户"企业纷纷提高员工工资；而放眼全国，近期约有14个省不约而同提高最低工资标准……这种趋势，对劳动者而言，无疑是福音；对经济和社会的整体发展而言，也是一种必然选择。

从发展的终极目的而言，道理不难理解。"天生万物，以人为贵"，"物"的积累必须造福于"人"的发展。

然而，目前社会上还存在一些模糊的认识。一方面，大家都承认，提高劳动所得，有利于提高普通劳动者消费能力，激活国内市场。另一方面，却并非所有人都真正意识到，初次分配公平是确保社会公平、效率的重要基石。以前我们常说"一次分配重效率,二次分配重公平",从而导致,在对社会公平意义重大的初次分配中,劳动力要素的贡献被长期低估,不仅工资增速远远落后于GDP和税收增速,"利润侵蚀工资、机器排挤劳动"倾向也甚为严重。比如,在发达国家,工资一般会占企业运营成本50%左右,而在中国则不到10%。

要改变这种现状,就必须在第一次分配中增加"公平"的权重,改变长期以来劳动力要素在市场权利互动、要素回报上的相对弱势地位。

诚然,在任何国家不同生产要素的相互地位必然是此消彼长、动态平衡的,但我们必须承认,我国近些年资本要素的"强势",与劳动力要素的"弱势",已经形成过大的反差。这种"弱势要素"和"强势要素"的分野,暴露了经济体内的某种失衡。资本和劳动力要素回报的畸高和畸低,严重遏制了劳动力的创造激情和主动性,从而导致我们曾经奉为圭臬的"效率优先",某种意义上仅仅体现为企业微观意义上的"收益",而非社会整体发展层面上的"效率"。

这种强弱力量的回调,除了企业的"高风亮节"、劳动者自身的努力(比如通过工会自觉维权)外,某些外力的干预更为重要,比如,政府应适时出台保障劳动者权益的法规,或者在劳资纠纷中更好地发挥公正的协调者的角色,让业已失衡的天平逐步"复位"。此外,由政府主导完善用工软环境,以公共服务提高劳动者福利和素质,也是一个非常重要的环节。比如,广东刚出台的外来工积分入户制度便是如此。

当然,改变劳动力的"弱势要素"地位,是一个复杂且牵涉较多的系统工程,对一些已经形成"低人力成本惯性"的企业而言,难度更大,因此审慎、平稳、渐进理应成为大前提。但同时,也必须看到,任何疗伤之举,必然带来"阵痛",要想治愈劳动关系不和谐、人力资源竞争力不足等痼疾,这点阵痛,无疑是必要的。

(2010年6月14日《广州日报》社评)

181

应旗帜鲜明捍卫"劳动者利润索取权"

是时候旗帜鲜明地确立一种理念了：人力资本应该具备对企业利润的索取权。在物化资本短缺阶段，"资本为王""劳动为辅"在所难免。但随着物化资本的日益充裕、人们对市场经济的洞悉参透，人力资本的无可替代性必然得到更多的认同。

据悉，中华全国总工会将从今年起，用3年时间全面推进企业建立工资集体协商制度，目前时间表和进度表已经明确出台。

但值得反思的是，对此利好网友并不看好，很多人对实际操作效果表示担忧。

网友的这种反应不难理解。一方面，我国近些年资本要素的"强势"与劳动力要素的相对"弱势"，已经形成过大反差。"资本为王"与"就业难"的双重挤压，留给劳动者的话语权明显逼仄。失衡的天平之下，工资集体协商能否"商"出有利于劳动者的结果，不可过早乐观。另一方面，作为"集体议价"的企业工会发育不良，功能缺失，在一些基层甚至被官方视作"破坏招商引资"的因素予以压制。除非工会地位显著提升，否则工资集体协商恐成空谈。

更关键的是，人们往往看到上述无奈现实，却没有看到其背后更深层次的、某种已经固化的理论偏差。那就是，物化的资本要素的利润索取权被视为天经地义，而"人力资本"的利润索取权则远未确立，甚至还没有进入人们的视野。

是时候旗帜鲜明地确立一种理念了：人力资本应该具备对企业利润的索取权。因为从根本上说，劳动者收入长期低位徘徊，表面上看是工资增长机制受滞，本质上却是劳动者始终被视为资本的配角或附庸，被排除在利润分配范畴之外。试想，当劳动者从理论上被剥夺了利润索取权，单靠"工钱"怎么可能获得与其贡献成正比的回报？

尽管我们已逐渐承认"人力资本"这个词，但其意思仍然侧重于"人力资源"，事实上还没有将其视作一种"资本"。"按要素贡献分配"，在不对等的话语权下，资本的"要素贡献"被无限夸大，而劳动者的"要素贡献"被长期忽视甚至刻意贬低。就连央行行长周小川也坦言，目前广大劳动者只分享到较少的公司利润的现状亟待改变。

固然，没有物化的资本投入，企业不可能启动并运作。但更显然的是，物化的资本必须通过人的创造性劳动，才能被注入"价值生命"，具备潜在利润。而一个长期的悖论则是：劳动者理所当然当家作主，然而我们的分配关系却长期不利于劳动者，甚至在一些场景下有时朝着偏袒物化资本所有者的方向一路狂奔。资本和劳动力要素回报的畸高和畸低，严重地遏制了劳动力的创造激情和主动性，从而影响了社会整体发展层面上的效率。

某种意义上说，在物化资本短缺阶段，"资本为王""劳动为辅"客观上在所难免。但社会在发展，随着物化资本的日益充裕，随着人们对市场经济的洞悉参透，人力资本的无可替代性必然得到更多的认同。尤其是在我国，随着所谓"刘易斯拐点"的到来，劳动力的相对短缺将令劳资关系寻找一个新的平衡点，从而在理论和实践上均确立人力资本的地位与权益。

当这一天到来时，工资集体协商才能顺理成章形成真正的"劳资共赢"。而且除了工资，劳动者还应该如晋商的"顶身股"方式那样，以员工持股、期权等方式分享企业利润，嵌入企业生命肌体，从而更好激活劳动者的主动性与创造性。这时的社会，消费能力将更旺盛、发展将更有活力、劳动与所得将更公平、劳资关系和人际关系将更和谐。

（2011年5月30日《广州日报》社评）

"混合所有制"改革，要害何在？

中国的经济改革必须啃下国资国企改革这块"硬骨头"。因为作为"长子"的国企，始终是经济改革中最微妙和复杂的一个重要元素。

2014年的全国两会上，习近平总书记不止一次谈到国资国企改革问题：3月5日在参加上海代表团审议时表示，国有企业加强是在深化改革中通过自我完善，在凤凰涅槃中浴火重生，而不是抱残守缺、不思进取、不思改革（《国企改革：在凤凰涅槃中浴火重生》，2014年3月10日）；3月9日在参加安徽代表团审议时表示，"发展混合所有制经济"，"成败也在细则"（《习近平：不能在一片改革声浪中把国有资产变成谋取暴利的机会》，2014年3月10日）。要吸取过去国企改革经验和教训，不能在一片改革声浪中把国有资产变成牟取暴利的机会。

在新一轮全面深化改革大潮已然掀起、"混合所有制经济"日益成为经济改革关键词之一的时代语境下，习近平总书记的上述强调引起高度关注，也引发人们对相关改革命题的深入思忖。

中国的经济改革必须啃下国资国企改革这块"硬骨头"。因为作为"长子"的国企，始终是经济改革中最微妙和复杂的一个重要元素——作为企业，在数十年的计划模式下，它们体量大、与国民经济"嵌入度"深入骨髓；作为单位，在"企业办社会"的惯性下，它们"代行"了太多本该由政府或社会组织承担的职责，对其改革牵一发而动全身，事关"大社会""小社会"的稳定和谐，不得不极为慎重。而正因为这种与时代发展相脱节的存在模式，以及对全面经济改革的深度制约，国资国企改革在今天尤显迫切，尤需"踏石有印"的勇气。

对比党的十八届三中全会通过的《中共中央关于全面深化改革若干重大问题的决定》（以下简称《决定》）与党的十七大报告、党的十八大报告的相关论述，不难发现，党的十八届三中全会《决定》在"国有资本"的阐述上着墨更浓。"国有资本、集体资本、非公有资本等交叉持股、相互融合的混合所有制经济，是基本经济制度的重要实现形式"，对各种性质资本的共存更为包容："完善国有资产管理体制，以管资本为主加强国有资产监管"，"支持有条件的国有企业改组为国有资本投资公司"，从以往更强调"管资产"到如今"以管资本为主"，一字之差，意义深远，可谓对"国有资本"的认识达到了一个新的高度。

从现有的一些举措来看，这方面的改革呈现积极信号。前几天总理所作政府工作报告提到，将制定非国有资本参与中央企业投资项目的办法，在金融、石油、电力、铁路、电信、资源开发、公用事业等领域，向非国有资本推出一批投资项目。两会前夕，中国石化发布公告，将引入社会和民营资本参股实现混合所有制经营；珠海格力、上海光明等地方国企也陆续公布改革方案。广东制定的国资改革目标是，2020年混合所有制企业户数比重超80%；四川省的改革方案则是，"不设限，所有领域向社会资本开放"。新一轮国资混合所有制改革已经奏响序曲。再加上自上而下的行政审批权的政府"自我革命"，一些不必要、不公正的歧视性审批项目被砍掉或压缩，正逐步降低民间资本进入的门槛，让它们看到更多"混"进来的曙光。

但也要清醒地看到，改革进入深水区，"触动利益比触及灵魂还难"。要确保真改而不是应付式改革，其一，不能寄希望于作为既得利益者的被改革者主动迎合改革，而必须以国家政策和法律倒逼其打开市场大门和股权大门，放弃继续"抱残守缺"心态；其二，更关键在于未来的混合所有制经济必须"混"得公平和透明，从而防止有人借改革之名"牟取暴利"或变相歧视、打压非国有资本。

　　一定意义上说，破解这两个问题，都需要国资主管部门尽快从管资产、管企业抽象为管资本。唯有从具体而微的"婆婆式管理"上抽身出来，形成"投资人监管"，更关注和强化出资人权益、资本收益，方有望超脱局部、着眼整体而不是过分偏袒某一资本构成；同时，辅以完善的公司治理结构，让法律利剑真正亮剑，令利润层层向下转移的"记账游戏"玩不下去，令资本运作全过程晒到阳光，则"国资改革"与"国资流失"的因果魔咒方有望被打破。

（2014年3月10日《广州日报》社评）

"加薪促就业"是一次观念涅槃

> 尽管，"加薪"与"促就业"之间的连锁反应和因果关系是一个复杂的过程，但粗粗梳理，我们便能更清晰看出，这种迥异于以往观念的"加薪促就业"理念，有着内在的理论关联，也反映了时代发展的必然指向。

日前，人保部就业促进司负责人表示，虽然加薪眼下会对中国就业有不利影响，但从长远看会对中国的就业有促进作用。"加薪促就业"的这一提法颇显新鲜，尤其以人保部官员之口说出，其意义更不容小觑。

对此，有人立即表示了担忧：大范围的加薪，恐怕会导致通货膨胀。这种观点看似有理，其实似是而非。试问，诸多"关系国计民生"的基础性商品说涨价就涨价，为何"人力商品"的价格反不能及时"随行就市"？这种"行"和"市"，一是指社会整体财富迅速积累，GDP和税收持续高速增长；二是社会整体物价水平节节攀升，举个例子，近20年来物价翻了几个跟头，可沿海不少工厂打工仔打工妹的工钱仍是一两千元左右，又有报道称，2003—2010年，工薪阶层的收入增加最为缓慢——可见，如今劳动力这种商品的"沽出价格"远不及其"生成成本"。

而且，从实用主义的视角观之，迅速改变当前劳动力"弱势要素"的地位、令其长期被低估的要素贡献回归本位，对于经济大局的健康发展已是一种现实的必然选择，亦能激发整体经济发展的内生动力。尽管，"加薪"与"促就业"之间的连锁反应和因果关系是一个复杂的过程，中间尚需诸多重要的因素来串联，比如：加薪——内需提振、劳动力素质提高、企业被迫转型或转移——中国企业国际竞争力提高——产业规模扩大——促进就业……粗粗梳理这样的逻辑关系，我们也就能更清晰地看出，这种迥异于以往观念的"加薪促就业"理念，有着内在的理论关联，也反映了时代发展的必然指向。

同时，尽管加薪可能会带来一些地方和企业短期的困难，却能换来国民经济血液新陈代谢、产业协调发展、生态环境疗伤、劳动者安居乐业、社会公平和谐……很显然，这样的暂时性代价，是必须的，也是"物超所值"的。

"加薪促就业"的问题，说到底还是一个"分蛋糕"的问题，也就是社会财富如何通过两次分配过程达到公平和效率的最佳结合点。理论上说，公平和效率是内在统一的，唯有公平的分配才能达到有效率的经济，但常识也告诉我们，在低廉人力成本的路径依赖已成惯性的现实中，要找到这个结合点，尚需努力。路径之一是"减税为薪"，政府让利于民、藏富于民，政府和劳动者分好蛋糕；路径之二是增加工会博弈能量，此消彼长、合法维权，企业和劳动者分好蛋糕；路径之三是加强劳动监察和强制措施，政府以"守夜人"的姿态守望劳动力市场的公平，维护劳动者合法权益和合理诉求。

当然，"加薪促就业"唯有加到中低收入劳动者身上，方能起到疗效。现在收入分配天平失衡的表现，一是行业性不公，垄断行业员工尤其是高管收入过高；二是身份性不公，部分掌握特权者"灰色收入"甚至"黑色收入"过高。很显然，假若这些群体也得以搭上"加薪促就业"的便车，结果一定适得其反，只会进一步压抑就业市场。同时，我们还须对"加薪促就业"的"阵痛"有所预见，对一些被淘汰企业的职工安置分流问题未雨绸缪，并提高教育医疗等基本公共服务之网的覆盖面和容量，尽可能让"阵痛期"不那么难捱。

（2010年6月17日《广州日报》社评）

驳"加薪导致通胀"论

对轮番涨价的水电油气等产品，专家举出"保护资源"的理由为之辩护；而对劳动收入的些许补涨，却持以莫名的警惕。这是一种选择性的要素歧视。

最近，针对全国14省不约而同提高最低工资标准、珠三角一些"用工大户"纷纷增加员工工资的动向，与舆论的普遍乐观相反，一些经济学家开始担心"加薪可能导致通货膨胀"，甚至呼吁"工资调整的过程要循序渐进，走过了头就可能出现大问题"。

表面看来，一些人的担忧颇有道理：加薪一方面会推动企业成本上升，另一方面导致工薪族的消费需求增加，二者均会助推物价上涨。然而，这种看起来符合逻辑的推导，以及基于这种逻辑的担忧，却似是而非，是不折不扣的杞忧。

在讨论技术问题之前，我们必须先明确一个基本前提：在今日的中国很多地方，提高工资也就是劳动所得，已不再是一道可为可不为的"选择题"，而是大势所趋的"必答题"、如何操作的"论述题"。其道理并不深奥——从经济发展的终极目的来说，"物"的积累必须造福于"人"的发展；从发展的现实难题而言，中国劳动力供给开始从富余缓慢走向平衡，"招工难"将逐步显现，劳动力价格的上涨是无法改变的大势，同时，物价普涨、轮涨，导致了"劳动力价格相对下降"，这种反差使得劳动者更有尊严地生存和发展新期待部分受挫,劳动关系面临全新的挑战与课题。

在此前提下,我们方可深入探讨所谓"加薪负效应"。必须承认,因劳动力这一要素或曰商品的特殊性,其回报或曰"价格"的上涨,对经济的影响将更为复杂、多向。但我们反对在"加薪潮"才刚刚有点眉目时,一些人就大惊小怪、直把"开头当过头"。其实,在现实语境下,"加薪致通胀"之忧短期内显然还是一种杞忧,原因至少有五。其一,大量受雇于私企、外企的普通工薪族,基于当前资方强势的劳动力市场格局,他们的薪酬要想普遍上涨,仍要看老板的脸色。其二,在储蓄传统深厚的中国,劳动者薪酬提高,未必全然用于消费。其三,人力成本增加,可能加速一些落后产能被淘汰出局,从而减少一部分国内需求,部分抵消工资上涨带来的需求增加。其四,以现有的劳动监察模式和力度,最低工资线对企业的强制效果有限。其五,所谓"刘易斯拐点"也只是一个趋势上的"拐点",所谓的"劳动力红利"也不会一夜之间丧失殆尽,人力成本之变将是一个渐变而非剧变的过程。

事实上,当前出现的"加薪潮"苗头,尚属某种"恢复性补涨",是对初次分配长期不公的一次"迟到的调整",是"补齐"而不是"超前",大可不必反应过激。一方面,与连续十几年超过9%的GDP增速、2010年前5月高达30.8%的财政收入增速相比,劳动所得增速难望其项背,因此以加薪的方式让利于民、藏富于民,是一种必要的"反哺"。另一方面,由于劳动力要素的相对弱势地位,其要素贡献率被严重低估,回报率也长期偏低,在发达国家,工资一般会占企业运营成本50%左右,而在我国则不到10%,初次分配不公导致的劳动所得畸低局面,尚未根本改变,借力于工会的劳资博弈,步子还应该跨得更大一些。

有意思的是,如今面对轮番涨价的水电油气等基础性产品,不少专家已然熟视无睹甚至举出"保护资源"的理由为之辩护,而对劳动收入这种最值得呵护的"产品"和"资源"的些许补涨,却持以莫名的警惕,这显然是一种选择性的要素歧视。而且,这种出自经济学家之口的歧视和杞忧可能起到更坏的影响，对好不容易才形成的社会共识造成消解，让一些本来就在观望的地方和企业如获至宝，这种声音不能不引起警惕。

（2010年6月28日《广州日报》社评）

漏油事故的谎言之旅

如果说某些企业基因里原本就沉淀着非法逐利的贪婪基因，又是什么激活了这一阴暗面？到底是什么让企业敢于违背对法律和市场惩罚最起码的敬畏，冒天下之大不韪，公然欺骗行政监管、欺骗公众？

上周五国家海洋局对康菲公司溢油事故作出严厉处理，蓬莱19-3全油田停产。近日，一名"康菲中国员工"在接受央视采访、谈及此前诸多不实披露时，声称"我们就是骗你的"。此言引发哗然和公愤。随即，康菲公司发表声明否认其员工承认欺骗媒体。

公众已经被骗怕了。其实，康菲又何必急着否认、纠缠于这么一个无关宏旨的小细节呢？对被欺骗的公众和遭戕害的海洋生态而言，康菲员工有没有说过这一番话根本就无关紧要，因为就算康菲不愿明言自己欺骗媒体，它也用行动证明了自己的谎言。事实胜于雄辩，随着事态明朗，康菲在溢油事故中的谎言链条也被媒体梳理并一一陈列。6月初，溢油事故初露端倪，康菲公司迟迟没有回应；随着事态扩大，才相继表态"已得到有效控制"，坚称"原油泄漏范围只涉及200平方米"；但国家海洋局"溢油污染840平方公里"的权威认定，马上让谎言洞穿；8月31日康菲公司提交的长达1000页的报告材料，再次宣称已完成国家海洋局"两个彻底"的要求；但不到一天时间，谎言再次被揭穿……

如此言之凿凿地一再欺骗，就算康菲员工不承认，公众难道就目盲耳聋、头脑失忆了？

一路敷衍塞责，谎言越编越离谱，最终难以圆谎。康菲的谎言之旅令人愤怒。但更需要我们深思的是：一个称得上行业VIP和"带头大哥"的国际大企业，为何会在本次溢油事故的处置和披露上缺乏最基本的常识和预判力、竟然如此信心满满地信口胡言，而笃定他们的谎言不会被戳穿？如果说康菲公司基因里原本就沉淀着非法逐利的贪婪基因，又是什么激活了这一阴暗面？到底是什么让康菲敢于违背对法律和市场惩罚最起码的敬畏，冒天下之大不韪，公然欺骗行政监管、欺骗公众？我们只能猜测，精明的康菲根据各种因素的研判，根据经验或某些"判例"，在"精算"过风险和收益的概率后，最终认定：成本的节省带来的利润将大于溢油事故的处罚损失，说谎的收益更将大于谎言被戳穿的风险。

只可惜，他们的经验这次失灵，事态并没有按照"本来应该"的预计方向发展。因为，今天的中国，正逐步远离资本至上、先污染后治理的层次与阶段。今天的中国，也没有一个部门可以罔顾民意的全方位监督，更没有一个企业能够攫取非法的超额利益而完全躲过公众的雪亮眼睛。在经过比较漫长的等待之后，国家海洋局终于公布了事故调查结论和处理要求，并对事故责任方进行了重罚。肇事者终于受到惩处，对于这样的结果公众无疑是欢迎的。

到底是怎样的"经验"和"研判"，给了康菲胆量并助长其傲慢，从而"误导"了这家在海外原本还算守规矩的企业？一个本不应被忽视的重要细节是：在整个过程中，"靶子"和"板子"始终对准康菲，而油田控股方却很少被提及。康菲被千夫所指固然没错，但作为控股方和引进方，责任同样重大的企业也不能只有权益而不需承担责任或风险。治病务求治本，否则，某些严厉的事故处理很容易又成个案。缺乏足够的警示价值，康菲"们"下次怎会长记性。

（2011年9月5日《广州日报》社评）

创业板：少些投机，多些"创业"

所谓"万变不离其宗"，创业板游戏规则的制定和完善，必须时时牢记"支持优质成长型企业发展"这个"宗"，尽量少些投机，多些创业。如是，方能不被浮云遮望眼，避免陶醉于表面繁荣、实际上却舍本逐末。

十年磨一剑。酝酿了10年的内地创业板，昨日起接受发行申请，创业板大幕正式开启。而选择在周日开始受理申请，显然体现了管理层有意"冷却"的意图：一方面，正如证监会此前所言，是为了防止申请企业过多导致"现场拥堵"；另一方面，似乎也是为了避开周一股市开盘时间，防止股市异常波动。

人为"冷却"背后，反衬出市场"过热"的预判。从企业角度而言，能搭上头班车，就能饮上头啖汤，吸引力较大；从股市投资者角度而言，创业板这一实质性进展，将有望激励股市继续上行，利好颇多。据新浪网的在线调查，超六成网友认为创业板有投资价值并愿意投资个股。大致而言，这如实体现了创业板的市场价值。从国家层面言之，创业板的推出，将以金融促经济，缓解中小企业融资难问题，为成长型中小企业配上"风火轮"。

然而，越是过热越要冷处理。必须廓清：所谓"创业板"，理应更多回归"创业"本义，而绝不能放任某些企业在创业板中违规操作、疯狂敛财，某些不法"玩家"兴风作浪、趁浑水摸鱼。

回顾历史，内地股市的昨天也给了我们深刻教训。早期的内地股市，上市成了给某些企业的政策优待，市场监管生涩乏力，股市沦为庄家空手套白狼的圈钱机器。为此经济学家吴敬琏曾怒斥其为"没有规矩的赌场"。今天我们创立创业板，在摸着石头过河的同时，必须眼观六路、避开漩涡，不能好了伤疤忘了痛，让创业板重走坎坷路。

放眼世界，到目前为止全球已有近50家创业板，整体而言，除美国纳斯达克、日本佳斯达克、韩国科斯达克等几家比较成熟外，其他多数尚处在摸索阶段，或在互联网泡沫破灭后遭受重挫，或吸引力消退成为鸡肋，或不够规范险象环生。如香港创业板从1999年底成立以来，市值和指数逐年缩水，在其后的三种改革思路中，竟有两个方案主张取消创业板。内地创业板如何避免这种周折，需要未雨绸缪。

创业板上市的企业具有高科技、高成长性，但也具有高死亡率，退市风险较高。对于这一特殊的资本市场，必须有特殊的游戏规则。这一方面需要借鉴他山之石，以极其敏锐的预见性为未来的发展"排雷"；另一方面，则需在今后的"实战"中及时修补漏洞。所谓"万变不离其宗"，创业板游戏规则的制定和完善，必须时时牢记"支持优质成长型企业发展"这个"宗"。如是，方能不被浮云遮望眼，避免陶醉于表面繁荣、实际上却舍本逐末。

尽量少些投机，多些创业——在中国内地的创业板草创之际，提出这样的警醒是非常有必要的。值得欣慰的是，目前已出台的相关上市和监管规则，在"鼓励创业"和"防止过度投机"之间的平衡上作出了可贵的努力。比如，限定创业板股民须有两年以上的"股龄"；又如，企业进入门槛更低，但监管更严；又如，增加了对发审机构的问责机制；再如，严格退市机制，减少壳资源的滥用……

同时，创业板本身的创建也是一次艰苦卓绝的"创业"，不能有一蹴而就的侥幸心理。这正如开车，速度飙得太快，既容易失控，又容易"飘"。内地创业板的发展，还需稳中求快。

（2009年7月27日《广州日报》社评）

反哺农业，是回报更是机会

当社会经济发展到今天的地步，当我们有能力考虑产业结构均衡发展之时，这种"反哺"便体现为一种"还本付息"。

"农民太苦了！"这是今年两会期间，递条子给温总理请求发言、在发言中3次流泪的杨志福委员的由衷之言；"不要从农民那里赚钱，农民太苦了！"这是2005年时任卫生部部长高强对医疗系统的警示之言。中国农村问题之复杂、农民生存状态之艰辛，历时已久，也素来受到中央的高度重视。刚刚闭幕的党的十七届三中全会，更是把农业和农村问题作为主要议题，将其置于"关系党和国家事业发展全局"的高度来加以谋划。

此次全会重申，要坚持"工业反哺农业、城市支持农村"。所谓"反哺"，顾名思义，就是回报，是一种义务和责任。新中国成立以来，依靠农产品价格"剪刀差"，为工业化发展积累了宝贵的启动资金，但同时农村经济无形中受到削弱；改革开放以来，大量知识程度较高的农村青壮年涌入开放地区大中城市打工，为城市经济大发展做出巨大贡献，但同时也造成了部分农村经济和社会发展的"空心化"。两个历史阶段，两种付出和贡献。因此，当社会经济发展到今天的地步，当我们有能力考虑产业结构均衡发展之时，这种"反哺"便体现为一种"还本付息"。

而若我们站在更高的境界来思考这一问题，这种"反哺"又不仅仅体现为责任、义务，更是中国社会进一步前行的某种必然——一方面，中国有8亿农民，要建设和谐社会、小康社会，农民是一个不容忽略的庞大群体，唯有让农业增收、农民满意，方能达致整体全面的和谐。因此从根本上说，这更是一个政治问题。

另一方面，随着中国经济的迅猛发展，城乡差距、产业差距日益清晰地暴露出来，客观地说，农业经济已经成为国民经济这个"木桶"上的"短板"，不仅自身发展的相对速度减慢，也羁绊了整体经济的步伐。因此，中国经济要想得到"更有质量的"发展，不仅要继续推进第二、第三产业的发展，更必须回过头来对农业"拉一把"，以"先富带动后富"。

当然上面还只是从产业结构的角度进行分析，若再结合当前国际整体经济形势，则提升农村经济活力更显紧迫。美国金融危机正在全球蔓延，各国实体经济是否将受影响尚未可知。作为外贸依存度超过60%的中国，一旦遭遇外需萎缩、出口锐减，开发内需将成为防止经济滑坡的主要手段。而作为消费需求"饱和度"更低的潜在市场，农村无疑比城市的内需"开发"潜力更大、机会更多。而很显然，要拉动农民消费，首先要让他们钱包更鼓。

如何让农民的钱包更鼓呢？其一，增收。通过工业反哺、城市拉动、政策倾斜"放活"、财政扶持，尽快促使农村和农业经济驶上快车道，让全体农民加入到致富主力军中来。其二，减负。虽然几千年的"皇粮国税"终于取消，今天中国农民肩上的担子前所未有地轻，但相对于城市居民，仍然较重——如生老病死、教育就业等方面，由于农村社会保障体系尚显初级，无形中相对加大了农民的负担。对此，我们不仅要"少取"，更要"多予"，加大农村公共服务投入，让更多农民后顾无忧地轻装上阵，形成农村经济的新一轮创业热潮。

（2008年10月15日《广州日报》社评）

勒紧网络游戏产业的缰绳

> 如果某一个产业的发展必须以牺牲年轻一代的身体健康、心智健全为代价，那么，不管它是何等蓬勃的"朝阳产业"，我们都应该给它浇盆凉水。毫不夸张地说，最大限度地消除网络游戏的毒害，对我们这个民族的明天有着刻不容缓的意义。

一位父亲，为了帮助儿子戒除网络游戏之瘾，竟辞职4年，成为儿子的"专职看护者"。作为家长代表，畅占亭的故事令近日在厦门参加网络游戏年度大会的人们惊讶之余，或许也有些惭愧。

近几年，网络游戏产业一路高歌猛进。2005年，中国网络游戏用户达到2634万，比2004年增长了30.1%；市场实际销售收入达37.7亿元，比2004年增长52.6%。面对如此一派繁荣，很多人包括一些管理部门的人士都陶醉了——如何培育这个"新的经济增长点"，已然成为流行话题。

然而，这个特殊产业的繁荣，其代价却空前惨痛。因沉湎网络游戏而荒废学业、耽误工作、家庭破裂、离家出走甚至自杀、暴力犯罪的实例比比皆是。2005年5月，一名13岁的网游玩家模拟游戏中的飞天，从24层高楼顶上"优雅"跳下；前年7月，湖北两名年轻人模仿网络游戏的"杀人场面"将一名流浪儿童杀死……面对黑网吧中那些脸色苍白、目光呆滞却神情兴奋的少年，很多人都难免忧心忡忡：这些祖国的花朵，在成长发育的关键时刻如此虚度光阴，怎么企望他们未来能结出累累硕果？

对未成年人而言，沉湎网络游戏无异于吸毒成瘾。网络游戏不像电视、电影是单方面被动式接受，它能把人吸引到游戏中进行互动，而且这种互动与以往人机对战的单机版游戏不同，它构成一种现实世界（众多玩家形成的社区）与虚拟世界（游戏情节）交织难辨的情境，其内容暗示更容易深入到人的灵魂——而这对是非观念、自控能力尚未成熟的未成年人来说，简直是致命之伤。相对而言，成年玩家可能自制力较强，但以笔者的观察和体验，不少成年人玩起网络游戏来，痴迷疯狂程度同样令人震惊。可以毫不夸张地说，最大限度地消除网络游戏的毒害，对我们这个民族的明天有着刻不容缓的意义。

玩物丧志，逸豫亡身，处于"创业期"的中国更是如此。商人天性逐利，舆论和政府则应保持清醒。像网络游戏这样的特殊"产业"，政府必须慎重对待。如果某一个产业的发展必须以牺牲年轻一代的身体健康、心智健全为代价，那么，不管它是何等蓬勃的"朝阳产业"，我们都应该给它浇盆凉水——而如果暂时还没想出药到病除的方子（"防沉迷系统"收效甚微），那我们不妨先提高门槛，勒紧缰绳，让这匹野马暂且放慢脚步。

（2006年1月15日《广州日报》评论员文章）

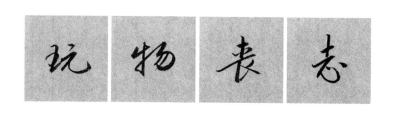

莫把"贪婪"当金融危机替罪羊

道德批判是取巧的，但解决不了实际问题；同样，用批判人性的方式来试图解读、解答一次复杂的金融危机，恐怕也只能于事无补。人性如水，当华尔街的制度"框架"有所扭曲时，水当然会随其形状变化而充盈其间。

最近，从美国本土生成的金融海啸，正以令人忧虑的态势席卷全球，包括美国在内的诸多发达国家纷纷"落水"，一座座国际金融界的"帝国大厦"摇摇欲坠、次第坍塌。

面对这场突如其来的全球金融危机，世界一片愕然。在这种愕然的氛围中，一种论调横空出世——"人性的贪婪是此次美国金融危机的根源"。这一论断起于最近一期美国《时代》周刊的封面文章，题为《贪婪的代价》。此言一出，和者云集，没过几天，已然流行，国内学者竞相借用。

最近听着电视上一些专家长篇大论地对人性的贪婪展开批判，以事后诸葛亮的恍然大悟，条分缕析地分析、指责华尔街"为了满足自身的贪婪而贩卖金融衍生工具并声称它们绝对安全"，不禁哑然失笑——因为就在几年前，当这些专家中的很多人大声疾呼中国应加快发展金融衍生品时，华尔街模式还是他们口中念念不忘的完美范例。很显然，当年在华尔街繁荣昌盛莺歌燕舞之时，心悦诚服的专家们是没想过要去批判所谓"人性贪婪"的。

这场金融危机的爆发有着复杂的成因，警醒我们重新审视诸如经济全球化、金融衍生品、会计制度等各个方面；用历史的眼光看，它还是经济周期的某种规律性反复。用"人性之恶"来简单总结，实在难有说服力。甚至，人们大可以怀疑，一些国外的政治、经济界权贵之所以附和这种论调，似有转移指责目标、推脱监管责任之嫌疑，我们也不可过于天真信以为真。

一个无需证明的结论就是：人性中的自私（更中性地说是"利己"或"追求个人利益最大化"）是与生俱来的，而且已存在千百万年，谁都无法更改。试问，如果将这次金融危机的发生归罪于人性的贪婪，那么算起来，人类历史上哪一次人为灾难的发生，不与这种"贪婪"息息相关呢？道德批判是取巧的，但解决不了实际问题；同样，用批判人性的方式来试图解读、解答一次复杂的金融危机，恐怕也只能于事无补。

事实上，人性的这种所谓"贪婪"（更准确地说，是利己和逐利心理），在人类发展历程中，客观上恰恰起到了"助推剂"的神奇功效。正是绝大多数个体为自身利益最大化而孜孜不倦地努力和奋斗，才以百川归海的合力，客观上推进着人类政治、经济、科技、文化等一切方面的成长成熟，也增加着人类社会的总福利。

当然，这一切利己行为之所以能推动社会正向发展，一个必要前提是：它们必须在一个约定俗成、符合社会整体利益的框架内活动。这个框架就是制度，在华尔街则是金融监管的法规。人性如水，当华尔街的"框架"有所扭曲时，水当然会随其形状变化而充盈其间。但这错误的根源首先在"框架"，而非"水"。

因此，在今天金融海啸扑面而至之际，尊重人性的两面性、贴近现实的补救之举更显价值。与其将危机简单归咎于人性弱点而奢谈空论，莫若对我们素来顶礼膜拜的某些市场游戏规则稍作反思，进而切实有所补漏，方为亡羊之后的理智之举。

（2008年10月12日《广州日报》社评）

农民工期待不设"围墙"的城市

我们生而平等，只是命运将我们放在了不同的地方，这种先天的不公理应通过后天的自由选择得到弥补。然而，当一拨拨"民工潮"持续涌来时，一个严峻的问题自然而生——城市是否准备好？

20世纪80年代，中国改革开放起步，一场人类文明史上规模最大的城市化运动也随之拉开序幕，上亿农民离开耕作了几千年的土地涌向城市，追逐着"城市梦"。二十多年弹指而过，今天的他们对城市态度如何？日前，国家统计局公布的《农民工对城市生活的评价和希望》调查报告显示，"近七成的农民工对城市生活感觉比较适应，一半以上的农民工希望能在城市发展、定居，其中女性比男性更想留在城市……"

农民工正在"融入"城市——上述数据很容易让人们得出这一结论。最初，农民工只是"进入"城市，这种人口流动带来的好处显而易见，一方面，"减少农民"（转移农村剩余劳动力）是解决"三农"问题的前提；另一方面，大量低廉劳动力补充进城市，是我国实现工业化的前提。二十年过去了，这些进城农民工在城市中逐渐找到了人生坐标，对城市的适应性日益提高，很多农民工早已蜕去早期的形象，逐渐融入了城市生活。从"进入"到"融入"，从与城市陌生对立到和谐共处，农民工群体正经历着可喜的嬗变。

　　农民工希望进入、融入城市，原因也许很简单：城市给了他们农村无法给予的，比如高薪的就业岗位、重新选择人生的机会、绮丽的城市文化等等。然而，当我们试图对这一看似简单的原因进行探究时，却总避不过"城乡差距"这一沉重的关键词。数据显示，中国目前的城乡收入差距实际上已达到8倍以上。城里的月光能把梦照亮，乡村的月光为何黯淡感伤？从"一半农民希望留在城市发展定居"，我们应该有所警醒和反思。

　　我们生而平等，只是命运将我们放在了不同的地方，这种先天的不公理应通过后天的自由选择得到弥补。这是公民对个人支配力长期渴望而不可得的一种写实，这种选择权的回归，体现了社会的进步。然而，当一拨拨"民工潮"持续扑面而至时，一个严峻的问题自然而生——城市是否准备好？

　　回首二十多年，基于大家都理解的现实困境，农民工的这一"融入"之途一直崎岖难行。这种艰难，一方面源于初离黄土的农民对城市的不适应；另一方面则来源于城市基于自我保护的本能，对农民工设置的无形门槛。转轨期的中国，公民权利愿望的发育往往超前于制度建设的步伐。农民工"市民待遇"的诉求不难理解，但一旦碰上现行体制以及现实困难，歧视性政策往往会占上风。因此，虽然进了城，农民身份依然是他们与城市之间一道无法逾越的沟壑，在大多数城市，这种身份差异会带来就业歧视、教育歧视、社会保障歧视，甚至人格歧视。这些，都在酝酿、加剧着某种不和谐，也引发了一些冲突和矛盾，应该引起城市管理者的警惕。

　　社会矛盾的核心问题就是利益关系，对于农民进城引发的种种问题，也只能从利益关系进行理顺和疏导，而决不能一味人为设置门槛，试图"御之于城门之外"。调查显示，今天的新一代农民工的利益诉求已经发生了显著变化——由谋求生存转向追求平等。如何制定公平的规则，满足农民工新的利益诉求，为开明、聪明的城市管理者提出了新课题。

　　有一种流行的观点认为，城市竞争力强弱，取决于"3T"：Talent（人才）、Technology（科技）、Tolerance（包容）。其中的"包容"当然应该包含了对外来务工人员的包容。目前中国的农村剩余劳动力约为1.5亿，21世纪末可能突破2亿。可以预计的将来，"民工潮"还将持续汹涌澎湃。这些农民工兄弟期待的，是一座座没有"围墙"、没有歧视、充满包容的城市。

（2006年10月25日《广州日报》评论员文章）

破除养老之窘，先须理念纠偏

晚景凄凉是一种最无奈、最悲怆的人生境况。说句实话，"没有老过"的中青年确实很难换位思考或感受这种处境，但不能感同身受并不代表可以无动于衷、无所作为，甚至在一些做法上背离人情与常理。

2014年3月30日《广州日报》关于《业主不续租，养老院要散伙》的深度报道，引起不少广州市民关注和讨论。部分民营养老院因租用场地租约到期面临加租或结业的窘境，确实是一个值得认真反省并举一反三的现象。

老年人是一个特殊群体，在很多方面属于弱势人群，在社会服务上天然需要额外的倾斜和关照。而在中国社会近三十年内剧烈转型之际，当人们从温情脉脉的"单位人"抛为"社会人""社区人"，老年生活也同样面临新的挑战。我们必须及时思考，社会转型的代价和阵痛如何分担。实事求是地说，当前在我国的大中小城市以及农村，由于"养儿防老"不太管用、社会养老配套不足，养老问题正在成为越来越多老年人心中的隐忧。这些年中央高度强调"社会建设"，其中对人口老龄化命题日益重视，正是对当前中国社会结构性深层调整中出现的新问题的呼应。理念性的原则如何变为实操性的举措，可谓知易行难。

当然，也有一种倾向值得提醒。每每谈及当前的养老窘境，我们都会反复听到各种令人无奈的"缺口"，各种从技术层面提出的对策与建议，以及各类国外先进经验的"他山之石"。而在这些务实的讨论、建议和举动缓慢推进的同时，一个显然更为迫切却有时遭到忽视的共识却尚未强有力形成——对老年人的扶助应该与这个社会的综合实力"相称"，甚至应该有所超前、有所倾斜。道理无需赘言，如果说"老吾老，以及人之老"的道德倡导还有点"虚"，那么从更"现实"的角度来看，我们每个人终将老去，今天我们对待老人的态度，很可能就是明天后辈对待我们的态度。这是一个事关每个人自身未来重大关切的现实命题。

今天，当公办养老院的公共服务远远不能满足国民养老需求、民营养老院又面临各种窘迫之时，林林总总的客观原因总会被罗列出来。可以肯定的是，出现这种困境，一定是我们的制度设计出现了问题。而制度设计之所以出现问题，很重要一个原因则是设计的理念出现了偏差。

必须厘清一个观念：所谓"体面劳动"，劳动者退休后的体面养老是其题中应有之义，它是每个个体的劳动力价值周期的一个必经阶段，绝不能孤立看待。让人们在老年阶段"活得有尊严"，在老龄化日益逼近的中国，既是科学发展观"以人为本"理念的直接体现，也是每个人的"中国梦"的具体化。晚景凄凉是一种最无奈、最悲怆的人生境况。说句实话，"没有老过"的年轻人确实很难换位思考或感受这种处境，但不能感同身受并不代表可以无动于衷、无所作为，甚至在一些做法上背离人情与常理。

这些年来"银发经济"成为一个流行词汇。市场力量，固然神奇，而通过市场机制，吸引更多社会资本进入养老产业，一定程度上确实能起到更好配置资源、提高养老服务质量和效率的功效。但这绝对不等于，我们可以眼中只有"经济"没有"银发"，换言之，绝不可以将这种"银发事业"简单当成一门生意去做，哪怕只是在一些地方、一些范围内也不应该。引入市场机制，绝不意味着公共财政"甩包袱"，更不意味着在这个特殊的"养老市场"内，老年人的晚年健康、幸福与尊严可以简化为单纯的货币关系、成为过于直接的物化利润。我们当然可以举出很多国外发达国家养老的先进经验，美国、日本、新西兰……先进做法当然需要借鉴，而超越具体的技术层面，我们更应关注的是其背后公共财政与公共部门的担当与责任，以及民意的监督与倒逼。更得要领的学习并非"术"的层面的模仿与追赶，而是对内在理念、机制的领悟与自省。思想是行动的先导，养老事业的"补课"，同样如是。

（2014年3月31日《广州日报》社评）

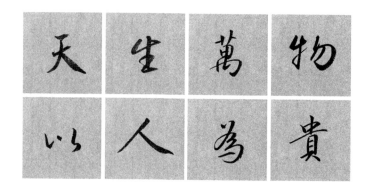

破解保障房"边缘"化，政府应有担当

政府本是一个利益相对超脱、视野更为宏观的主体，必须多一些公共服务提供者的责任担当和增进社会公平的历史使命。他山之石，可以攻玉。我们唯有从制度上、政策上确立科学的保障房工作路径，同时在博弈过程中打开大门，引入低收入群体这一最直接的"利益持份者"的声音，方能破解"保障房难保障"的困局。

最近，青岛一全国最大保障房社区因选址过于偏远，申请2年不足200份而引发吐槽。其实，这并不是新问题，近年来，在不少城市，类似问题屡见曝光，其背后的成因与负面效应，值得总结和反思。

对住房全面改革不过三十年的中国而言，保障性住房确实还是一个新命题，也引发了一些争议。比如，保障房的"公平"宗旨，其实是一个相对的概念，对于无奈求助于保障性住房的社会低收入者而言，它是公平的题中之义；但对于部分经过自身奋斗和拼搏"踮起脚尖"购买商品房的、收入略高的低收入群体来说，这里面或许就有某种不公。尤其是，当"选址"因素越来越成为舆论关注点后，关于保障房的公平讨论便变得愈加复杂。

目前舆论所诟病的保障房的选址"边缘"化问题，有着多方面的成因，粗略地看，往往主要体现于三个方面。

其一源于经营城市的理念。这三十多年来，在"经营城市"的流行理念（或潜意识）中，地方政府在城市发展的考量中引入了商品经济的"投入—产出"思维，具体到住房工作，其结果就是：对高溢价、高附加值的核心地块异常珍稀，千方百计"孵化"之后高价"上市"（招拍挂），而无利可图甚至倒贴钱的保障房项目，则安置于升值前景相对不佳、拆迁成本又极低的偏远郊区。这固然是顺从市场规律的做法，但是不可否认的是：也直接促成了保障房选址的长期偏远。香港作为世界上公认的住房问题解决较好的典范地区，在保障房的选址上同样有过沉痛的教训——位于香港新界北部远离市区的天水围，就因大量公屋集中而导致严重的社会问题。

其二，大地产商的游说。地方政府往往受到GDP考核的激励、受到地产商的游说，以前因为缺少一些监督机制，甚至一些官员直接与地产商形成不健康的利益同盟。一个很简单的道理是：与价格低廉、人口构成复杂的保障房毗邻而居，很可能拉低商品房地块的"层次"和价值；同时，核心城区的保障房供应增加，会直接影响同一区域商品房的市场需求。因此，大地产商会千方百计发挥其"经济支柱"地位的影响力，向政府决策施加影响。

其三，核心城区原有居民的邻避心态。正如"公交车理论"所描述那样，买了核心城区的住户，绝对会排斥、反对"低端"社区出现在自己旁边，以免影响自己房产的保值升值。这种心态也算是人之常情。

保障房被"驱赶"到偏远郊外，害处不言而喻。一方面是对保障人群的生活造成新的困扰。交通不便，显著推高了上下班的时间成本，一些人远离原工作单位而不得不辞去以前的工作；基本配套资源缺失，极大推高了生活的经济成本；远离市区核心公共资源，又会隐性地减少住户紧跟时代、全面发展、促进自身人力资本增值的机会和渠道，从而形成贫者愈贫的恶性循环。另一方面则容易造成贫富人群居住区域的泾渭分明。久而久之便会造成新的贫民区，既在治安、维稳方面形成新的压力，也会对社会阶层的良性流动与相互了解造成人为的隔阂。

解决这些问题，关键在政府。在纷繁的利益之结中，政府本应是一个利益相对超脱、视野更为宏观的主体，必须多一些公共服务提供者的责任担当和增进社会公平的历史使命。美国从20世纪70年代就改变了集中建设公共住房的做法，逐步实行不同收入阶层混合居住；香港特区政府在近些年的公屋选址上，会有意识适当与产业用地靠近，新建的居屋（其定位类似内地的经济适用房）也尽可能位于城区。他山之石，可以攻玉。我们唯有从制度上、政策上确立科学的保障房工作路径，少一些朝令夕改的拍脑袋式草率决策，少一些顾此失彼的偏袒式暗箱决策，同时在博弈过程中打开大门，引入低收入群体这一最直接的"利益持份者"的声音，方能破解"保障房难保障"的困局。

（2015年1月23日刊于《南方日报》）

神木医改：不仅仅胜在"不差钱"

> 神木医改确是"不差钱"的产物，但更可贵的还在于公共财政和政府公共服务理念、功能的回归。这，无疑才是神木医改给其他地方最大的启示。

曾经引起极大争议的陕西神木全民免费医疗已试点一年。近日，民政部社会福利和慈善事业促进司负责人在公开场合，对陕西神木全民免费医疗作出高度评价。

他说，此前知识界的主流声音是否定神木的，理由是：神木模式不具备可复制性，且可持续性存疑。但据他的核算，一年下来，神木县每人免费公费医疗花销是330元，若全国都按照神木标准实行免费公费医疗，4300亿元就可以实现。这一表态，和国务院常务会议刚通过的《关于公立医院改革试点的指导意见》一起，在新年之初给出了一个积极信号：医疗卫生事业回归公益本位，正从社会共识变成政府行动。

作为一个一度石破天惊的医改模式，神木全民免费医疗改革以其一年的成绩单，回答了当初一些人的疑虑——报销数额并非高不可攀，且出现下降趋势；全民免费医疗也取得良好的社会效益，一度是榆林市上访第一大县、群众"看病贵"反映强烈的神木，如今正逐步走向共享和谐。当然，我们并不指望这份成绩单的取得，能一次性扭转所有人的观念，毕竟，在"医疗产业化"早已深深嵌入体制肌体的大环境下，神木县的做法实在是太超前、太"个案"。那么，"神木模式"在其"个性"之外，又具备何种医疗卫生事业公益化改革的内在"共性"？神木，确实是一只值得好好解剖的"麻雀"。

先看"个性"。神木医改能在巨大的争议声中毅然推行，有两个"离不开"。其一，离不开当地雄厚的经济实力。近年来煤炭资源开发及电力、化工等产业的大发展，使神木县从贫困迅速"暴富"，2008年全县实现地区生产总值290亿元，县域经济综合实力居全国第59，西部第4，陕西第1。其二，离不开当地政府的决心和胆识。以令人咋舌的大跨步推行"全民免费"，其中风险可想而知，比如，可能会因财力难以为继，成为笑柄，也可能因木秀于林，招来其他地方的无形压力。实事求是地说，神木医改确是"不差钱"的产物，但更可贵的还是当地党委、政府的执政理念——道理很简单，全国百强县那么多，能够推出全面免费医改的，为何唯有神木？

这就回避不了神木对于医改的"共性"启示。透过新闻记者的观察，我们不妨来探究神木医改初获成效的秘密——近年，为保证民生投入，县政府新办公大楼工程"搁浅"；县政府至今没有一家像样的接待宾馆，不仅没有投钱建，反而把原计划修宾馆的地块拍卖用来新建县医院。而与这种"小气"形成鲜明对比的是，该县在"十大民生工程"上的"阔气"，如在教育方面，全面实施包括高中在内的12年免费教育，又如全面实施新型城乡养老保险制度，对孤寡老人、丧失劳动能力的残疾人等特困群体实行免费供养政策……很显然，"医疗全面免费"只是神木民生改革的突破口之一，而之所以能实现有效"突破"，则在于公共财政和政府公共服务理念、功能的理性回归。这无疑才是神木医改给其他地方最大的启示。

2009年，中央财政用于医疗卫生的支出预计为1266.7亿元。将这一数字与上文"（每年）4300亿元就可实现全国免费医疗"的估算相比，可见差距和缺口尚巨。仅凭这一点，我们必须做好心理准备："神木模式"的推广，又将是一个漫长的渐进过程，其难度绝对不容小觑。

（2010年2月8日刊于《广州日报》）

欲破民企"玻璃门"，先啃行政垄断"硬骨头"

> 必须清醒地看到，任何既得利益的破除都是一种艰难的较量，计划经济模式下因袭而成的行政性垄断以及由此而形成的"特殊利益集团"，显然会有维护既得利益的强烈意愿，以及对自身存在感的路径依赖。

日前召开的国务院常务会议上，听取了第三方关于民间投资政策落实情况的评估，结果显示许多方面政策落实还不到位。会议强调，要尽快在金融石油电力铁路电信等领域推出一批项目。而几乎与此同时，国务院批复同意设立"经济体制改革工作部际联席会议"，由35个单位组成。两则新闻报道都不长，但在党的十八届三中全会前出炉，其蕴含的积极意义和信号意味值得深思。

这两则新闻之间有着内在逻辑关联。从历史和现状来看，民间投资的活跃与否、民营企业的繁荣与否，最终取决于"官办市场"的开放度，其空间是否足以让民间资本插足、开枝散叶。而这种"官办市场"的开放度、民间投资繁荣的空间，又极大依赖于行政管理体制的自我革新。冗长拖沓的行政审批流程，延误了企业发展良机，吃亏最大的当然还是公权网络外围的民资民企；计划经济模式下"老子—儿子"的"行政—市场"配置以及现实遗存，更让某些行业管理部门在行使管理职能时下意识"护短""护犊子"，从而相应对试图进入市场的民间资本产生"排异"本能。其表现形式，其一就是部分对整个市场发育有害无益的行政审批，这是进入门槛；其二就是"部门立法"所形成的对"儿子企业"的过度袒护，时时便于向具有潜在竞争威胁的民资民企举起戒尺、大棒，这是竞争壁垒。

因此，一言以蔽之，繁荣民间投资，改变国资一统天下、高耗低效的"外部不经济"局面，关键是要在各政府部门之间进一步理顺行政管理关系、减少那些令人费解的审批事项、给市场更多的空间。

习近平总书记强调，敢于啃硬骨头、敢于涉险滩。（《习近平在广东考察时强调：做到改革不停顿开放不止步》，2012年12月11日。）李克强总理指出，改革进入攻坚期，再深的水也得蹚。新一轮改革，在进一步"改市场"的同时，必须同步推进行政体制改革，公权力必须以"自我革命"的决心和胆识，方能蹚过行政性垄断这一深水区中的深水区。唯有蹚过这道沟、跨过这道坎，改革才能迎来豁然开朗的新天地。今年市两会后，广州在全国率先大幅精简行政审批流程，为行政资源上占劣势的民资民企发展打开一扇大门，改写了"万里长征图"历史，如今这种"自我革命"正在逐渐释放改革红利。

然而也必须清醒地看到，任何既得利益的破除都是一种艰难的较量，计划经济模式下因袭而成的行政性垄断以及由此而形成的"特殊利益集团"，显然会有维护既得利益的强烈意愿，以及对自身存在感的路径依赖。从而试图以官办企业的强势地位，变相延续"老子—儿子"市场模式，遮蔽民资小苗头顶的政策阳光和雨露，"守护"部门的利益藩篱。亦因如此，尤需有一种来自"顶层"的力量，来强力化解这种内在的阻力。今年春，铁道部的拆分和回归竞争市场，使得计划经济"最后的堡垒"终于被攻克，其象征意义不言而喻，也显露了新一届政府推进行政体制改革、加快政府职能转变的决心。

这种"顶层的力量"，需要更加制度化的保障。"经济体制改革部级联席会议"的即将设立，是一个积极信号，显露了中央对进一步深化改革的最大难点的清醒认识和对策。这让人们很容易想起改革开放之初的"国家经济体制改革委员会"，由总理兼任主任，全面把控改革的总体设计。这种"顶层设计"的模式，极具权威和超脱性，对于具体事项的改革博弈，能从更宏观、整体的高度统筹兼顾，从而摆脱具体部门利益的阻挠和纠缠。"部际联席会议"的超脱性如何、协调力如何，值得期待，也有待进一步赋权。

（2013年9月9日《广州日报》社评）

停车费涨价能治城市"堵症"吗

> 必须正视城市治堵的现实难题，但在这一问题上，我们既要有超前意识，又不能过度超越发展阶段。停车费涨价，理由要让人信服，过程要经得起检验。

近期，咪表收费涨价一事，因本地代表委员的关注而再度通过传媒得以聚焦和放大。这是一个争论了多年的老问题。

城市停车费适度上调，以引导公众少开私家车、多利用公交系统出行，这一思路本身是对的，环视全球，巴黎、纽约、东京、香港，这也确实是绝大多数管理成熟城市的成功经验。城市是一个人口高度集中、资源密度极高的人类文明节点，因此人均、车均占有的空间资源必须尽可能提高效率。从这个大方向上看，提高城市核心区停车费，以价格手段抽疏城区车流量，有其合理性。

不过，在讨论"大方向"之前，我们也要明确一个"大方向"。让更多老百姓买得起车、用得起车，难道不是解决社会主义初级阶段"人民日益增长的物质文化需要同落后的社会生产力之间"这一主要矛盾的内在要求之一吗？更何况，鼓励买车，也是拉动消费、挖掘公众消费内需的政策初衷。让普通消费者一方面大力响应拉动内需政策、掏钱买车以支持汽车工业，另一方面又为养车付出更大成本。这种悖论式的治理逻辑，难免导致具体举措上的前后矛盾和抵牾。笔者认为，必须正视城市治堵的现实难题，但在这一问题上，我们既要有超前意识，又不能过度超越发展阶段。

而我们也知道，很多"大方向"上无比正确的事情，一旦进入具体操作层面，有时便会出现各种有违初衷的现象。停车费涨价，理由要让人信服，过程要经得起检验。而我们很多地方，往往在这些细节上授群众以话柄、留争议于民间。比如，黑停车场的公然存在和监管部门的视而不见，停车费涨价依据和论证过程的秘而不宣，巨额咪表停车费的去向不明……其背后缘由，无需赘言，无非"管理粗放"和"利益共谋"两宗罪。都说香港特区政府用停车费等手段对私家车进行严控，其实某种意义上说，港府对停车费正是采取"管"和"不管"的二元政策——对私人经营的停车场让市场说话，繁华路段收费可超50港元/小时，月租费更是达到亚洲首位；政府公营停车场时租则相对较低，而旨在作为临时停车之用的咪表，短时停车的价格更是低至2港元/15分钟（非繁华路段）。这就形成一个综合效果：短时停车不贵，充分尊重了车主权益，同时又对长时间停车者进行"惩罚性"收费。据了解，内地一些城市的咪表收费未来也将采用一些新思路，比如：区分高峰、低峰时段收费；停车费随着停车时间增加而阶梯式提高等等。精细化的管理理念还须精细化的举措和手段来落实，而自我革除利益的藩篱，更需要管理部门拿出加倍的决心和魄力。我们拭目以待。

城市治堵，还有另外一个"大方向"必须同步跟上，否则光靠停车费涨价，只能是跛足而行。那就是公共交通的补课。公共服务的提供总量，必须达到某种动态平衡，方能满足社会总需求。当在我们多数城市，本该作为基本公共服务的公交系统并不能充分高效地满足需求时，私家车这类本不算公共服务的产品便承担起部分职责，作为对公共服务欠账的"代偿"。反观香港，因为公共交通的高度发达，便捷性和舒适度能满足绝大多数市民的出行需求，因此，多数人对市区停车费的高昂并无切肤之痛，也怨言不多。

日前，同样是在地方两会上，"加大停车秩序执法力度"被写进北京市的政府工作报告。乱停车问题必须坚决治理、严厉执法，但我们绝不能忘记，城市交通是一个环环相扣的系统工程，乱停车背后，有着贪便宜的小市民心态，也有着城市管理上的复杂成因与偏差。唯有多些系统思维，方不至于头痛医头、脚痛医脚。

（2015年2月4日刊于《南方日报》）

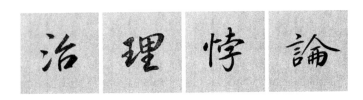

治理悖論

"中国大妈完胜华尔街"式自我陶醉当止

"中国大妈托市"的暂时巧合和幻觉,在真实的市场表现面前显得不堪一击。轻言"中国大妈完胜华尔街",不仅显得为时过早,这种夜郎自大的心态流露,也极易成为世人的笑柄。

五一黄金周前后,"中国大妈疯抢黄金"的新闻吸引了众多眼球,一些言之凿凿的说法是,"1000亿人民币,300吨黄金被大妈们扫了……华尔街投多少大妈们买多少,在这种对赌中,高盛已经率先退出做空黄金"。众多媒体、网友甚至兴奋地用"中国大妈完胜华尔街"来形容这种盛况和"胜利"。

这种自我陶醉的情绪多少显得可笑和危险。最近国际金价暴跌、中国散户狂热入市,这是事实。然而,整件事的荒谬之处在于,舆论对这些个别现象无限放大,以至于一些细节被人为戏剧化夸大,并以讹传讹,麻醉了国人,误导了公众。

"中国大妈完胜华尔街"说法之可笑至少有四:其一,4月12日和15日,美系基金联手在集中做空黄金后暂时没有进一步动作,这种观望和蓄势,更多是一种主动的谋略,与中国散户的抢购并无因果关系。其二,稍有常识便知,数百吨黄金的主力买家,不大可能是普通的"中国大妈",而必然是"特殊顾客"。其三,300吨实物黄金是个什么概念——中国黄金协会数据显示,2012年全国黄金消费量为832.18吨,若300吨黄金数据属实,则相当于全国全年(包含工业用金)总消费量的36%,或全国全年总产量的74.4%。"300吨"的水分值得高度怀疑。其四,目前全球存在伦敦实物黄金和纽约黄金期货两个黄金定价体系,由于实物黄金的交易量远非纽约纸黄金交易量可比，因此散户抢购实物黄金对华尔街掌控的国际金价的所谓对冲作用，可谓聊胜于无。

事实上，就在所谓"中国大妈完胜华尔街"后的5月2日凌晨，纽约6月份交割的黄金期货价格继续走低，创下4月15日以来最大单日跌幅。"中国大妈托市"的暂时巧合和幻觉，在真实的市场表现面前显得不堪一击。轻言"中国大妈完胜华尔街"，不仅显得为时过早，这种夜郎自大的心态流露，也极易成为世人的笑柄。无独有偶，近日一则高度疑似某房地产公司公关稿的新闻《美国市长感谢中国开发商》，在各大新闻网站占据了显眼位置。而细读新闻，文中提到的奥克兰市，面积仅146平方公里，人口仅37万，在加州尚只能排到第八大城市。中国开发商进军这样的市场，意义不能说没有，但拔高到这样的高度并麻醉国人，则显得可笑。

而比沦为笑柄更严重的，则是中国散户投资者受到的隐形蛊惑。有记者调查发现，5月1日前后各媒体报道的"中国消费者豪掷1000亿，狂扫300吨实物黄金"数据尚无明确来源，其最早可查出处便是国内某畅销财经书籍作者的一条微博。而"恰巧"这位擅长写金融史小说的"经济学家"曾被人讽为"黄金公司代言人"。其背后的利益关联，引人遐想。其实，一方面，黄金首饰与现货黄金并不是一回事，前者回购损耗过高；另一方面，黄金定价权一直牢牢掌握在欧美少数机构手中，怂恿散户蚍蜉撼树、对冲空方，如果不是别有用心，便是不负责任，中国散户投资者切莫把戏言当箴言，被"致幻剂"所害。

今天，"中国力量"确实有了质的飞跃，但我们仍属发展中国家，"10亿双袜子换一架飞机"的现状并未改变，在全球化经济链条中为人打工的总体定位并未改写。因此，在描述"中国坐标"时用词应尽可能避免浮夸和夜郎自大。中国梦的实现，需要脚踏实地、时刻保持清醒，万万不可自我陶醉于某些逻辑混乱、推理可笑的幻觉，牵绊了前进的脚步。

（2013年5月6日《广州日报》社评）

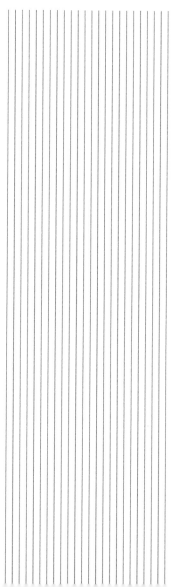

四

社会能见度

"路怒族"的症候分析与药方

真正职业化的老司机，反而较少呈现出"路怒"的种种举动。这一种可能性是他们早已"怒过"，为何"路怒症状"更多出现于非职业的、驾龄不长的司机身上呢？简单化地分析，一部分"路怒族"的怒气，往往来自手搭方向盘时仍然残存的、源于物质匮乏年代的深度不适应感。

最近，随着一则"成都一女子因突然变道被人打成脑震荡"的新闻的传播以及公众对此的讨论，"路怒族"现象再次受到关注。在广州，由于较早"仓廪实"并进入汽车社会，兼之相对温和的城市性格，"广州人开车文明"已经得到公认。但即便如此，"路怒症"依然在这里屡见不鲜，由此导致的摩擦和悲剧也偶有发生。因此，作为一种中国社会目前的共有现象，"路怒族"值得引起人们的反思。

"路怒族"一词，极为形象地勾勒出了当下"非职业司机"群体的最重要特征之一。这一特征，往往集中体现于私家车主，或者驾龄并不算长的司机身上，具体而言，就是一坐进驾驶座、一摸到方向盘、一踩到油门，脾气就会莫名地变得比平时烦躁焦虑得多，一碰到有人违反交通规则"侵犯""本尊"（如，被不太礼貌地变道超车、被后车打远光灯闪或者按喇叭）时，无名火便突然腾空而起，"国骂"滚滚而出，并可能伴之以行动的回击与挑衅，从"车斗"升级为"人斗"，一旦某一方擦枪走火按捺不住，则难免演变成暴力冲突。

而之所以说"非职业司机"，是因为我们发现，真正职业化的老司机，反而较少呈现出"路怒"的种种举动。这一种可能性是他们早已"怒过"，如今要么见怪不怪、淡然处之，要么有过惨痛教训、引以为鉴；另一种可能性则是职业化的驾驶令其从内心多了一份专业感、义务感和自律意识，总之就是不与你们这些"菜鸟"一般见识。

那么，为何"路怒症"更多出现于非职业的、驾龄不长的司机身上呢？当"路怒族"成为一种群体现象时，我们不妨从社会的鸟瞰视角来观察和剖析其微妙的心理学成因。

简单化地分析，一部分"路怒族"的怒气，往往来自手搭方向盘时仍然残存的、源于物质匮乏年代的深度不适应感。中国汽车社会的骤然来临，在节奏上超过了国人心理的适应性，以及国民素质的追赶步伐。"物质丰富"的幻觉，让年轻的驾驶者们多了几分浮躁，少了几分谦卑谦恭。

再往深处探寻，"路怒症"其中更有人性相通的元素。其一，性格中的逞能基因。不少国人内心深处埋藏着一股"好汉情结"，人争一口气，一旦感觉受到挑衅，则容易演化为怒火。当然，躲在汽车的铁皮壳里的挑衅也部分放大了安全感错觉。其二，蔑视弱者本能。观察可发现，相当一部分"路怒族"均属于"半桶水响叮当"的司机，觉得自己"开得不错"，因此当看到他人开车技术"很烂"乃至影响交通、阻碍行车时，难免优越生鄙夷，鄙夷生怨怒。其三，替天行道幻觉。绝大多数"路怒族"之所以理直气壮地或者在车内高声咒骂别人，或者摇下车窗愤然指骂他人，正是因为这种油然而生的正义感——尤其是觉得自己遵守了交通规则而对方"竟敢"破坏规矩时，这种被不平衡心理催化出来的正义感，更是瞬间暴增，从而急于"给对方一点教训"。这种替天行道幻觉不仅体现于"路怒司机"身上，同样也体现在一些围观者身上。

转型期的中国社会，得以维系社会公共道德的传统价值观在现代商业文明的冲击下，悄然消融和变形，在新的公共道德弘扬尚处在创建、调适和发育的缓慢过程中，传统道德观念中一些善的、有利于社会秩序的内容被摒弃，相反人性中一些固有的充满戾气的方面则变得更加醒目。这些恶化的表现，在上文论及的三种心态中，均能找到投射。

对于汽车文明相对发达的广州而言，解析这些症状仍然有着高度契合的现实针对性。消弭"路怒症"是一个系统工程，在广州"汽车社会"仍在升档提速的语境下，需要各方合力修炼的还有很多。比如，政府和社会对文明驾驶、安全驾驶的有意倡导和规范；又如，驾驶者个人对驾驶陋习的自觉摒弃，以及对用暴力手段"替天行道"冲动的自我否定与遏制；再如，在城市交通设施的设计和规划上多些精益求精的劲头，尽可能提高人性化、便捷化程度，减少道路摩擦的必要性和可能性……这些，既需要水到渠成的培育和涵养，又必须辅以必要的人为努力和引导。

（2015年5月8日刊于《南方日报》）

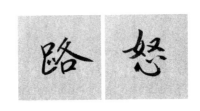

"抹黑对手"比有毒食品更"毒"

> 我们必须形成这样的司法共识——上述种种绑架并可能摧毁公众日常食品安全感的行径，决不能按照常规做法，仅按"损害商业、商品声誉罪"从轻发落，而应与"扰乱公共秩序罪"等罪名叠加处罚，以儆效尤。

近日，因《金龙鱼，一条祸国殃民的鳄鱼》一文成名的郭成林，又因涉嫌损害金龙鱼商品信誉罪受审。最惹人关注的是：郭成林受聘于鲁花的公关公司北京赞伯。因此，检察院认为鲁花的这位"公关代理人"抹黑了竞争对手，应该负刑责。

又是一起"抹黑"事件。尽管近些年食品安全新闻一再刷新人们的接受底线、挤占人们的记忆空间，但有一些闹剧却因其鲜明的特征而让人记忆犹新——去年秋，蒙牛利用公关公司有组织、有预谋、成规模地"抹黑"竞争对头伊利，曾经引发国人一场虚惊。随着权威部门的认定，"抹黑门"水落石出。

抹黑难道成了某些食品行业的"行规"？食用油行业倾轧早有前科：据曝，早在2004年鲁花就有过一起针对金龙鱼的"幕后操盘案"，发动很多媒体刊登了一则某粮油学会斥责金龙鱼1∶1∶1调和油涉嫌虚假宣传的声明。但事后鲁花负责人却对媒体坦承，这些声明一部分是鲁花出钱做的。去年的"抹黑伊利"案中，媒体也翻出旧账：其实伊利也不是什么省油的灯，早在2003年伊利就雇用北京一公关公司以"软文"方式大肆贬损蒙牛，"公关"费用高达592万元。

看来，并非所有人都具备"共同把蛋糕做大"的智慧与胸怀。若这种相互抹黑只是发生于少数人享用且替代性极高的奢侈品品牌，倒也罢了，偏偏接连发生在人们每天都不可或缺的日常食品领域，在公众食品安全忧虑较重的今天，这种为了商业利润而绑架消费者的行径更加让人难以容忍。其行为，早已超越单纯的恶性竞争，而演化为一种戕害公众安全感的公共事件。动机决定影响。从权威部门已披露的事实看，无论是轮番的"抹黑金龙鱼"还是此前的"蒙牛伊利互抹"，都不像是出于"道义"或"社会责任"的不平则鸣，而有着高度明确的一己私利。抹黑金龙鱼者，无非是抓住世人对转基因原料的顾虑心理大做文章，为自己进军坚果调和油市场扫清障碍；蒙牛抹黑伊利，更是"广泛发动群众"，以儿童家长、孕妇等身份"控诉"伊利儿童奶易致"性早熟"，大声疾呼"救救孩子"。

市场经济是诚信经济，用如此不堪的手段贬损竞争对手、扰乱市场秩序当然应受道德谴责，但道德的血液不是天上掉下来的，必须以严厉法律予以保障。而且，我们必须形成这样的法治共识——上述种种绑架并可能摧毁公众日常食品安全感的行径，极大影响了公众日常生活与社会秩序，决不能按照常规做法，仅按"损害商业、商品声誉罪"从轻发落。我们遗憾地看到，3月14日蒙牛抹黑伊利案刚刚判决，便出现食用油行业的抹黑案。殷鉴未远，何以重蹈覆辙？从"抹黑伊利案"的判决结果可以猜出某些缘由——6名被告人被裁决犯损害商业信誉、商品声誉罪，分别被判有期徒刑1年、缓刑、拘役和罚款。处罚如此轻飘飘，岂能吓到蠢蠢欲动的后来者？其结果很可能是间接鼓励了他人效尤。

问题食品事关民族形象，事关百姓最基本的安全感。当我们强调"重典治乱"之时，对这些妖言惑众、影响特别恶劣的"伪食品安全问题"，决不能以其"没有对消费者造成实际危害"为由放其一马，而应与"扰乱公共秩序罪"等罪名叠加处罚，以儆效尤。

（2011年6月13日《广州日报》社评）

"制度性冷漠"，只能靠"制度化修补"

"人性化操作"治愈不了、更违抗不了"制度化冷漠"，且其持续性和实际效果也没人敢于乐观。唯有进行制度化修补，方有望从顶层设计的高度为储户办事开拓更多选项。

几天前，因银行要求改账户密码必须本人亲自来，七旬病重老人在家属安排下乘救护车到达工商银行西安某支行，并被担架抬进银行。此事引发舆论哗然后，工行道歉表示应"特事特办"，将严肃处理责任人。无独有偶，昨天又一相似事件见诸报端——广东高州市一老人由于中风无法行动，家属代为到当地信用社取钱，信用社要求老人亲自来，家属将病重的老人拉到信用社，这么一折腾，老人当场猝死。

极端事件，偶尔出现，尚可称之为"个案"；一旦接二连三，则容易让人联想为"现象"。因银行工作人员的"死板"甚至"冷血"，造成的类似事件近年不绝于耳——2008年，浙江一80多岁老人，因病卧床被家人抬着到银行修改密码；2008年，云南94岁刘大爷病重住院，女儿拿着相关证明去银行修改密码，吃了4次闭门羹；2009年陕西70岁的老人因肝癌住院，被家人抬上轮椅去银行修改密码……当"老人被抬进银行"一次又一次重演，这便不再只是所谓孤立事件，而亟须进行系统性反省。

一些银行在这一问题上传递给外界的这种"冷漠"，固然体现了具体工作人员"服务意识的欠缺"，但我们需要更深一层思考的是：工作人员面对此类"特殊储户"的习惯性回绝,到底是个体的冷漠还是制度的冷漠?除去普通银行柜台人员重复性劳动所形成的职业麻木感外,真正让他们能够理直气壮、不假思索踢起皮球的,恐怕还是写在他们工作手册上类似"修改账户密码须本人办理"等不容商量的冷冰冰条文。很显然,这些规定在制定时,并未充分考虑到"本人"不能亲临银行的特殊情况,留下明显的"制度硬伤";而所谓可以通过公证授权代理人办理的规定,又因普通公民对公证的陌生、手续的繁琐而令当事人望而却步。

因而,对于这种"制度化冷漠",不难想见,所谓今后将更注重"特事特办""温情服务"的官方回应,最多只能起到某种内部倡导的润滑作用,而难以从根本上杜绝类似事件的"春风吹又生"。常识告诉我们:"人性化操作"治愈不了、更违抗不了"制度化冷漠",且其持续性和实际效果也没人敢于乐观。更何况,以"变通"来修补制度缺陷,本身也是对制度刚性的一种背离,不应该成为一种常态加以弘扬。相反,唯有进行制度化修补,方有望从顶层设计的高度为储户办事开拓更多选项。

其一,法律是否应介入?银行某些明显不近情理的规定,是否涉嫌设置不必要的消费障碍,法律不应长期缺位。其二,管理部门是否应介入?银监会、央行在游戏规则的制定上,应多一些"换位思考",在确保账户安全的前提下,增加制度的灵活性、人性化,以制度的力量"要求"银行工作人员为储户提供更体贴的服务。其三,配套措施是否有待完善优化。比如,公证这种公共服务应该更便民,全民征信系统应更健全和便捷,以此适应市场经济(信用经济)的要求,降低普通人出具信用证明的交易成本。

此外,在目前银行尚未真正完全竞争、身上行政垄断色彩依然浓厚的现实语境下,"公字头"银行机构适度承担社会责任、适度关爱弱势草根人群,避免"选择性接轨"、过早沦为"认钱不认人"的商业机器,也算符合"权责对等"的原则,银行自身有义务有所担当。

(2013年10月19日刊于《广州日报》)

代表委员真知灼见不应成"流星"

> 显然并非所有部门都有"革自己命"的胸怀和勇气，面对这些提案议案，一些部门自然不敢为、不愿为。要从外部压力机制上对这种"答复"予以保障，以机制的力量来确保切中要害的提案议案不被部门利益"消化"和"贪污"。

年年"两会"，今又"两会"。每逢此时，总有一些代表委员的真知灼见引起公众的强烈共鸣，如今年陈华伟代表的"机场建设费该公开数目和去向"、吴晓灵委员的"中国银行业巨额利润确有不合理之处"等等，可谓剖析一针见血、对策可资镜鉴。

然而遗憾的是，这种"聚焦效应"虽然推动了诸如"利息税"等许多问题的解决，但多年以来总有很多目光如炬的建议、提案或议案，在"两会季"如流星划破长空后，便怅然归于沉寂与落寞，或者如泥牛入海杳无音信，而其所针对的现实问题依旧。

这种无奈，无疑值得反思。究其原因，无非有二。

一方面的原因，当然是出在职能部门身上。其一，出于"无过便是功"的心态，一些职能部门对代表委员的提案议案，缺乏热情和敬畏心，拖沓敷衍、踢皮球，往往以程序化的只言片语应付过去，甚至涉嫌造假。如2010年两会，全国政协委员王玉凤提交了一份关于"英才培养"的提案，一年过去，音信全无。后经查询竟发现，相关部委在办理提案情况说明中称，"与提案人及时沟通，得到了提案人的肯定"。如此"被肯定"，令王委员颇为不满。其二，如今越来越多的提案议案触及到改革的"深水区"，所针对的问题又往往触动相关职能部门的既得利益。显然并非所有部门都有"革自己命"的胸怀和勇气，面对这些提案议案，一些具体的涉事部门自然不敢为、不愿为，抵触情绪强烈，从而令其拳打棉花，将其凌厉锋芒化于无形。

另一方面，我们一些代表委员亦当自省：为什么自己的建议得不到尊重。一些代表委员有点"取巧"，往往将最近媒体关注的热点新闻搬来作为自己的"素材"，过于追逐热点、眼球，自己思考不足、见地有限，这样重复性的提案议案，不仅让人审美疲劳，也浪费公共资源。同时，一些代表委员又有些"偷懒"，平时不烧香急时抱佛脚，其发言、建议或提案有拼凑之嫌，或者不切实际，或者肤浅、傲慢。如"春运一票难求源于票价太低""电信行业有竞争不算垄断""应给公民设立道德档案""大学生掏粪可改变中国掏粪现状""卖淫应合法化"……这些"雷人提案"娱乐有余而意义不足，损伤了两会"共商国是"的庄重特性。对这样的提案议案，职能部门恐怕也只能哭笑不得、苦于应付。

因此，欲令提案有回音，功夫还在"会"外。对代表委员而言，应注重日常履职，不应将代表委员仅仅视作荣誉称号、将进京赴会仅仅看成政治荣耀，更不应将两会视作个人表演的舞台，少搞一些在人民大会堂门口唱歌、跳舞、秀旗袍等"自降身价"的"奇招"，多一些深入思考、诚实履职的实招。而对于职能部门而言，一方面，要练就沙里淘金的本领，让有见地的提案议案起到推动本部门工作的功效；另一方面，更要从外部压力机制上对这种"答复"予以保障，加大透明度和公众监督力度，以机制的力量来确保切中要害的提案议案不被部门利益"消化"和"贪污"。

（2012年3月12日《广州日报》社评）

以"占领华尔街"为鉴，可以正衣冠

前事不忘，后事之师。讽刺的是，一个多月前，美国人可能还在以事不关己的心态闲看英国、北非、中东等国骚乱的热闹，没想到这么快火就烧到自家身上了。这也给了我们某种前车之鉴。

日前，席卷美国的"占领华尔街"运动，已蔓延至近千座城市，从繁华都市纽约、洛杉矶，到西北小城波特兰、南方腹地休斯敦，概莫能外。虽然美国社会抗议活动一直很多，但此次规模不同以往。从刚开始的小打小闹，到如今一花引出百花开并且呈组织化，逐步发展成"占领华盛顿"甚至"占领全国"态势，可谓愈演愈烈。

这一事件极富戏剧性。昔日惯常于在别人家里搬弄是非的山姆大叔，这次也中招，后院起火，颇为狼狈。一系列突发事件，可以用"出乎意料、难以名状"来形容，不妨做一个白描：这是一场毫无征兆却应者云集的"轻度骚乱"，由一个名不见经传的小网站发起，然后以爆炸式力度引发共鸣和协奏；这是一群身份各异且面目模糊的示威者，他们来自各个阶层、群体和行业，既有失业者、流浪汉，也有产业工人、学生甚至名流；这是一个有点像宣泄狂欢却被不同政治势力借机利用的闹剧，示威者用不同于中东、北非甚至英法骚乱的非暴力、更平和的方式表达诉求，但其政治色彩却在逐渐累积，民主党、共和党对事件态度渐显明晰和迥异：总统奥巴马间接表达对示威者的同情，而共和党总统参选人凯恩则借题发挥，试图将示威者的怒火引向由民主党主政的白宫……

用辩证法的眼光看，万事皆有因果。这场似乎是突如其来却转瞬"风起云涌"的运动，绝非一起简单的孤立、偶然性事件，而有着复杂的、深层次的政治、社会和经济原因。三年前的经济危机，对美欧经济体的挫伤至今未愈，甚至有旧伤复发之虞；美国政治的权钱交易、垄断大企业对美国政治的影响，令普通美国人感到深重的"无力感"；贫富差距的凸显、社会不公问题的频发，在边缘民众中积攒了颇多怨气……某种意义上说，这是美国人对本轮金融危机始作俑者——贪婪的华尔街金融精英们的一种"延迟讨伐"。如今随着经济形势再次滑落（复苏乏力、美债信用降级、高失业率），齐心抵御萧条的号召作用减退，民众忍耐力终于到了一个爆发点。再交织着反战情绪的因素，美国社会99%的"沉没的声音"找到了一个宣泄不满和愤懑的出口。各种迹象表明，繁荣的表象下面，今日美国社会的深层裂痕正在日益得到裸露和放大。

前事不忘，后事之师。讽刺的是，一个多月前，美国人可能还在以事不关己的心态闲看英国、北非、中东等国骚乱的热闹，没想到这么快火就烧到自家身上了。这也给了我们某种前车之鉴。稳定是家国之福，社会公平正义是社会和谐的必要前提。而欲达成并维护此局面，转型期的中国仍亟须应对一系列重要课题、严峻挑战乃至"四大危险"。同时，行业差距、城乡差距仍然巨大，三公消费居高不下，"底线民生"和"热点民生"成为当务之急，巡视组天价接待费、垄断油企天价吊灯、电企逼宫涨价、基层矛盾积累……如何打破不必要的垄断，将权力关进笼子，让基本公共服务温暖"底线民生"，让草根们也能走进"春天里"，将超警戒线的基尼系数降下来，让贫穷不再"代际传递"……我们的压力并不轻。唯有以他人教训为镜鉴，正自己之衣冠，我们方能维护好、利用好当前来之不易的稳定发展环境，让民族复兴之路走得更稳更畅。

（2011年10月10日《广州日报》社评）

新西兰强震零死亡，"幸运"并非偶然

新西兰的这次强震，带有明显的"幸运"成分。但我们理应清醒看到，这种"幸运"，绝非单纯的"听天命"，而有着甚为关键的"尽人事"的巨大功效。

4日凌晨，新西兰克赖斯特彻奇市发生7.1级浅源强震，建筑物、道路、桥梁和车辆受损严重。然而，堪称奇迹的是，在这场发生于人们睡眠之中又如此接近市区的强震中，竟然只有两人受重伤，没有人员死亡报告。

之所以称之为"奇迹"，是基于数据对比——今年1月，海地发生7.3级地震，共造成近30万人死亡；去年4月，意大利中部地区发生6.3级地震，造成两百多人死亡，逾千人受伤……

同样是超过6级的强震，何以新西兰能创造无人死亡、仅2人重伤的奇迹？专家分析，原因有四：其一，不属于直下型地震，伤亡往往较低；其二，克市虽然是新西兰第二大城市，但人口密度相对较低；其三，房屋抗震性能高，新西兰通过立法确保基础设施建设质量，针对民居抗震质量建立了完善的监管制度；其四，严重地区地属商业区，由于地震发生时间是星期六凌晨，该区人员稀少。

对地震等严重自然灾害，目前人类的预报能力还非常有限，因此，很多时候我们只能"听天命"，祈求灾害来得温柔些再温柔些，且最好

233

不要发生在人口密集区。如前所述，新西兰的这次强震，就带有明显的"幸运"成分。但我们理应清醒看到，这种"幸运"，绝非单纯的"听天命"，而有着甚为关键的"尽人事"的巨大功效。一个很浅显的事实是：克赖斯特彻奇市人口密度再低，也有40万居民，商业区人员再稀少，也算繁华城区，能做到无一人死于地震，绝非"人口密度低"可以简单化解释。

新西兰人是如何"尽人事"的？我们知道，新西兰位于环太平洋火山地震带上，是地震多发国，平均每年会发生逾14000宗地震。因此，政府和民间对防灾减灾高度重视。首先，对建筑抗震研究投入巨大，不仅其结构隔震减震技术世界领先，而且还摸索并推广了物美价廉、抗震强度较高的轻型木结构建筑。其次，就是民居抗震设计和监管极其严格。这就是为什么我们从现场照片来看，尽管地震造成房屋损毁严重，但绝大多数房屋的框架仍然完好，不致对居民造成灭顶之灾。而更不容忽视的是，新西兰政府高度重视对公民的防灾、减灾教育。多年来，该国民防部都会印制各种防御具体灾害的宣传品，所有公民人手一套，经过长期的普及教育，普通民众大都清楚地震发生后该如何应对。

这些成功经验，在同为地震高发带的日本更为突出。在这个每年地震达数千次的岛国，除了预报技术先进、房屋抗震性能优异、灾后救援能力强外，政府和国民的防震意识和认真程度更让人叹服：日本国民从小学到高中的12年里，大概要接受30多次震前演练（而且很少是"应付性""预设型"演习），再加上其他各种地震演习，让他们对如何应对地震早已形成本能反应，因此当地震降临时，他们才可以做到从容应对。

有人可能会说，新西兰和日本都是地震多发国，他们唯如此方能生存，其经验对其他国家未必适用，至少成本太高。其实这种观点（或潜意识）害处极大。须知，自然灾害正因其不可预测，方显其巨大破坏力，而如果人类再略显懈怠，则其破坏力又将倍增。生命是最宝贵的，为了最大限度地拯救生命，在防灾减灾上再多花些成本都是值得的！

（2010年9月6日《广州日报》社评）

袁厉害的"善行"为何没得到善意监护

辨析和讨论袁厉害收养弃婴行为的动机与道德问题，只是此次大火烧出的浅层问题。爱心事业，因其独特的属性，尤其需要政府职能部门的"爱心护航"。这种"护航"更应是一种守护、监护——它的第一层含义是"呵护"，第二层含义则是"监管"。

一场大火，夺去了河南兰考数名弃婴的生命，也瞬间焚毁了弃婴收留者袁厉害头顶"爱心妈妈"的光环。

一个20多年来用自己微薄收入收留了近百名弃婴的平凡妇女，一个给了近百名遭父母抛弃的可怜孩子第二次生命的中年小贩——我们首先必须承认，其行为达成的客观效果是积极的，正是这种微弱民间力量的介入，对冲了一个特定区域可能存在的人道风险和公权缺位。我们注意到，兰考县5日新闻通气会对袁厉害的最终定性，其行为"是一种珍惜生命的行动，是一种社会责任担当的爱心行动"。

其实辨析和讨论袁厉害收养弃婴行为的动机与道德问题，只是此次大火烧出的浅层问题，真伪是非如何，随着时间推移并不难弄清楚，更深层次的反思还是：如果没有这场大火，袁厉害的个人救助行为还会不会转瞬间成为"违法收养"？如果没有这场大火，她那极度有限的收养能力和逼仄窘迫的家庭环境，会不会为有关部门敲响警钟？又还有多少像袁厉害这样的普通民间爱心人士的爱心事业，仍处于化外之民般的尴尬处境……

爱心事业，因其独特的属性，尤其需要政府职能部门的"爱心护航"，而不是"大撒把"式的相反做法。这种要求源于现代政府的公共属性，公共权力的运行必须以公共利益为最高宗旨，如何为公民提供与政府能力相匹配的公共服务，当属所有公权部门的基本职业伦理。

这种"护航"，"护"当然是第一位的，但也绝非单纯的放任甚至祖护，而更应是一种守护、监护。它的第一层含义是"呵护"，第二层含义则是"监管"。

纵观近些年有关职能部门对待慈善、公益等"爱心事业"尤其是民间爱心事业的态度，能达到第一层要求（呵护）已属不易。仍以兰考火灾为例，袁厉害20多年靠摆摊养育着大批弃婴和孤儿，一个事实毋庸置疑：袁厉害曾被媒体大量报道，她收养弃婴条件之简陋、孩子们生活环境之粗放，当地有关部门没理由、也不可能没有耳闻。然而，当地有关部门充其量只是"默许"了袁厉害的家庭收养行为，却没有在发挥自身职能、为弃婴提供完善的公共服务上下更多工夫。相反，火灾发生后有关方面的第一反应竟是将责任全数推给袁厉害，俨然有将这位曾经的"爱心妈妈"形容成"黑心妈妈"之势。此种过河拆桥，令爱心人士齿寒；这种尸位素餐，显然与"逢山开路、遇河架桥"的实干精神相悖。

至于第二层要求（监管），更有整体缺位嫌疑。由于公益组织、慈善团体的特殊性，主管部门在监管上过于宽松、宽容，我们不妨称其为"尊重式忽视"或"重视式纵容"。近几年郭美美、"卢美美"、红会官员公款买内裤、过期学生营养餐、红会万元餐、买卖献血证等负面事件频频在民间曝光，让公众偶然管窥爱心事业巨大的监管黑洞。这种监管缺失，挫伤的是爱心事业的公信力，损害的是职能部门的公共形象。此次兰考火灾，也充分暴露了这一点。袁厉害家极其简陋的条件、显而易见的安全隐患，有关部门显然玩忽职守，并未真心重视、用心帮其整改和完善，方才酿成惨剧。袁厉害非官方的草根身份，不应成为其私人收养所受到漠视的理由；同理，她头顶"爱心妈妈"的社会赞誉，亦本不应成为监管上网开一面的借口。

火苗吞噬了生命，也暴露出"违法"的爱心与缺失的救助、缺位的监管之间的矛盾。缺了公共权力的善意监护，"袁厉害们"就算没遇到火灾，也很难走得更远……

（2013年1月7日《广州日报》社评）

"创收文化"不破，公路乱收费难止

在这种亚文化熏陶下，拿公权创收成了"本事"，在一些地方、一些部门出现了"八仙过海、各显神通"的奇观。面对公路乱收费的"国情"，若不树立有关部门的公共服务意识，割断一些地方和部门与民争利的潜意识，纵然这次审计署的曝光和整治能有所斩获，过不了多久，类似问题恐怕还会"前度刘郎今又来"。

16个省市在100条（段）公路上违规设置收费站158个，违规收取通行费149亿元；而一些允许收费的经营性公路，收费期限过长，通行费收入竟高出投资成本10倍以上……

这是国家审计署27日在2008年第2号审计公告中披露的细节。由审计署担纲对公路乱收费问题进行审计和曝光，确属近年鲜见之举。而这一新闻之所以引起公众高度关注，原因无非在于：其一，泛滥的公路收费站这个"钉子户"已让国人忍无可忍；其二，鉴于"审计风暴"的巨大威力，人们期待此次审计部门的介入能成为整治公路乱收费的一个契机。

这种心情绝对是可以理解的——中国的收费公路比例之高，在全球可谓名列前茅（占全球70%）。在我们并不遥远的记忆中，还遗存着一段令人脸红的日子：20世纪90年代，似乎一夜之间，我们脚下竟难觅几条免费公路；一条年久失修的国道上，每个县都可以在自己地盘上随意设卡收"养路费"。明明是"国道"，却成了某些地方政府（部门）的取款机。这种令外国人难以置信的地方政府行为，随着中央的再三严厉整顿，终于有所缓解，但依然积垢难除——从审计署的公告中，诸如"违规设站""提高收费标准""将政府还贷公路随意转为经营性公路等"这样的描述随处可见；再比如，在一些省市，二级公路的收费比例竟高达92%，无异于将政府提供公共产品的责任转嫁给了公众。

客观地说，这种公路乱收费的奇异景观，是转型期中国在自己独特发展模式下出现的一个"必然"。改革初期，由于资金奇缺，面对陆地交通的巨大瓶颈，利用民间资金"借鸡生蛋"大建公路具有历史合理性，也促进了交通大发展。考虑到这一历史实情，既然承认了其历史有效性，则我们不得不直面其"副产品"——政策性"开闸"之后，洪水一泻而出，泥沙俱下，这时再想封闭闸门，一是洪水已经泛滥，二是阻力和难度太大。那么，如何在既成事实的框架下和"余痛"中，尽量减少一些部门和地方浑水摸鱼、恶意扩大收费范围、拉长收费时限的行为呢？

归根结底，这是一个如何遏制某些地方或部门——这种最不该与民争利的组织——谋利冲动的问题。改革开放后，"致富"得以提倡，但不少地方和部门也加入其中，进而演变成了一种非鹿非马的"创收文化"。在这种亚文化熏陶下，拿公权创收成了"本事"，在一些地方、一些部门出现了"八仙过海、各显神通"的奇观。这时，"有根有据"地援引红头文件"合法"创收便成了最便捷的路径（而这种"援引"中，显然不乏有意无意的曲解和移花接木）。公路"收费还贷"，既简便又实惠；"要想富、先修路"也变形为某种杀鸡取卵式的"开发"……

很显然，面对公路乱收费的"国情"，若不树立有关部门的公共服务意识，荡清这种"创收文化"的潜规则，割断一些地方和部门与民争利的潜意识，纵然这次审计署的曝光和整治能有所斩获，过不了多久，类似问题恐怕还会"前度刘郎今又来"——而这，又涉及公共财政的行政体制改革问题，更是任重而道远。

（2008年2月28日《广州日报》社评）

"环保风暴"再起，今番剑指何方

> 沉疴必用虎狼药，矫枉难免会过正。对长期罔顾环境和人民的呻吟、只图自己利益增长的企业和地方来说，此次遭封杀，正可谓咎由自取。

1月10日，环保总局通报1123亿元的82个严重违反环评的项目，对唐山、吕梁、六盘水、莱芜4个行政区域和大唐国际、华能、华电、国电四大电力集团的所有建设项目实行停批、限批。这一记杀手锏，名为"区域或者企业集团环评限批"，即对违反环评、"屡教不改"的地方和企业的建设项目，从环评审批环节，全部予以"封杀"。

值得特别关注的是，这是环保总局成立近30年来，第一次启用这把"尚方宝剑"。因此，此番"祭剑"，可谓剑光闪闪、威风凛凛。

当然，对这一新式武器，人们褒贬不一。很多人叫好，因为只有下狠招才能遏制高污染企业的盲目投资冲动；而一些利益受损企业则大声鸣冤，称"如此'连坐'，有一刀切之嫌"；更有一些观察家清醒指出，由于环保总局无法直接叫停建设项目，污染企业极有可能把"封杀令"当作"耳边风"。

近几年"环保风暴"频刮，其直接目标，无疑是打击高耗能、高污染企业，并杀鸡骇猴以儆效尤。固然，诚如有人所说，环保工作不能仅靠风暴，更在于常规性工作。但我们必须考虑这样一个现实：环保部门一直是个弱势部门，近年之所以迅速闯入公众视野、因媒体的关注而变得逐渐强势，"风暴"实在功不可没。同时，正如国家环保总局官员所言，"环保总局掀起'风暴'的确是因为忍无可忍"：2006年平均每两天就发生一起严重污染事故；去年环保总局停批、缓批对环境有影响的项目163个，投资额达7700多亿元，其中50%以上是钢铁、火电、石化等高耗能、高污染项目。国家发改委主要负责人12日也强调：2006年我国经济增长所付出的代价太大，一个突出的问题是资源环境矛盾日趋尖锐。

沉疴必用虎狼药，矫枉难免会过正。对长期罔顾环境和人民的呻吟、只图自己利益增长的企业和地方来说，此次遭封杀，无异于一记响亮的耳光。而且，"一刀切"式的封杀，虽可能殃及无辜，只是所谓"次优选择"，但从环保部门目前可以利用的政策来说，应该说已是无奈的"最优选择"。从2005年重点查处电力行业的第一次"环保风暴"，到2006年重点查处化工行业的第二次"环保风暴"，再到几天前掀起的以"区域限批"为着眼点的第三次"环保风暴"，环保力量的一次次爆发和发挥实效，引人深思并带来积极信号。

"环保风暴"频刮，其终极目标，则是民生。查处污染企业也好、区域限批也好，都并非为了治污而治污，而是为了呵护公众的生存权和健康权。当前，我国流经城市的河段90%受到严重污染；75%的湖泊出现富营养化；全国近1/3的城市人口生活在严重污染的空气环境中。松花江重大水污染事件后，国家环保总局调查发现：2万多家石化企业基本在江河边和人口稠密的饮用水源地；更为严重的是，45%的化工企业存在严重环境风险隐患。去年甘肃"血铅事件"，就是企业利润、地方GDP政绩与民生不对等博弈的一个典型恶果。近期，《中国公众环保民生指数》公布，86%的公众认同环境污染对现代人的健康造成了很大影响，81%的人饮水思"危"，73%的人忍"气"吞"声"……环保，已然成为关系民生、社会和谐的重要社会问题。正因如此，2007年环保指标将被正式列入全国党政领导干部政绩考核内容。

"环保风暴"已起，终将剑指重污染企业，呵护民生。它能否摧枯拉朽、激浊扬清，还公众一个青山绿水，人们心存希冀。

（2007年1月17日刊于《广州日报》）

挑战底线的东航"罢飞"须严惩

> "罢飞"事件是一次挑战行业底线的重大丑闻，必须严厉谴责、严肃处理。公众期待着，主管部门能尽早对此事有个严肃的处理结果——这种处理，不仅要针对肇事飞行员，也要针对管理失责、激化矛盾的航空公司；公众更期待着，这一事件也能成为推动航空业内部制度补漏和改革的契机，从而从根本上消除这种恶劣事故的"下一次"。

近日，东航云南分公司14个航班的飞行员，因劳资纠纷，相继在到达目的机场上空后集体强行返航。这一恶性事故以及航空公司事后的托词，引起了公众的强烈不满。

昨晚，在笔者发稿时，此事突然有了最新进展——东航向受影响旅客致歉，并正在对"集体返航"进行调查，如果证实确因人为因素，将严肃处理。与此同时，中国民航局也对此事作出回应，派出工作组进行调查。有关官员强调，如发现飞行员有悖职业道德的行为，将严肃处理。看来，坊间网上、新闻媒体对此事一连几天的追问并非毫无收效。

纵观此事，公认的导火索是：东航的一些飞行员对薪酬不公现状不满，申诉无效，亮出了"撒手锏"。先不论何等"不公"，又何等"不满"，请问，如此"绑架"乘客的野蛮行为，是否已经突破"游戏规则"的底线？作为极端复杂的准军事化交通运输方式，航空业必须遵守诸多最基本的原则，比如航线必须受塔台控制、起飞前必须进行例行检修、乘客登机前必须接受严格的安检等等。我们常在新闻里看到，某某乘客因不遵守航空规章而被"依法控制"；依照此理，擅自野蛮"劫机"、徒增乘客空难几率、扰乱正常航空秩序的这些飞行员，是否也应受到航空法规的严办呢？

我们再来看看，薪酬为普通人十余倍的飞行员，遭遇了何种不堪忍受的"不公"？无非是这些飞支线航班的飞行员，拿的"小时费"少于干线航班飞行员罢了。不公固然不妥，但请问何处能做到绝对公平？这些飞行员只盯着自己和其他飞行员的薪酬差距，却没看到自己和普通人的薪酬差距。试想，如果各行各业的人都这般"比"下去，岂不要一个个怨气冲天？而如果每个不满于"不公"者，都这般滥用职权以示抗议，电工拉闸断电、水库员工开闸放水、警察将犯人放虎归山……社会岂不早就乱了套？

当然，作为消费者的乘客，只需找航空公司算账。因为与他们订立商业契约的，只是航空公司，而不是飞行员。航空公司因为自己的管理过失，导致乘客利益受损、心理受惊，就有义务为此作出违约赔偿。遗憾的是，当事航空公司直到前天，仍然掩耳盗铃式地坚称"返航"是因为"天气原因"，试图以此掩饰丑闻，逃避赔偿。国际上的商业常识告诉我们，面对难以逆转的负面事件，越早主动公布实情，越易获得公众谅解，弥补品牌受损。不幸，国内一些企业仍停留于"半官方"的计划思维和霸王思维，明知有错，却不知道"认错"二字怎么写，只知条件反射式地捂盖子、粗暴对待公众质疑。这种令人惊诧的可笑举动，让人不得不怀疑其企业诚信度和最基本的判断能力。如今，在各方压力和舆论的口诛笔伐下，航空公司才终于勉强低头。这是舆论和民意的胜利，却是诚信的悲哀。

"罢飞"事件是一次挑战行业底线的重大丑闻，必须严重谴责、严肃处理。公众期待着，清明小长假过后，航空主管部门能尽早对此事有个严肃的处理结果——这种处理，不仅要针对肇事飞行员，也要针对管理失责、激化矛盾的航空公司；公众更期待着，这一事件也能成为推动航空业内部制度补漏和改革的契机，如强化工会力量，健全劳资双方博弈机制等等，从而从根本上消除这种恶劣事故的"下一次"。

（2008年4月7日《广州日报》社评）

商業倫理

多些为弱者讳，少些为尊者讳

> 何时我们能少些为"尊"者、"强"者、"贵"者讳，多些
> 为"弱"者讳，何时我们的社会方算真正成熟和文明。

　　年关已近，年终奖问题牵动人心。前不久，一家媒体报道了增城荔城街环卫工人投诉"工资低、年终奖被克扣"一事。为弱者鼓与呼，本意可嘉，但值得商榷的是，报上刊出一张照片：一双结满老茧的手，捧着一张小小的工资条，姓名、工资情况一览无遗。

　　我不知道，这位淳朴的环卫工在面对镜头时，是否意识到自己真实身份信息翌日将呈现于数以十万计的读者面前，其中当然包括自己的老板；我更不知道，投诉见报后，这位环卫工下一步的境况将如何。当然，拍摄和刊登这张照片的人可能会解释，拍摄和见报都是经过当事人同意的；又或者，他们会说，没有隐去当事人姓名只是为了让这一证据显得更真实……但种种理由，都无法掩饰一点，那就是，对大家来说，公开一个环卫工的隐私并将其置于不利境地，后果严重不到哪里去。

　　对弱者隐私的忽略，还有很多例子。去年发生于深圳的"保安强奸外来工"案让人记忆犹新，一些媒体记者长枪短炮围追堵截受害人夫妇，并对照片毫不处理便刊播出来，对受害人的隐私权、肖像权缺乏起码的尊重，在其伤口撒盐。这种媒体暴力，值得反思。

　　而与这种满不在乎相比，另一些场合中"隐私"却得到尊重。山西

衙内仝霄为非作歹18年，其父助纣为虐却始终以"仝某"称谓受到悉心保护；"黑监狱"惊世骇俗，被关押者都是到"某部门"办事后被人或骗或强拉至此；巡视组通报的违法违规案例，当事人都是"某局""某单位"的"某某"……

何时我们能少些为"尊"者、"强"者、"贵"者讳，多些为"弱"者讳，何时我们的社会方算真正成熟和文明。

（2012年1月21日刊于《广州日报》）

孤儿改姓百家姓的启示意义

> 时代在进步，当政府越来越强调服务性、济贫扶弱越来越被认为是政府职责之际，如何既保证孤儿的生存权、受教育权，又尽量给他们营造一个正常的、他们本该享有的童年氛围，早该被提上议事日程。

前几天，大连市福利院表示，该院孤儿以后将打破沿用了30多年的男孩姓"国"、女孩姓"党"的做法，改姓百家姓；而几乎在同时，广州市儿童福利院也传出消息，从今年起该院的入院孤儿，如果身上没有姓名线索，也将启用百家姓，废除以往那种来自越秀区就姓"越"、来自白云区就姓"白"，或者统一取名"广越×""广荔×"的旧法。

这两则消息一经媒体报道，立刻在互联网上引起舆论关注，由于大部分人此前尚不知儿童福利院长久以来竟是通行这样的取姓方式，惊讶之余，对新办法自然是一致赞许。赞许的理由很简单，正如两地福利院负责人所说，都是为了"更加人性化"，"消除孩子身上的某种标签所带来的精神压力"，有利于孩子将来更好地融入社会。

而此事背后透出的象征意义，也是显而易见——从有些地方的孤儿取姓难、上户口难，到广州、大连为孤儿统一取姓上户口，本身就是一种进步；而今日又进一步完善，以求最大程度地尊重孤儿的个人意愿，更是令人欣慰。

我们可以想象，昔日让孤儿姓"国"姓"党"甚至姓"广"，原因无非是：第一、操作方便，便于管理；第二，让孤儿们饮水思源，牢记政府恩情。在此制度建立之初的特定历史条件下，以上两点并无不妥——在基本生存都需要为之奋斗的年代，人们对生存的渴望自然升至首位，而所谓"孤儿的标签"之类的顾虑自然也根本不是什么问题。事实上，从很多当事人的回忆来看，他们倒是颇为自己童年时受到党和政府的抚养而深感自豪。

但时代在进步，在日益提倡以人为本的今天，当政府越来越强调服务性、济贫扶弱越来越被认为是政府职责之际，如何既保证孤儿的生存权、受教育权，又尽量给他们营造一个正常的、他们本该享有的童年氛围；如何既能培养孤儿感恩的心，又让他们更容易融入常人的生活空间，在这之间如何寻找一个最佳的结合点，早该被提上儿童福利事业的议事日程。

在一个成熟健全的社会里，孤儿理应受到人们加倍的呵护，以抚平他们心灵的创伤；而如何精心设计、不断改进抚养、教育制度，最大程度使他们感受到"无差别待遇"，对他们的明天有着不容忽视的意义。

因此，对此次广州、大连两地新举措的实际效果，我们拭目以待，更希望更多的地方从中受到启发，通过更多的革新，为孩子们创造一个更完善的成长环境。

（2006年2月12日《广州日报》评论员文章）

国悼体现对公民生命的无上尊崇

> 这一天，它的意义甚至不只是对于死难者。我们每一个人，都将在为普通死难者的哀悼中，衡量出一个普通国民在一个国家政治天平中的分量。这一天，我们把"以人为本"清晰地镌刻在历史的日历上。

国旗低垂，警报凄厉，山河鸣咽，十三万万人同悲。

在中国政府首次为无名死难者设立的这个国家哀悼日里，中华大地弥漫着浓浓的悲恸，浸透了苦涩的泪水；更共享着一份厚重的感动，经历着一次心灵的涅槃，更看到了蕴含其间的诸多温暖的信号。

以国家的名义为平民而哀悼，我们体会了人类大爱。当三分钟的默哀中，生者为死难者而哭泣、素不相识者在街头彼此紧紧拉起手；当12日灾情发生以来，捐助救援的爱心汇集成汹涌的江河；当秘鲁政府为四川死难者降半旗志哀，首次为外国遇难者设立全国哀悼日；当汶川废墟上的中外救援人员共同放下手中的工具，静静站立，低头默哀……人类的无疆大爱，得到了淋漓尽致的体现和升华。人性的伟大和柔弱，均在于哀其同类的慈悲。这种大爱，超越了地域，超越了国界，也超越了每一个小我。

当共和国为平民而哀悼，我们感受到尊重生命的人道主义光辉。天生万物，唯人为贵。当巨大灾难袭来之际，生灵涂炭之时，我们比任何时候都更震撼于生命的流逝，留恋于生命的宝贵。此时，作为政府，有责任以国家的名义，庄重哀悼逝去的生命，为他们唱一曲含泪的挽歌，祝他们一路走好，永得安息。

当共和国为平民而哀悼，我们还看到了人类文明前行的足迹。《中华人民共和国国旗法》中早已规定："发生特别重大伤亡的不幸事件或者严重自然灾害造成重大伤亡时，可以下半旗志哀。"当中国国旗首次为平民而降，这个"首次"让我们在痛失同胞的悲伤中，感到几许欣慰。从奴隶社会野蛮的"人牲"，到帝王时代口头上的"民为贵，君为轻"，再到今天公民社会的构建，一部人类史，就是一部文明进步史。每个公民的生命尊严和生命价值，都是唯一的、不可逆转的国之财富，都应得到尊重和爱护——这一共识的达成、理想的实现，虽然花费数千年，道路漫长，却依然值得。

三分钟很短，三天不长，但在很多人心灵深处却足以铭刻一生，在共和国的历史上更写下了浓墨重彩的一笔。国家哀悼日以国家的名义，用前所未有的规格和礼遇，将普通罹难国民置于迄今为止最高的祭台。如果说古代帝王的"罪己诏"只是装模作样，如果说近些年那些商业化、表演式的"公祭"大典尚嫌矫情，那么，这次的国家哀悼日则以一种触及灵魂的肃穆仪式，体现了国家对公民及其生命的无上尊崇。仪式强化了人们慎终追远、珍爱生命的情感，仪式也凸显了政府尊重个体、以人为本的理念。仪式背后，内涵丰富，意味深长。

中国这次的灾难，震撼了世界；中国此次的举动，也感动了世界。外媒赞誉，"人性光辉照耀中国前行"。作为中国前行途中的旁观者和见证者，他们的评价是冷静的，也是客观的。的确，今天的中国，比以往任何时候更懂得"人"的珍贵，也比以前任何时候更懂得了发展的最终目的——"人"的幸福。

（2008年5月21日汶川地震后全国哀悼日期间由本书作者撰写的《广州日报》编辑部文章）

降低告状门槛方能"告状有门"

"迟来的正义为非正义。"如果群众因为一些技术性的缺陷问题，有冤难申、有状难告，使正义得不到伸张，则是更大的非正义。

近日，最高人民法院院长肖扬在全国高级法院院长会议上说，凡是符合申请再审条件的，应当依法受理，使人民群众"告状有门，冤情能申"。此言一出，引起媒体的广泛关注。

提倡"告状有门"之所以引起关注，与当前的社会背景、公众的诉求息息相关。当前，我们正在建设和谐社会，提倡以人为本；而社会各个体之间，不可避免发生各种矛盾和碰撞，对这些矛盾和碰撞，及时疏导，则可"大事化小、小事化了"；漠视堵塞，则容易激化矛盾、形成不稳定因素。而诉讼途径，便是一条重要的疏导之道。肖扬指出，近些年在一些地方发生了越级上访、多头上访、缠访闹访的现象，对社会秩序造成干扰。究其原因，很大一部分也就是老百姓"告状无门"所致。

所谓"告状无门"，当然不是老百姓真的找不到法院的大门所在，而是找到门，却难进门，也就是所谓"门槛高"。虽然今日中国的诉讼门槛已经降低了很多，但毋庸讳言，对很多老百姓来说，某种程度上至少还存在"三高"。

其一，制度门槛有点高。目前司法的行政化特质使司法机关在保持中立上遇到很大阻力。学者认为，司法机关的行政化使得行政权力的干预能十分通畅地进入司法领域，令司法的特性弱化，滋生了腐败，同时也间接导致老百姓告状难、告赢难。确保司法权依法独立行使，既是我国宪法确立的原则，也有着迫切的现实意义。

其二，经济门槛有点高。众所周知，"不告不理"的民事诉讼案涉及诉讼费和律师费等现实问题，对于一些困难群众而言，这点钱就是一道不可逾越的坎。中国的法律援助制度目前尚不健全，若得不到法律援助又没钱请律师，官司自然没胜算；打赢了官司，诉讼费或许可以由被告承担，但若输了官司，则是雪上加霜。如此一来，很多困难群众只好放弃告状，无奈求诸其他过激甚至非法途径。尽快健全法律援助制度，迫在眉睫。

其三，信息门槛有点高。现代社会法制健全，各种法律制度浩如烟海，同样的案件如果援引不同的法律条文、采用不同的诉讼途径，最终结局可能相去甚远。而对此，普通人只能望洋兴叹、望而生畏，从而又形成"告状无门"的难题。而若要咨询律师，又难以支付高昂的律师费。面对这种信息不对称的现状，除了进行必要的普法教育、增加公民法律常识外，更重要的恐怕还需如肖扬院长所言，各类法律部门"切实转变工作作风"，尽到告知、说明、解释的职责。

西方有句古老的法理名言："迟来的正义为非正义。"如果群众因为一些技术性的缺陷问题，有冤难申、有状难告，使正义得不到伸张，则是更大的非正义。

（2006年1月8日《广州日报》评论员文章）

警惕"诚信吃亏论"病毒流行

> 市场经济社会本质就是一个信用社会，"诚信"是一切交往、交易的前提。这样的一个社会中，诚信不仅仅是一种美德，更是一种制度约束，以及在这种制度约束下培育出的个体自觉。

近日，国务院有关部门一项调查显示：近五成企业家认为社会诚信环境缺失是导致企业不履行社会责任的主要原因之一；近三成的企业家认为"在目前阶段，讲诚信的企业往往吃亏"。

无独有偶，本月初，上海社科院的一份调查报告显示，上海近五成未成年人认为诚实就意味着吃亏。

两个"近五成"、两个关键人群对"诚信"持怀疑态度。

翻开近期的报纸，种种违背诚信的新闻旧闻乱花迷眼——广东拖欠国家助学贷款的学生名单，人数高达千人以上；为了"肉质鲜嫩"，餐馆竟用去污粉处理牛肉；公费留学生学成后，却违约不愿回国效力；一只"年画老虎"，让一个炒更农民和堂堂林业部门陷入诚信危机；十余架飞机无故"倒飞"，航空公司公然坚称"天气原因"使然……诚信失范有如瘟疫，散布于社会的很多角落。

上观历史。"人而无信，不知其可"，在"仁义礼智信"被视为道德圭臬的传统中国，"信"，成为一种约定俗成的交往原则和道德准则。这种"信"，与今天商业社会中的"信"相比，内涵有所重合，却又不尽相同——商品经济的社会中，诚信不仅仅是一种美德，更是一种制度约束，以及在这种制度约束下培育出的个体自觉。

而在数千年的中国传统社会中，国家和民间强调的"信用"，却从未由道德倡导转变为制度化的准则。其一，在"重农抑商"的长期坚持下，泛儒家化的中国农业社会里，未能发育出完全的商业形态，也就缺乏一种紧迫的对近代商业诚信的现实需求。其二，民众与帝王（朝廷）的权力授受关系从未以契约的原则得以确立，"民可使由之，不可使知之"的愚民政策，让整个社会的诚信体系从根子上就是虚妄的。从而导致千百年来，一方面"不义而富且贵，于我如浮云"这样的道德倡导居庙堂之高，另一方面"宁可我负天下人，不可天下人负我"这样的反道德宣言又大行其道。

细看现实。如果说，在改革开放之前，中国社会的诚信生态虽嫌发育滞后、过于偏重道德层面，但仍然对泛儒家化的中国社会起到有效的调节；在改革开放和市场经济大潮扑面而来的这三十年里，毋庸讳言，转型期的中国，已在某种程度上面临着一种诚信失范和诚信真空——一方面，在商品和利润的冲刷下，传统的、道德层面上的诚信原则被很多人抛诸脑后，为博取超额利润、攫取不义之财而不讲信用甚至恶意欺骗；另一方面，新的、与市场经济社会相适应的诚信体系尚未建立，面对全新的、更复杂的社会经济关系，传统的诚信守则更多地面临诱惑和考验。与传统的农业社会相比，更多人、在更多时候被推到"守信VS失信"的十字路口。

市场经济社会本质就是一个信用社会，"诚信"是一切交往、交易的前提。转型期的中国，虽然对少数人、在短期内而言，失信的收益很高、成本很低；但对于全社会、长期而言，诚信失范和缺失，带来的却不啻灾难。

乐观的是，在中国的积极转型中，社会观念的整体跳跃，虽带来断裂和迷失，也潜藏着"升级"的力量。在现实需求的驱动下，中国社会的暂时性诚信失范，必将自我调整、自我修正，走向制度化的重建——而在这一过程中，政府的垂范、倡导和建章立制，将起到异常关键的作用。

（2008年4月14日《广州日报》社评）

抗战胜利65周年，硝烟已散警钟长鸣

> 作为侵华战争的受害国，警钟仍需时时敲响。铭记屈辱，不是为了播撒仇恨的种子，而是为了避免悲剧重演。落后就要挨打——这是残酷的铁律。

1945年9月2日，这是中华儿女必须牢牢铭记的日子。是日，残酷而艰苦的抗日战争，终于画上句号，同时也宣告了世界反法西斯正义战争的最后胜利。65年，弹指一挥间，当年的人们已慢慢老去，很多记忆也渐渐模糊，但关于那场战争和灾难的一幕幕，却被深深镌刻进整个民族的记忆里，清晰如昨。

这场战争，让人类目睹了法西斯的扭曲人性。日本，这个自古与中国一衣带水的邻邦，在当时军国主义者的煽动下，在贪婪与欲望的支配下，好战情绪疯狂燃烧，悍然将铁蹄踏上包括中国在内的亚洲国家的土地。刹那间，血雨腥风弥漫亚洲，人民的呻吟处处充盈，惨绝人寰的南京大屠杀、践踏人道底线的731部队、尸横遍野的旅顺大屠杀……嗜血成性的日本法西斯主义者，被钉在人类良知的耻辱柱上，成为后世永远的警鉴。

这场战争，让世人看到了中国的不屈脊梁。当异族的铁蹄踏破九州山河，神州大地燃起同仇敌忾的烽火，中华儿女毅然奔赴保家卫国的火线，用血肉之躯筑起新的长城。枯草果腹战死沙场的杨靖宇、太行浩气传千古的左权、铁血震寰宇的狼牙山五壮士，激励多少优秀儿女；气势磅礴的百团大战、有勇有谋的平型关大捷、独创一格的地雷战和地道战，打出中国人的慷慨志气。向英雄致敬！当光明战胜黑暗、正义冲垮邪恶的65年后，让我们再次向那些在那场抗战中付出了宝贵生命的先辈们表达崇敬之情、感恩之心！

这场战争，让我们领略了团结的无穷力量。在亡国灭种危险关头，中国共产党人率先举起抗日救国大旗、开赴抗日前线、建立最广泛的抗日民族统一战线、从"反蒋抗日"走向"联蒋抗日"……受此感召并鉴于形势，国共以及国内各种力量最终携手，共赴国难。流血漂橹的台儿庄保卫战、气动山河的淞沪会战、国共联手的忻口战役、苦战47天的衡阳保卫战……中国军人的抗战悲歌，穿越时空，至今仍感召世人。当年，兄弟阋于墙，外御其侮；今朝，度尽劫波兄弟在，相逢一笑泯恩仇。并肩抗战的经历，已成为中华民族内在的牢固精神纽带。

以史为鉴，面向未来。当历史的硝烟已经散去，65年的时空里却依然回荡着震撼人心的警钟声。

作为侵华战争的受害国，这警钟仍需时时敲响。铭记屈辱，不是为了播撒仇恨的种子，而是为了避免悲剧重演。落后就要挨打——这是残酷的铁律，将永远激励国人跨越艰难险阻、跋涉前行，寻求振兴之道。

对于发动战争的侵略国，这警钟更要长鸣于耳。上月15日，日本首相菅直人表示，二战期间日本给亚洲各国人民带来了巨大伤害和痛苦，日本对此表示深刻反省。这种直面历史的态度，在其国内几十年来否认历史、抹杀罪恶的声音中，显得珍贵。从日本政要屡屡公然参拜靖国神社，到某些日本历史学家美化侵华历史，再到日本历史教科书淡化日本侵略罪行……一些人显然忘了一点：常怀谢罪之心，方能避免再行罪恶之事。

当前，中国正在寻求和平发展，中日亦正努力构建新型国际关系，在这一继往开来的进程里，我们仍需时时驻足回首过往、聆听历史的回音！

（2010年9月3日《广州日报》社评）

跨省"见义勇为"何时联网衔接

见义勇为不宜同"勇"不同"价",更不该因省际衔接不畅让英雄伤心。是时候设立一个全国统一的大盘子了!

前天,广东省公布了见义勇为奖励条例(送审稿),"见义勇为"的界定进一步放宽,对见义勇为伤残和牺牲者的抚恤金也设为至少45万元。

某种意义上说,见义勇为是一种"最高级"的雷锋精神,因为面对危险挺身而出的电光石火瞬间,最能展现人类相互守望的本能与血性。然而,我们还须看到,在全国范围内,对见义勇为的制度化保护,仍显粗糙且初级。

表现之一:各省奖励和补偿标准相差迥异。对见义勇为牺牲者的抚恤金标准未必与经济实力划等号:如,并不富裕的云南就将最高标准定到50万元,而福建省的标准却只有20万元。

更典型的是,江西贵溪市涉嫌因见义勇为基金账户缺钱而在见义勇为行为的认定上设置障碍,刺伤了"勇敢的心"。相反,富裕的东莞,一个常平镇的见义勇为奖励最高就达20万元。同是见义勇为,因发生地不同便待遇迥异,实为不公。

表现之二:受限于户籍或"见义勇为发生地",省域间协调、对接不足。如,一个广东人出差到一个西部农村时见义勇为,当地给予的奖励和抚恤金可能远不够他回广东的休养和生活所需;又如,一个山东人在武汉

257

见义勇为致残，虽然武汉给予较高奖励和抚恤金，但按规定伤残鉴定必须在其原籍地办理，而当地一直推诿，导致其回到家乡后相关奖励保护无法落实。

见义勇为不宜同"勇"不同"价"，更不该因省际衔接不畅让英雄伤心。是时候设立一个全国统一的大盘子了！让英雄无论在哪里见义勇为，都能迅速被纳入一个全国性的见义勇为"网"和"库"，从而得到英雄应得的待遇。

（2012年2月25日刊于《广州日报》）

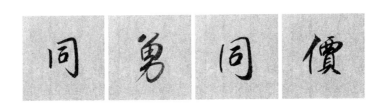

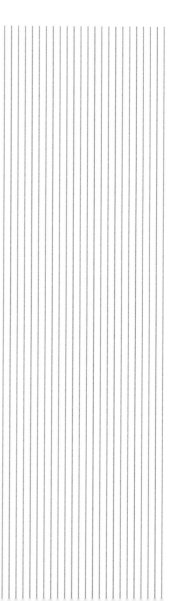

五

公权的笼子

"部门利益成行政改革最大阻力" 再反思

在中国特有的政治文化传统之中，"部门利益"是一个让很多人既爱又恨的东西，有如臭豆腐，闻之者谓之臭，啖之者谓之香。任何既得利益都有自我固化、强化的惯性与本能，因此"触及利益比触及灵魂还难"确是一个实事求是的清醒判断。

最近，中国行政体制改革研究会《行政改革蓝皮书》课题组进行了一次包括各级党政官员、企业领导在内的问卷调查。结果显示，对于中央下决心改革行政审批制度，绝大多数被调查者给予了充分肯定。而对于行政审批制度改革的阻力，有58.92%的人认为来自政府的"部门利益"。

这并不是一个新鲜的论断。从本轮全面深化改革尚未拉开序幕之时，中央便对这种来自行政系统内部的既得利益群体的改革阻力了如指掌，对这种固化的利益格局所形成的改革"门槛"警示有加。上文提到的问卷调查，只是再一次用数据证实了相关判断。

在中国特有的政治文化传统之中，"部门利益"是一个让很多人既爱又恨的东西，有如臭豆腐，闻之者谓之臭，啖之者谓之香。究其根本，正在于它是为"小圈子"服务，却往往以损害"大圈子"的公共利益为代价。

这种部门利益，一度更多体现为行政利益；市场经济摸索至今，很多公权部门（包括一些表面早已"公司化"实则坐拥行政管理大权的机构）

在继续作为行政主体的同时，也渐次演化出浓厚的经济利益主体的色彩。纵观当前，某些部门或系统往往约等于一个完善的"产业链"——源头是行政性垄断的权力支撑，中下游则是灿若繁星的挂靠产业和中介机构，形成蔚为大观的"权力部门化，利益集团化"格局。主管部门本能地呵护下属企事业单位、阻碍竞争者进入；而下属单位则向主管部门输送有形或无形的利益。更有一些"利益觉醒"部门，以往更屡屡以"改革"之借口不断强化职权，扩大部门利益。

这种"部门利益主义"的形象表现，就是所谓的"屁股指挥脑袋"。今天，"屁股指挥脑袋"已然成为一种"官场亚文化"，并体现出诸多症状。比如，"屁股"太肥，从而抢地盘争权力（比如政绩、审批权）。凡事多从部门利益出发，目无全局，缺乏全局意识、大局观念。又如，"事不关己，高高挂起"，甚至事"已"关己，仍然麻木不仁、推诿塞责。但凡有一点依据证明"此事不归我们管"，只要没有上级领导介入协调甚至强力督办，哪怕引发再大的公共安全事件，一概装聋作哑、消极应对。这种"无利则踢"，与前述"有利则争"是一币之两面，暴露的是同一个问题——坐在部门利益的小格局内坐井观天，思考问题超越不了"屁股大"的一点地方。"屁股"上这把"椅子"的方位，决定了很多人想问题的出发点、思维路径和落脚点。而更值得警惕的是，这种"屁股指挥脑袋"之道，在很多场合下被异化为"你懂的"官场中庸之道甚至"政治智慧"，贻害深远。

任何既得利益都有自我固化、强化的惯性与本能，因此"触及利益比触及灵魂还难"确是一个实事求是的清醒判断。破除这种狭隘的部门利益，必然体现为权力和利益的重组，我们不应指望所有部门都心怀大局意识，主动交出权力和固有利益，事实上，这必将是一个充斥着或明或暗的讨价还价声的漫长过程。唯有从"顶层设计"的高度"刀刃向内"，以自我革命的勇气和魄力着手整顿，方能强有力遏制部门本位主义。

一方面，以大部制的方式大手笔整合、理顺职能部门，减少政出多门、多头管理的传统弊病，让不必要的审批权退出历史舞台，让"负外部性"的审批寻租成为过街老鼠。另一方面，强化公共职能部门的监管和服务职能，压缩凭借审批权寻租的空间，尽快合理明晰地划分不同部门的事权，强化公共管理的事后追责、问责，让"为人民服务"超越口号性的道德倡导，而成为一种制度约束和行政自觉。

（2014年4月21日《广州日报》社评）

屁 股 指 挥 脑 袋

如何打造制度化反腐的"升级版"

反腐利器必须时时保持"杀伤力"、威慑力，不因战果丰硕而须臾"刀枪入库"。达摩克利斯之剑之所以令人心存畏惧，正在于它高悬头顶，随时可能坠下。

反腐利剑寒光闪闪，贪墨老虎落马纷纷。12月以来，又有多名高官涉嫌严重违纪违法接受组织调查。至此，党的十八大以来落马的高级干部已接近20人。

当前，腐败问题已成全面深化改革的顽固阻力，已成公众反映强烈的社会痼疾，正因如此，党的十八大报告提出"精神懈怠危险、能力不足危险、脱离群众危险、消极腐败危险更加尖锐地摆在全党面前"。在这种认识和决心之下，反腐成果令人称快。但另一方面，人们又对这么多社会精英的腐败变质深感震惊和惋惜，并由此反思——制度反腐说了这么多年，党员教育活动一直在抓，为何腐败问题仍然层出不穷，老虎苍蝇依然前"腐"后继？病根何在、良药何在？

这其实不是一个新命题。腐败现象，自古有之，各国有之，可以说是人类社会的老大难问题，原因很简单，只要还存在公权力的"代理制"，就难免存在贪腐分子小圈子的"内部人控制"或"代理人腐败"现象。而从最近的反腐战果来看，对这一难题，我们是可以有所作为的。中央纪委负责人年初明确表示，要"坚持标本兼治，当前要以治标为主，为治本赢得时间"。这一新颖提法引人关注，也成为随即开展的"打老虎、拍苍蝇"系列战役的发令枪，体现了我们党在反腐问题上立足当前、实事求是的辩证思维，抓住了目前的主要矛盾。

但同时，我们也应该正确理解中央的意图，"当前以治标为主"，绝不是说可以放松"治本"；相反，中央一以贯之地高度重视反腐的制度建设，在"治标"的同时勇于探索"治本"之策，最终目标还是"治标为治本赢得时间"，打造制度化防腐反腐的"升级版"。

在打造制度化反腐的"升级版"的漫长征途中，其一，打老虎和拍苍蝇应保持"两手硬"，不因"重量级不同"而有所偏废。近年来，诸如县教育局局长"嫖宿"女生、区国土局长敛财一类案件，涉案者在全国层面论级别只能算"苍蝇"，但涉案金额却惊人、在当地长期横行嚣张，在基层百姓看来可能就是穷凶极恶、威震一方的"大虫"。而与一些"更高级"的贪污受贿等相比，这种发生在自己身边的利益侵占和蚕食更加直观，也就更容易触发基层社会的官民矛盾。因此，必须辩证看待"老虎"与"苍蝇"的关联。

其二，反腐利器必须时时保持"杀伤力"、威慑力，不因战果丰硕而须臾"刀枪入库"。达摩克利斯之剑之所以令人心存畏惧，正在于它高悬头顶、随时可能坠下。从最近的反腐成效来看，绝大多数落马者都是多年的"老蛀虫"，却能长期"潜伏"甚至"边腐边升"，此前监督机制的失灵、反腐利剑的钝化，发人深省。仅以巡视制度为例，多年悄然变形，巡视组组长的实职化、固定化，容易导致腐败，弱化巡视的"剑气"。此次对巡视组工作机制进行了改革，组长由以往的"职务"变为"任务"，改为"一次一授权"，效果不错，值得各级纪委推广。

其三，欲打造制度的铁笼子、监督的玻璃房，归根结底，让人民监督权力，是治标和治本的"关键一招"。比如，刚被判处无期的财政部企业司综合处原处长陈柱兵，被控10年间受贿2454.4万元。一个处级干部，能拥有受贿两千多万的"资源调配能力"，这也侧面反映了公权力不受制约的惊人现状。唯有公权部门主动晒出权力清单、公示权力执行全流程，组织监督与群众监督、舆论监督有机结合各显所长，方能有效制约权力、震慑贪腐。唯如此，才能破解"靡不有初，鲜克有终"的魔咒，让官员们恪守官德、慎终如始。

（2013年12月23日《广州日报》社评）

265

治"最大腐败"，要厘清四对关系

"用一贤人则群贤毕至，见贤思齐就蔚然成风"。反之，则是近墨者黑。因此，选什么人就是风向标，就有什么样的干部作风甚至党风。

近日，中组部印发《关于加强干部选拔任用工作监督的意见》（下称《意见》），要求对买官卖官者一律先停职或免职并移送执纪执法机关处理，并明确未来每3—5年对所有有用人权的单位全面检查一遍。

这一《意见》，可视作中央组织部门对十天前中央新颁布实施的《党政领导干部选拔任用工作条例》（下称《条例》）的具体落实。结合最近一段时间国内重拳反腐、整肃吏治的大背景，这两个文件的意义不言而喻。

"用一贤人则群贤毕至，见贤思齐就蔚然成风"。反之，则是近墨者黑。因此，选什么人就是风向标，就有什么样的干部作风甚至党风。"用人腐败是最大的腐败。"反思近些年曝光的一系列腐败，溯其源头，用人腐败往往是"首恶"，进而引发经济腐败、作风腐败，贻害无穷。正因这种现实倒逼，《条例》三次提到"追究责任"；《意见》六次提到"追究责任"，三次提到"倒查"。这种对用人失察、用人腐败的责任追查与倒查，体现了决心，也颇具威力，有望改写以往"被提拔者打回原形、提拔者安然无恙"的不合理格局。

　　进而言之，遏制用人腐败风气，关键还要具体处理好几种关系。

　　首先，真正厘清"德"与"才"的辩证关系。我们党历来高度重视选贤任能，而何谓"贤"？有才德者谓之贤。那么中央为何强调"德才兼备、以德为先"？这就要学学"德才辩证法"。曹操唯才是举、重才轻德，那是非常时期的非常之举，更是家天下的产物；今天强调德才兼备、以德为先，则是和平年代、法治社会的必然。我们一些地方领导，对"德才兼备、以德为先"倒背如流，当某某干部出现违法违纪苗头时，仍以其"有能力""有魄力"而加以保护。深究其行为，有些固然是庇护利益相关者的遁词，有些则是发自内心的观念问题和思想偏差。

　　其次，真正理解官场小圈子与社会大圈子"两个公平"的辩证关系。在一些基层地方，"拼爹"违规上位的年轻干部并非都是无用之辈，但法治社会里，程序不公必然指向实质不公，对此决不能有丝毫姑息。更重要的是，干部提拔任用，是个体通过行政职级向社会上层流动的必经途径，涉及社会公平，一旦有所偏袒，关键问题尚不在能否遴选出"能吏"，更在于对寒门子弟的公平感的挫伤，以及由此形成的"群体性逆反心理"（《人民论坛》语），这才是社会和谐的隐形毒药，必须以史为鉴、百倍警醒。

　　其三，真正处理好重点检查、巡视检查和普遍检查的正确关系。"徒法不足以自行"，用人权力的私相授受，难免留下破绽，如何让这些阴影下的"霉之花"现出原形，必须借助常态化、制度化的力量。具体而言，对"信号异常"的局部官场，必须有针对性地"另眼相看"；利用巡视制度，对各地用人情况进行监督；每3至5年分级分类对所有有用人权的单位全面检查一遍，则有利于定期清除积垢、防患于未然。此三者各司其职，以责任倒查为杀手锏，共同筑牢权力之坝。

　　其四，更好地看待组织监督与群众监督、舆论监督的辩证关系。近两年来各地频曝"火箭升迁"，湖南石门县委副书记刘琼"火箭提拔""简历不公开"、耒阳市"80后"王卿由副局长提拔为副市长、衡阳市破格提拔的副区长朱松泉"参加工作仅10个月就被违规提拔正科"……而在这些

"青年才俊"背后，都站着一个在当地位高权重的"爹"。之所以出现上述密集式用人违纪事件，正在于一些地方的组织监督长期废弛，"老好人"成为圈子内的"主旋律"，从而养痈成患。"群众的眼睛是雪亮的"，这句话有着永恒的真理价值。创造条件让人民监督政府，是一个"性价比"很高的反腐绝招，有必要进一步善用。

（2014年1月27日《广州日报》社评）

宋大的腐败

政府办公楼应争做另一种"地标"

　　只要做到"门好找""门好进""脸好看""事好办"，这样的机关办公楼，就一定能在公众中树立起一座内在服务精神的"心理地标""口碑地标"。

　　近日，四川省表示，将从严控制党政机关办公用房建设标准，明确提出此类建设必须体现庄重、朴素、实用、安全、节能的原则，不得定位为城市标志性建筑，不得配套建设大型广场、公园等设施。

　　此消息一出，赢得公众点赞。当然，熟悉政策者都知道，这并不是一个新规定，2013年11月中共中央、国务院印发的《党政机关厉行节约反对浪费条例》早已指出，"党政机关办公用房建设应从严控制，按照朴素、实用、安全、节能原则"，"党政机关办公楼不得追求成为城市地标建筑"……但不新不代表没有现实意义。众所周知，但凡"一再重申"，在中国往往具有特定的意味，说明积弊之深重、整治之决心。犹记几年前，摄影师白小刺花费两年时间，拍摄了国内众多市县级政府大楼巨幅正面肖像。一幢幢鹤立鸡群、讲求"风水"的豪华官衙，在让人叹为观止之余，更为公帑之靡费、官老爷之高高在上发出一声叹息。

　　矫枉必先过正。考虑到地方政府"地标冲动"的普遍性以及我国政府治理特点、经济发展水平，这种"去地标化"的禁令体现了猛药治沉疴的坚定决心，有着强烈的现实必要性。

与此同时，如果用另一种思路来看待这个问题，也许我们也不妨设问——党政机关办公楼固然不应该成为奢华浪费的地标，那么它是不是可以成为另一重意义上的"地标"呢？答案是肯定的。所谓"地标"（landmark），是具有独特地理特色的建筑物或者自然物，比较公认的观念是它应该兼具物质和精神两个层面。具体到国内的党政机关办公楼，也完全可以甚至应该成为超越现有单纯物化层面上的"地标"——

其一，它不妨以简朴而庄重、实用而别致的外形，获得公众的欣赏。放眼全球发达国家，多数地方政府办公场所均可谓"相貌平平"，但其中很大一部分同时却因其别致的风格而有着很高的地理识别度。可见，即使是造价"便宜"的建筑，如果设计巧妙，同样可以成为人们津津乐道的城市"地标"。

其二，它更应以真心实意的服务意识、服务质量，赢得人们的敬意。这一点更为重要。理想的党政办公楼，应该具备几个基本要素："门好找"，地理位置要适中，反观近年一些城市，强行将行政中心从市区整体搬到偏远郊区，群众办事极不方便导致怨声载道，值得引以为鉴；"门好进"，党政办公楼不应成为一个自我封闭的水泥城堡，而应最大限度地向公众开放，方便公众办事、拉近官民距离；"脸好看"，唯有从内心深处视群众为主人、视纳税人为衣食父母，方能革除高高在上的衙门心态与做派；"事好办"，政府办公场所应整合功能、简化流程，不敷衍塞责、不有意刁难，提高公共服务的质量。只要做到上述几点，这样的机关办公楼，就一定能在公众中树立起一座内在服务精神的"心理地标""口碑地标"。

然而事实上，尽管一些地方的党政办公大楼富丽堂皇，在当地成为首屈一指的巨型建筑、异形建筑，但真正能成为被外界广泛认知、认同的城市地标者，寥寥无几，遑论成为外地游客造访的必到之地。原本定位为"高调的奢华"为何沦为"锦衣夜行"？确实值得拍脑袋者三思。纵观这些奢华而缺乏底蕴的新地标式党政机关大楼，究其决策之根本，无非源于公权的某种无度与放纵，当公权的炫富冲动未能被套上辔头，就很容易不时流露并草率形成"决策"。

　　唯有让公权力受到民意的更多制衡，让公共服务的质量、满意度成为政府最关注的工作指标，脱离民众的奢华官衙才能真正绝迹，以防其披着各种外衣暗度陈仓、卷土重来。

（2014年5月5日《广州日报》社评）

锦　衣　夜　行

罗彩霞有权宽容，制度岂能姑息

> 罗彩霞案之所以意义重大，并不在于其本身，而在于一个公民最基本的权利被某个有组织、有预谋的力量侵害后，我们的社会、司法体系能否及时分泌出"抗体"，自我净化和疗伤。

两天前，被公众舆论视为标本案例的"罗彩霞冒名案"，经过庭审与调解，原被告双方竟然"握手言和"——罗彩霞与王佳俊一家、湖南邵东县一中、贵州师范大学、贵阳市教育局等8名被告达成和解协议，罗彩霞放弃对各被告的其他诉求，被告王峥嵘一次性给付罗彩霞赔偿金4.5万元。

这一结果也就意味着，除了"假罗彩霞"之父王峥嵘获刑四年并作出民事赔偿外，其他涉嫌造假、串通侵害"真罗彩霞"的个人和部门全部毫发无损。这一结果，无疑让原本对此案充满期待的公众感到意外，更感到失望和沮丧。

当然，对此次这样一桩以"不诉不理"为原则的民事案件，我们完全尊重当事人罗彩霞的选择。在法庭外，罗彩霞也对记者表示，"我不恨王佳俊"。罗彩霞的宽容和大度，让人印象深刻，她也完全有权利这样做。而且，"这个官司涉及太多的机关……这些对我来说都是心理负担"，过去一年里"家人一直担心我的人身安全"，考虑到罗彩霞作为一个弱女子，面对这么一大串能量可观的"机关"，她的这一抉择想必是经过反复权衡和理性比较的，有其个人判断的合理性。

　　然而，罗彩霞可以选择对伤害她的一些人或部门宽容，制度化的纠错和惩戒却绝不应随着罗彩霞民事案件的落幕而画上句号。因为，如果以始作俑者王峥嵘自己掏出4.5万元赔偿金以及他一家人的受罚和痛苦为代价，将其他涉嫌伙同造假者的责任和受罚风险一笔勾销，这不仅对王峥嵘一家和罗彩霞本人不公平，更是对教育系统内造假小气候的一种变相纵容。

　　罗彩霞案之所以意义重大，并不在于其本身，而在于一个公民最基本的权利被某个有组织、有预谋的力量侵害后，我们的社会、司法体系能否及时分泌出"抗体"，自我净化和疗伤，斩断幕后黑手，并防范类似的黑手继续伸向其他受害者。更何况，在罗彩霞勇敢地站出来维权后，人们才发现，这绝不仅是个案，各地的"翻版罗彩霞"事件不断披露；而据罗彩霞自己说，在自己博客上向她求助者"不下50个"。然而，这些遭遇相似的"高校克隆生"、这些同样被"偷去"合法身份的人们，现在依然在无奈和迷惘中苦寻维权之路。这种正常解决路径的堵塞和不畅，不啻为制度之耻。

　　罗彩霞案虽已结案，但仍然留下很多显而易见的纰漏和疑问，比如代领录取通知书的"唐院长"是否清白？招录环节是否"无辜"？户口迁移证是否真是偷的……这些，都不应随着主犯王佳俊的莫名"失踪"、其父王峥嵘的入狱不了了之，而理应早就在现有法律和制度框架内启动纠察和处罚程序，该记过的记过、该革职的革职、该公诉的公诉，而不是各家齐声辩称自己"也是受害者"。一个非常吊诡的现象是：在某著名门户网站关于罗彩霞案报道的"网友评论"中，出现了相当数量的用相似甚至相同ID抨击罗彩霞"死缠烂打"或劝罗彩霞不要得理不饶人的反常跟帖，让很多跟帖的普通网友大呼"黑啊""大量枪手"。从这样一个小小舆论阵地的角力和争夺中，人们不难窥出有关利益攸关者或机构在此案"调解"中所起的惊人组织力和运作能量。

　　一个被寄予厚望的标本性案例，最终在某些因素的共同作用下，成为一个不尴不尬的"和谐标本"，这虽然看起来挺美、挺温情脉脉，却实在不利于积垢的清除、制度的修补以及社会的进步。

（2010年8月16日《广州日报》社评）

堵死贪官出狱 "华容道" 须系统治理

避免司法系统内的腐败与公权寻租成为落马贪官和富人逃避法律惩罚的 "地下道" "华容道"，既要在观念上正视、防范，更要从细节上堵漏、严控。

日前，驻司法部纪检组召开全体干部会议，强调将严肃查处监狱人民警察违法违规办理减刑、假释、暂予监外执行等案件，"杜绝关几年托关系、走门子变相出狱的现象，严防滋生腐败"。

这新闻反映的问题并不新鲜，近年对这种假减刑、假立功、假释的猫腻讨论并不少，部分案例被曝光后简直让人觉得匪夷所思并对司法公正造成严重损伤。这绝非耸人听闻，更绝非空穴来风，而是有诸多已被曝光的前车之鉴。某市原副市长林崇中作假 "保外就医"，被举报判刑1年多未坐牢，且住高档小区开宝马豪车；某知名董事长张海，被判刑10年只坐牢6年便出狱，牵出监狱腐败人员徇私舞弊减刑……

这些案例不仅引起社会质疑，"以钱买刑" "官民狱中差别待遇" 等不良观感也严重损害了司法形象与公信。正因如此，此次驻司法部纪检组的表态所传递的信号值得高度关注，它体现了此前各种民间讨论在官方层面的回应与对策。

司法是社会公正的最后一道防线，因此习近平总书记强调，要 "让人民群众在每一个司法案件都感受到公平正义"（《习近平主持中共中央政治局第四次集体学习》，2013年2月25日。）。然而在现实中，我们却看到，在一些地方和领域，这种"最后一环"的公平正义，在"糖衣炮弹"的轰炸下轰然失守、悄然沦陷，原本应对贪腐官员形成严厉惩戒的牢狱之灾，很多时候竟成为一种"休假式治疗"，成为坐拥钱权余威者躲闪惩罚、逍遥法外的"避风港"。这种司法漏洞不打补丁、不被堵死，公平正义的阳光就仍存死角与盲区。

如何避免司法系统内的腐败与公权寻租成为落马贪官和富人逃避法律惩罚的"地下道""华容道"，是一个知易行难的系统问题，既要在观念上正视、防范，更要从细节上堵漏、严控。

其一，当然是从程序上进一步规范化。正如此次驻司法部纪检组所强调，要深入开展减刑、假释、暂予监外执行专项治理，督促落实好中央政法委《关于严格规范减刑、假释、暂予监外执行，切实防止司法腐败的意见》，在每一个操作流程上把好关，压缩公权寻租的空间。在现有的政治生态中，这种凸显纪检角色的技术层面的强调有着不容忽视的意义，对监狱系统未来的规范运作将起到防火墙作用。

其二，增加违法成本，绝不姑息养奸，让违法各方得不偿失。通览过往诸多假减刑、保外就医的违法案例，不难发现在最终的惩罚环节亦颇多漏洞，对有些被违规减刑、保外就医者"既往不咎"或"轻拍几板"，有些受贿者仅被警告处分，而更多行贿者（家属）则根本未被追究刑责。法律的"杀威棒"一旦偷梁换柱、选择性执行，必然带来人人效仿的蝴蝶效应。因此，必须对此类违法行为实行终身追究机制，对涉足其间的各方人等均一视同仁，以法律准绳予以严惩，以儆效尤。

其三，以公示制度为司法系统"杀菌"。现实一再证明，阳光是最好的防腐剂。据报道，从今年开始，广州中院对所辖的4所监狱、15个看守所的所有减刑、假释案件，均实行裁前网上公示、裁判文书上网公开，并采用远程视频庭审等方式进行全面公开。这种做法从公权力本义上说只是一种"归位"，但向权力寻租割袍断义的勇气和决心无疑值得推崇。唯有减少暗箱操作的空间，让群众的雪亮眼睛参与全程监督，方能最终杜绝司法腐败。这可谓至理名言。

其四，以系统化思维，系统性治理司法腐败。近年，从变形的"另案处理"，到暧昧的"缓刑"，到乱象频出的"立功减刑""保外就医"，针对司法流程中的不同环节，不同部门陆续提出修补思路，但整体而言仍欠缺一种系统监督、系统防范的视角。比如，公安、监狱部门均可出具"立功"证明，且在衔接上尚存不少漏洞，有时连法院也"难奈其何"，制衡和监督机制有时形同虚设，为违规减刑提供了土壤。这种各管一段、"相敬如宾"的工作机制亟待修补。

（2014年5月12日《广州日报》社评）

"菜篮子群腐窝案"的未竟之问

关注民生、提升公共服务质量理所当然，不过，这种政府所"管"者，本应以"监管"为主，而不一定非要插手市场、实行垄断经营。监管得力，"散"并不必然导致乱；监管失序，"统"亦不必然导致不乱。

就在楼市"温跑跑们"备受关注之际，温州人的"菜篮子"也揪出蛀虫——

10月21日，温州菜篮子集团腐败窝案审查终结，包括该集团原董事长应国权在内的16名高管被检方提起公诉。此案涉案总金额高达4亿余元，其中私分国有资产一项，金额就超1.1亿元。

这着实颇具讽刺意味。一个以"呵护民生""管好百姓菜篮子"为初衷成立，并以此为理由名正言顺垄断温州"菜篮子"商品产销的国有独资公司，最终却成了一窝蛀虫的乐园。集团资产才5.1亿余元，涉案金额就高达4亿元，实在是养得够肥、贪得太易！

硕鼠落入法网，故事似乎可以告一段落。但这个案例实在太典型，太有标本意义，不细细解剖，不仅可惜，更起不到应有的棒喝作用。未竟之问有三。

一问：硕鼠"大闹天宫"而无所顾忌，"猫"难道吃了安眠药？一家国有独资企业，在当地国资委等多个监管部门的眼皮底下，十余年如一日群体贪腐，公然利用垄断经营地位大肆寻租，把企业公款当成自家钱袋随意挪用、瓜分，居然长期没能引起监管部门警觉！这样小概率的反贪成果、如此牛栏关猫式的监管，到底是由于玩忽职守，还是内有文章，决不能"到此为止"，上级纪检部门必须多问一个为什么。

二问：罕见的偷梁换柱、结党营私、权钱交易背后，这个"菜篮子"里的"菜"岂能安全无虞？检方公诉，全然集中于贪腐问题。而该案独特性恰在于，它还涉及食品安全问题，当地市民更关心的是：这些蛀虫贪赃枉法之余，他们的"毒液"和"排泄物"有没有"污染"温州的"菜篮子"？这不是杞人忧天。常识告诉我们，上梁不正下梁歪。垄断经营者高层出现如此乱象，终端产品能确保高标准、高质量供应，不论你信不信，我只能说是"奇迹"。事实上，浙江省农业厅2008年进行的农产品例行监测结果显示，温州菜篮子集团旗下的"放心猪肉"便检出磺胺类药物总量高达0.6mg/kg，达到国标上限的6倍；2010年5月，浙江电台曾曝光温州查出22.7吨病死猪肉，而这些问题猪肉竟是通过温州菜篮子集团的门店进行销售！是否还有类似或者更严重的食品安全问题没有披露？建议当地食安部门乘势对"菜篮子"进行一次全面清查，排除隐患，以安民心。

三问：这种"政府一重视，马上收上去"的市场和社会管理惯性，何以今天仍然大有市场？这些年，"政府要管好百姓米袋子、菜篮子"成为共识。关注民生、提升公共服务质量理所当然，不过，这种政府所"管"者，本应以"监管"为主，而不一定非要插手市场、实行垄断经营。监管得力，"散"并不必然导致乱；监管失序，"统"亦不必然导致不乱。在加强常态化监管的同时，适度引入竞争，方是民生商品质优价廉的根本之途。垄断当地"菜篮子"产业链的温州菜篮子集团之成立和十余年运作，本身就是某种似是而非理念的草率产物；今天它的高层群腐、问题食品频现等病症集中"发作"，佐证了这一点。同理，水、电、气、油、盐、烟、酒……我们很多领域的"为民垄断"式专营专卖，今天看来，显然同样也未必都站得住脚。

（2011年10月24日《广州日报》社评）

异化的食品监管心态是"恶之源"

今天的食品安全监管，最大问题不是制度缺失，而是制度在"人"的因素影响下，在某些地方成为一种似有却无的摆设。猫一打瞌睡，鼠患便出现。我们既要建章立制，更要让每一颗制度的齿轮都时时转动起来。

最近，海南"毒豆角"事件，风声未平，对消费者和海南农业的"杀伤力"颇为巨大——不仅对公众身体健康造成无形伤害，豆角滞销也极大伤害了当地菜农利益，更让海南精心打造的"绿色农业"形象沾染尘埃。"绿色农业"的品牌，擦亮难如针挑土、玷污易似水推沙。前几年关于海南香蕉和西瓜的风波，本应引起当地农业部门的警惕，举一而反三。遗憾的是，亡羊之后，并未补牢。

毒豆角、毒节瓜的出现，固然有检测技术、设备方面的原因，但究其根本，还是一个态度问题，且看事发后当地农业监管部门的"第一反应"——

其一，"部分菜农为了省钱直接购买高毒农药"，有关部门如是宣称。菜农滥用高毒农药，理应谴责，但记者在采访中发现多数菜农对水胺硫磷的毒性只是一知半解。将责任完全推到农民身上，对自身监管失责却只字不提，此种态度，可取吗？

其二，兄弟单位"不给面子""不够朋友"，有关人士如是埋怨武汉市农业局的耿直之举。堂堂政府"把关人"，竟公然将"不与外人道"的潜规则摆上台面，如此强大的惯性思维，不仅雷人，更引人警醒——兄弟单位就该给面子徇私？三亚农业部门为何对武汉农业局的举动"特别的不理解"？看来，有些部门早就忘了"我对谁负责"这一本质问题，其监管心态已经异化，其与公众的委托—责任关系亦已异化。

第一反应往往暴露了行为主体的潜意识。当"潜规则"早已在"圈内"成为"显规则"，当某些公权部门失去了最基本的责任心和敬畏感，企望市场主体高度自律，企望监管者时时保持如履薄冰之心，不负俸禄、不负民望，难免成为奢求。

今天的食品安全监管，最大问题不是制度缺失，而是制度在"人"的因素影响下，在某些地方成为一种似有却无的摆设。归根到底，还是吏治松弛在一些领域的体现。猫一打瞌睡，鼠患便出现。我们既要建章立制，更要让每一颗制度的齿轮都时时转动起来。比如，毒豆角曝光后，当地相关部门理应在舆论的逼视下，尽快行动起来，增加监管投入，完善监管网络，同时增加高效低毒农药的财政补贴，让农民主动多用安全农药……

这些年对于各种问题食品的处理，公众最担心的就是，检讨、彻查、销毁、免职……之后，一切如旧，而其他问题食品，依然可以不动声色地走上百姓的餐桌、进入无辜者的胃肠。除草要除根，否则，毒草还会换一种方式继续疯长。

（2010年3月2日《广州日报》社评）

官仓"鼠"患背后潜藏多少"猫"腻

在这种"境界"下，猫和鼠的角色边界已经模糊不清，"猫"亦已沦为硕鼠，因此对下级之"鼠"的行径或者是心有戚戚焉，或者是结成"利益对子""攻守同盟"。

央媒近日披露，在湖南、湖北、四川等地，一些中储粮委托的承担托市收购任务的企业，大量采购进口转基因油菜籽和转基因菜油冒充国产菜籽油，流入国储库，骗取国家补贴、赚取巨额差价。对这一传闻，中储粮表示，决定在前期责成有关分公司自查的基础上，组建3个专项检查组进行严查。

又是中储粮。不知是负面新闻的"马太效应"，还是深层病根的"总发作"，总之中储粮系统近来接二连三被曝出糗事，简单回顾：一是，中储粮黑龙江分公司林甸直属库一场离奇大火烧掉1000吨粮食；二是，中储粮河南分公司110人涉案的贪腐窝案，仅以"转圈粮"伎俩就骗取7亿元国家补贴；三是，在江苏盐城，不少粮农反映，自己把粮食卖到中储粮乡镇收购点，拿到的却是白条，且收购价也低于国家公布的托市收购最低价……

这真是一种无奈和讽刺。一个承载了非凡政策善意的"特殊政策性企业"，却出现种种超越底线、欺上瞒下、骗取国家巨额补贴、侵害农民微薄利益的乱象，实在不应该，也与成立这一机构的宗旨和使命背道而驰。

而且鉴于常识，偶然被曝光的往往只是冰山一角——潜藏于水面之下的冰山还有多大？人们难免心存疑虑和不安。

硕鼠横行，必有"猫"腻。这是一条亘古不变的公理。"猫腻"何在？

要么，猫在打瞌睡。这只打瞌睡的"猫"，可能是无形的，其表现形式是制度的缺失和不健全。比如，对于中储粮这样一个巨无霸央企，国家粮食局只是在业务上对其进行指导，但由于二者同属副部级，指导力度可想而知，而地方政府对它也没有日常监管的权力；又如，从组建中储粮河南分公司到落马，李长轩担任总经理长达12年，河南分公司已成其"家天下"，从而使得这一系列案件中几乎都是家族犯罪、关联犯罪的窝案串案。最基本的监管框架、领导轮换制度都存在"顶层设计"上的漏洞，也难怪硕鼠局部猖獗。

这只打瞌睡的"猫"，也可能是有形的，其表现形式是监管的麻痹与不作为。在李长轩担任分公司总经理的十多年间，中储粮总公司很少过问分公司人事、管理等方面的情况，有时派人下来检查，也只是领着去几个管理比较好的粮库看看就走了。监管的乏力乃至空白，让人喟叹，河南分公司的集体沦陷也就不难理解。

要么，猫鼠结了盟。从中储粮河南分公司的惊天窝案来看，到底是总经理李长轩的"湿鞋"在先，还是下级直属粮库的腐败在先，已经无从考证。但毫无疑问的是，身为分公司的最高监管者，这只猫没有起到最基本的防鼠、捕鼠功能，相反，它还深深地与鼠"相知相爱相守"了。很显然，在这种"境界"下，猫和鼠的角色边界已经模糊不清，本来负有监管职责的上级之"猫"，因为自己亦已沦为硕鼠，因此对下级之"鼠"的行径或者是心有戚戚焉，或者是结成"利益对子""攻守同盟"。这种监管上的放任、放纵乃至监守自盗，在"白条事件""转圈粮骗取补贴"等事件中，均影影绰绰、依稀可见。

此情景下，对此次假冒国产菜籽油风波，显然企业内部的自查、"严查"，都不能抱太大希望，有必要以"最坏的想象"进行彻查，以充分的事实和依据来打消公众疑虑，并对被曝光企业进行全面"体检"，否则隐藏的问题可能比一批假冒国产菜籽油、一场火灾、一堆白条、一笔赃款更严重。推而广之，其他实行垂直管理、身份模棱两可的"中储粮式"特殊企业（如烟草、盐业等），已经披露的"鼠患"背后，是否同样存在"猫腻"？"猫鼠同笼"架构是否科学？同样值得反思。

（2013年8月27日《广州日报》社评）

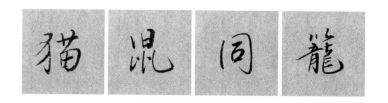

"山寨建筑成瘾"官员的委屈何来

一个省级贫困县，拿出年财政收入的1/3大建挂羊头卖狗肉的"泛民生工程""伪民生工程"，居然还可以如此言之凿凿、大呼"其实你不懂我的心"，实在是莫大的讽刺。而这种掩耳盗铃式的辩白与申诉，已成如今某些官员面对质疑的常规武器。

很多东西，看似"创意"无限其实抄袭蔚然成风。

据报载，上半年因建起"山寨中国馆"而饱受质疑的江苏阜宁，如今又因一座"山寨悉尼歌剧院"再度成为焦点。面对舆论指责，阜宁县新闻发言人李德平显得很委屈，表示兴建这两个建筑"都有提升地方影响力的考虑，有利于经济社会发展和群众致富"，自己和当地部分干部都"对外界的批评感觉十分委屈，也实在想不明白"。

作为如此荒唐的形象工程的始作俑者，当地官员第一反应居然是委屈、呼唤"理解万岁"，舆论的愤慨和无语当然可想而知。世界上没有无缘无故的恨，也没有无缘无故的"委屈"。当我们将阜宁一些人的山寨心态、委屈心态摆上手术台，解剖这只麻雀时，倒也可以透过现象看本质，抠出一些人意识深处潜藏的非常态物什。

我们善意地假设，当地官员的委屈是"真委屈"——他们一拍脑袋、一掷数百万金打造世界知名建筑物，真的更多是出于"提升地方影响力"的公心。但这就可以原谅吗？在讲求科学发展、尊重民意的今天，如果一些地方官员在涉及重大公共事务决策时，仍停留于"我觉得如何"便可以一路绿灯、强行推进，这种倾向岂不更值得警惕？或者走"山寨"路线，或者搞全民招商……举凡种种，以低水平的决策眼光、缺乏论证和民意博弈的执行程序，就可将一个县的重大工程乃至事关全县的发展路径轻率"敲定"，无疑暴露了一些地方官员理念的偏差。

事实上，类似的"委屈论"腔调多半是狡辩式的"假委屈"。何须"外界批评"？这个财政收入排到江苏60县市的40名开外的准贫困县，在斥资数百万建这些华而不实、大而不当的工程时，难道从没听到过本县的"内界批评"？难道有关官员心中不是瞎子吃汤圆心中有数？而比阜宁更穷一大截、全年财政收入才3亿元的山西省级贫困县蒲县，更是历时两年建起一座总投资超亿元、气派豪华的"山寨鸟巢"。同样，面对曝光和质疑，该县县委书记竟然表示，该建筑漂亮气派，代表着一个县城的形象，"我们为此感到自豪"；并声称此乃"爱民工程"，是"把钱花在群众心上"，对外界批评多有委屈之意。一个省级贫困县，拿出年财政收入的1/3大建挂羊头卖狗肉的"泛民生工程""伪民生工程"，居然还可以如此言之凿凿、大呼"其实你不懂我的心"，实在是莫大的讽刺。

而这种掩耳盗铃式的辩白与申诉，并非这些"山寨成瘾"的县官们的独门秘籍，已成如今某些官员面对质疑的常规武器。著名者，如四川省乐山贪官曹桂芳，事发后忏悔"现在我才知道贪污是重罪"，委屈得像个不懂法的无知孩童；又如温州官员集体兼职高尔夫协会，被曝光后，也委屈不已，声称不拿钱、不拿卡，是"被挂名"；再如，贪官东窗事发锒铛入狱，也会哀鸣叫屈，称自己是"潜规则的牺牲品""官场环境的受害者"；或如，山西临县兔坂镇农民马继文上访反映自家土地被强占并索赔80万元，没想到被判"敲诈政府"获刑3年，当地官员埋怨，"公民使用权利应该有个度"，其委屈之情溢于言表……

"官员委屈论"是一个"官念"多棱镜，精心研究、仔细咂摸，能榨出很多官员官服下深藏的那个"小"字。

（2010年9月27日《广州日报》社评）

"网络执政"需要更多吃螃蟹的"杨同学"

也许，杨平个案的意义就在于，以一种极为直白的方式，第一次将网络民意的巨大价值和战斗力从"口头书面"变成了看得见摸得着的实践。

2008年度的网络名人榜，"杨同学"有希望入选了。

这个叫杨平的47岁株洲纪委书记，虽然并非中国第一个上网和网友互动的官员，但由于他从5月起实名在"株洲论坛"上发帖290多篇，被网友爱称为"杨同学"，从而一不小心成了"第一位实名上网收集反腐举报信息的官员"，甚至有评价认为，杨平现象对中国基层官员的网络执政，将产生深远而积极的影响。

当然，也有不同的声音。有人就说，杨平此举只是为了作秀，并讽之为"芙蓉姐姐"。杨平实名上网是否为作秀，个人动机不好妄断，我们看到的事实是："近两个月来，杨平从网上的短信通道收到30多封投诉信，其间还'双规'了一名被网友举报涉嫌贪污受贿的局长。"如果媒体报道属实，"杨同学"实名上网反腐的尝试，可谓成效已经初显。

这种高效率产生的原因并不难理解。互联网是一个便捷而自由的公共空间，发言者既可以亮明身份，也可以躲在暗处。这种特性，一方面带来了网上信息的真伪难辨，另一方面却恰恰"保护"了信息发布者的隐私和安全。这在举报腐败的战场上尤显契合。也许，杨平个案的意义就在于，以一种极为直白的方式，第一次将网络民意的巨大价值和战斗力从"口头书面"变成了看得见摸得着的实践。单凭这一点，其他地方的反腐部门就不妨借鉴其经验，其具体形式不妨继续探索和创新，但毋庸置疑的一点就是：在互联网已成一个重要的民意表达通道的今天，传统的信访举报工作如何与时俱进，更主动、更积极地嵌入互联网这一模块，显得迫在眉睫。

其实，这种启示意义并非只针对反腐信访举报领域，如今任何一项有必要倾听民意的政府工作，都完全应该在"网络执政""网络行政"的新领域内树立守土有责的责任感，迅速完成这一互联网时代的"思维升级"。遗憾的是，尽管早在上世纪末，从中央到地方就开始强调"电子政务"和"虚拟政府"建设，结果却很不尽如人意，多数政府网站仍停留于"旧闻公报"的原始功能，"被动"的网上投诉通道尚且不畅，遑论"主动"去网上寻找民意苗头了。

某种意义上看，这些年来大部分官员的"网络生活"显得沉闷，原因之一是一个心照不宣的"潜规则"在起作用。引用一位官员的话：做官就要"低调"，你在网上开博客、发帖子，搞得那么风光，同事和上司看得惯吗？由此可见，在儒家中庸哲学占主流的系统内，生长出一个杨平是何等的不易和可贵！当然，当我们把目光投向更宽广的空间，不难发现，其实今天更多"杨平"生长的土壤已经具备——今年6月，胡锦涛总书记在人民网强国论坛与网友在线聊天，这是中国共产党和国家最高领导人首次在网络上与公众直接沟通；今年两会期间，温家宝总理称自己两会期间一直在上网听取网民的意见和批评；今年4月，广东省委书记汪洋与26名网友面对面，并指出"对于网络民主这个新生事物，与其被动接受，不如主动介入"……

从这个意义上说，株洲"杨同学"的出现，又是一种民主政治的发展必然。而对广大网友而言，如何以理性的姿态保护这些"吃螃蟹者"，以鼓励更多"杨同学"的出现，也将是一次难得的"网络公民"角色的考验和历练。

（2008年7月13日刊于《广州日报》）

百公里养400人，高速收费能不异化？

我们在进行制度设计时，不能总是一厢情愿地假想，"公家"办的企业一定会更自律、更公益。民办的企业也不必然带有"原罪"。通过制度的约束、制度的鼓励，让各类市场主体规范、平等地充分竞争，方是正确的努力方向。

近日，央视记者调查发现，河南高速洛阳分公司仅负责98.8公里收费公路的管理，职工却有403人，这还不包括保安、后勤人员。一个中等规模的收费站，便有正式员工40人，仅收费员就达24人。

了解高速路管理体制便知，"建管分离"模式下，区区一个洛阳分公司，一不研发规划，二不修路施工，职责主要围绕"收费"进行。工作性质如此简单、单一，居然人满为患。让人不由得对这个行业的"盈利水平"充满疑惑与好奇。

在最近高速路"高收费、乱收费"问题被CCTV等中央媒体频频曝光的语境下，"百公里高速路养400人"的消息，更是火上浇油。对泛滥的收费公路，国人不满由来已久，尤其得知"全球14万公里收费公路10万在中国"后，这种知情之痛与以往被痛宰之痛相叠加，痛上之痛，痛何如哉！

据专家披露，跟国外比，洛阳分公司人员显然过多；但以全国水平来看，还不属最多——一些高速公路（如沪宁高速）每公里达到5.4人甚至更多。看来，洛阳分公司顶多算是"行业病"中的"中度患者"。

高速路公司养这么多人的恶果自不待言。其一，必然导致"三个和尚没水吃"的集体磨洋工式低效率。其二，辜负了投资人信任与托付。不少高速路都是上市公司，员工畸形膨胀、利润被消耗，如此"代理人控制"，对股东、股民都是一种侵权与欺骗。其三，更为甚者，数百"正式员工"嗷嗷待哺，难免想方设法蚕食过路车主旅客钱包。这方面的例子举目皆是，近者比如广深高速，便被媒体曝光不仅将8.4元通行费"四舍五入"为10元，更将9.4公里的收费里程"掺水"到14公里，最终令原本该收的5.6元"膨大"到10元。高昂的过路费让不少"非公费"车主绕行省道乃至村道，更导致物流成本居高不下，进而抬高了米价、菜价，增加了社会总成本。本该为经济生活提速的高速路，因此反而壅塞了社会效率。

问题出在哪？有专家认为，这是因为我国对收费站人员设置没有统一规定，人员安排是否合理，很难进行科学分析和计算。其实，明眼人一眼即可看出，这根本不是管理办法不完善、不规范的枝节问题。只要权力与资本"雌雄同体"的"怪胎式企业"不除，只要种种"系统内"怪现象只有等到媒体曝光才得到关注和监督，"管理办法"再细密、再完善，也难免是牛栏关猫、形同虚设。此前，湖南怀新高速公路管理处斥资170万元建"镇妖塔"，兰州路桥费收费管理处抢在"五部委取消公路养路费"实施之前，未获批复和授权便"预征"2010年全年路桥费，均引发舆论哗然。而细究这两个单位的性质，其上级都是"N块牌子、一套班子"的政企不分、官商一体式单位。

由此可见，我们在进行制度设计时，并不能总是一厢情愿地假想，"公家"办的企业一定会更自律、更公益。民办的企业并不必然带有"原罪"。通过制度的约束、制度的鼓励，让各类市场主体规范、平等地充分竞争，方是正确的努力方向。

（2011年5月23日《广州日报》社评）

公权部门化，民心很受伤

> 亿元"民心工程"闲置，可谓是某些部门为捞钱不择手段的特例。"部门经济"将公权力视作部门自留地，却将公众利益抛诸脑后。

据新华社报道，南昌城郊有座汽车客运站，耗资上亿元，规划意图本是分流进入南昌市区的长途车、缓解城市交通拥堵。这样一个"民心工程"，却因该市交通局的"不作为"甚至百般阻挠，被迫闲置了3年。

南昌市交通局为何软硬兼施，不愿让"民心工程"为民造福呢？据主流媒体调查披露，原因只有一个字：利。南昌市区和郊区的几家客运站，分属不同"系统"——市区的几家都归江西长运集团管，隶属于市交通局；而郊区的新客站则是市公交公司旗下企业，隶属于市政系统。新客运站如果物尽其用，长途车不用进市区，"交通系统"利益受损，于是从中作梗。

可惜，投资上亿元的大好设施，只因一个部门的小小算盘，就成了摆设。亿元"民心工程"闲置，更可惜的是，因部门争利而导致的内耗，以及社会为此付出的无谓成本（如城市拥堵），其损失又何止亿元之巨？

这一个案，颇有"经典"意味，可谓某些部门为争权夺利不择手段的特例。但纵观大千世界，其实类似现象，公众早已见怪不怪——从办证机关的"指定照相馆"，到某某局上马的重大工程往往是下属的规划设计单位或施工企业中标，凡此种种，虽层次和形式有高下之分，本质上却都是部门利益在其间腾挪跳跃地作祟。

一件咄咄怪事是，今天，"为本部门争取利益"何以成为一些政府官员的一个堂皇理由？难道，某些政府部门不是公共利益的代言者，而是特殊利益的集合体？遗憾的是，事实上，在我们的一些部门中，"权力部门化、部门效益化"已然成为不少人的"共识"。于是乎，借助公权力提供的极大便利，明明是一个政府部门、一个行政系统，偏偏异化为一套完整的"产业链"——源头是"婆婆"强有力的行政性垄断的权力支撑，中下游则是五花八门的下属或挂靠事业（企业）单位，彼此之间紧密咬合、相互滋养。

透过类似公然的"公权私用"的做法，我们隐约看到一面迎风猎猎的"公"字大旗，下面一员大将，横刀立马，怒目圆睁，"此路是我开，此树是我栽，要想从此过，留下买路钱"，一声呵斥，退敌无数。显然，这种"部门经济"实乃一种"王爷经济"，它将人民委托的公权力，视作部门自留地，肆意采摘累累硕果，却将国家的授权、人民的委托、公众的利益，抛诸脑后。这也反证了"大部制"改革的现实必要性。试问，本同属交通范围，为何却要人为割据、划归不同的"系统"管理？

然而换个角度：若将南昌市郊的新客运站重新划回"交通系统"，就一定能杜绝扯皮拉筋？恐怕，只要"权力部门化、部门效益化"倾向不改，这种表面的"大交通"底下，各个下级单位之间的利益纠葛，依然会旷日持久甚至白热化。扬汤止沸莫若釜底抽薪，唯有彻底切断公权部门与其"挂靠单位"的脐带关系、断绝"部门创收"之路，让公权摆脱部门利益，回归更单纯的公共利益，民心才不会受伤。

（2009年4月13日刊于《广州日报》）

机关网评岂能暗藏"机关"

"被满意"的网上评议，是一面哈哈镜，照出了一些部门衙门风气的根深蒂固。如果真心实意的公仆意识和服务精神缺失，就算引入网络民意，披上网络这件皇帝新衣，"网络征求民意"也只能沦为形式主义。

既然"被××"已经成为当下一病，就永远不缺新鲜热辣的症状。

武汉一网友自曝：自己在该市规模宏大的"2009年民主评议机关网上投票"活动中，因未按"规定"投出神圣的满意一票，提交投票后，竟被系统自动退回，同时弹出一个名为"您选择不满意项目超过10%，请重新填写"的对话框。

这一现象迅速被网友总结为"被满意"。和无数其他的"被××"一样，其揶揄之意、无奈之情溢于言表——网友们本来是想趁着有关部门虚心听取民意民情的难得机会，表达一下憋了很久的意愿或意见，没想到一脚就踩进了别人设下的圈套，要么被牵着鼻子投下违心的满意票，要么剥夺你的投票权。于是乎，你满意不满意都无关紧要了，关键是"游戏潜规则"已定，其结果也是"可控"和尽在掌握。

什么叫"游戏潜规则"？此类游戏规则不敢在光天化日下明着来，却只能通过某些程序上动些手脚、装上"导流器"，看起来冠冕堂皇、"费厄泼赖"，暗地里却不那么光明磊落。这个投票系统的设计巧妙就在于，只规定了"不满意"的上限，却没有规定"满意"的上限，换言之，任何参加评议的部门，最后满意度得分必然都在90%~100%。事实上，只要登录该网页就可看到，投票结果中90家参与评议的单位绝大多数好评如潮，"不满意"度最高的武汉市城管局，也只有2%的不满意率。

高，实在是高，让人不得不佩服其智慧和历练。试想，发动如此一场网上机关评议活动，其气势如火如荼，其场面有声有色，既能年底交差，又能在汇报材料中"亮点纷呈"，更不至于得罪各"兄弟单位"，还能顺便讨好市民，算得一箭数雕的好创意。如果一切顺利，这场精心安排、精确操控的"民意盛典"，最终肯定能成为一趟华丽的过场。岂料，半路杀出个程咬金，偏偏有刁蛮网友认真起来，弄得本来正襟危坐、粉墨登场的一众演员红花坠地、汗珠渗出、弄花了满脸油彩。

面对媒体，这次网上评议的组织单位曾宣称，要在活动结束后，重点抓好意见和建议的整改落实，防止"评议时一身冷汗、评议后问题反弹，评议中问题尖锐、评议后不了了之"现象。但很显然，这样经过精密调校的网上评议，想必是不会让任何部门"评议时一身冷汗"的，而既然这个最表面、最基本的效果都达不到，又何谈整改落实？这一出义正词严、声色俱厉的好戏，到头来，还是不幸虎头蛇尾、不了了之。

"被满意"的网上评议，是一面哈哈镜，照出了一些部门衙门风气的根深蒂固。某地网络发言人"您的建议正在交相关部门研究处理"的机器人式回复，便是例证；某地市长信箱"已阅"的官腔回复，亦是例证。事实证明，电子政府绝不可能是政务服务一装上"E"翅膀，就能立竿见影、发生质的改观。如果真心实意的公仆意识和服务精神缺失，就算引入网络民意，披上网络这件新衣，而仍旧不舍得脱下现实思维的里子，仍旧只是将其当成装饰花瓶和衙门口的"正大光明"牌匾，这样的"网络征求民意"便只能沦为形式主义，不仅无端浪费了公众表情，更是公共政务资源的可悲内耗。

（2009年12月13日刊于《广州日报》

假设牙防组具备认证资格……

没有盖章权的牙防组，收钱、胡乱认证，然后盖章；那么，有盖章权的其他认证机构，是否也会如此操作呢？

"全国牙防组"忽悠十几亿人的事看来还没完——近日，又有媒体挖出猛料：牙防组的所谓"认证过程"其实只是一个过场，委托的"专家"也不得不承认"试验不理想、认证词也夸大"；而昨日，卫生部新闻发言人毛群安在谈到"全国牙防组"事情时，也明确表示将规范口腔保健认证。

作为一家由卫生部批准成立的口腔专业技术指导组织，本应本着推进中国人口腔健康事业的宗旨，在品牌林立的牙齿保健产品中不偏不倚，即使有所推荐，也应该经过严密、公正的论证和试验，而非一手交钱、一手盖戳。然而，令人失望的是，牙防组并未做到这一点，而是"靠认证敛财，被认证企业每年须交10万元"，并且认证过程竟有如儿戏。因此，对牙防组的问题，媒体和有关部门要紧跟不放——赞助费去往何方？其中是否涉及贪污、商业贿赂？笔者建议，此时审计部门不妨介入其中，查个水落石出。

而在声讨牙防组的同时，笔者又突然好奇地想到一个问题：如果牙防组从一开始就具备认证资格，此次事件又会如何发展呢？牙防组之祸，导火索就是它被人发现缺乏认证资格，也就是说牙防组遭遇"认证滑铁卢"

具有极大的偶然性。我们不妨设想，如果不是这个导火索，后面"标价1元的牙膏和25元的牙膏成分相差不大""企业要想认证须交'赞助'费"等等糗事，恐怕也就不会被陆续挖出来了。笔者揣测，牙防组东窗事发后，有关负责人恐怕最后悔的就是，没有趁早几年弄个"认证资格"吧，这样手续一全、时间顺序一变，岂不就可以万事大吉、可以"合法地"继续干着盖章收钱的事了？

由是，人们又不得不担忧——"全国牙防组"事件是否只是个案？早在2003年我国就出台了《国家认证认可条例》，规定未经批准任何单位和个人不得从事认证活动。然而，此后牙防组依然不惮"顶风作案"，并一直"逍遥法外"，这从某种意义上正说明了此行径的土壤之深厚、环境之宽松。"没有盖章权的"牙防组，收钱、胡乱认证，然后盖章。那么，"有盖章权的"其他认证机构，是否也会如此操作呢？作为卫生部批准成立的半官方半民间的全国牙防组尚且如此，我们又怎能不对其他诸多"认证产品"心怀疑虑？它们当中，有哪些是由"牙防组式"的假认证机构"认证"的，又有哪些虽然经过了正规认证机构的认证，却采用了"牙防组式"交了赞助费后随意、走过场式的试验方法？

作为花钱买单的消费者，对"牙防组风波"，我们有权质疑，并期待有关方面最终给出一个令人满意的处理结果，而不是含糊其辞。最后不了了之。

（2006年4月11日刊于《广州日报》）

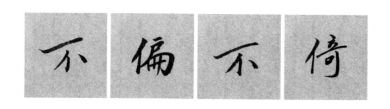

警惕伸向"官场玩物"的公权之手

古玩，这种古老的"官场玩物"，今天正披着"雅贪""雅贿"的外衣大行其道，腐蚀着官场，伤害着市场规则，理应引起纪检部门的高度关注。

日前，陕西咸阳市政协就"于右任书法作品被私分"的指责，举行媒体通报会，称已有112件查证落实，其中24件由当地两官员"保管"，仍有6至9件受捐文物下落不明。通报会上，对记者提问和质疑一律不答，而作为"不速之客"的捐赠人也被"请出"会场。

明眼人都能看出，这桩公案并未水落石出，而纷争和疑问也并未随着所谓"通报会"的召开而烟消云散。通过媒体锲而不舍的追问和调查，围绕这位历史名人的墨迹"失踪"事件的一些细节逐步清晰，其中涉嫌以公权攫取珍贵文物的行为也展现于众人面前——当地某些部门和官员，或者以解决城市户口、增补政协委员为交换，将获捐的于右任书法作品收入部门或个人囊中，或者以解决城市户口和工作为诱惑，将老农民家中的于右任作品有"借"无还……

这一事件，之所以引发舆论高度关注，关键在于它触发了公众心底的某种恐惧和忧虑——一些官员利用公权巧取豪夺的贼手，不仅伸向公帑，还瞄向了作为一些家庭私产的收藏品和文物。看了关于当地通报会的新闻，不得不佩服一些人"引导舆论"的见识和能力，也不得不惊诧于一些人玩文字的功力和智商：以部门名义获赠或借来的民间珍贵收藏品，二十多年差点成了糊涂账、石沉大海，如今一经调查，居然绝大多数清清白白、妥妥当当，而且还有不少是由当地官员"私家保管"！好一个"保管"，道出了公权私用的黑话，让人见识了某些人面对质疑惯于偷梁换柱的官场作派。难怪，网友戏谑曰：今后，官员私分经济适用房，不妨对外称之为"暂住保管"。

公权黑手伸向贵重收藏品和文物，这绝非咸阳某些官员的"创举"，涉嫌以"保管"之名行"侵占"之实的行为，也既非空前、亦非绝后。事实上，收藏品领域从古至今就是官员贪腐的重灾区，同时因为其特殊性又成了官员贪腐的"特区"。只不过，与古往今来络绎不绝上演的"雅贿""雅贪"相比，咸阳某些官员的攫取手段太过赤裸裸，技术含量太低罢了。

在中国官场，借雅趣、交流、以文会友的幌子，如名家书画、古玩之类的贵重收藏品，从来都很适合一些自命儒官者聚敛家财、下属投其所好，正所谓送的人"光明磊落"、收的人"名正言顺"。而这种勾当的登峰造极之举，乃是学者吴思在其《潜规则》一书中所描述：清朝末年的时候，京城中"雅贿"之风极盛，当时北京琉璃厂多数古玩店已沦为行贿受贿的掮客，而官员们则把自家文物放在古玩店由其代售，送礼者掏大价钱买了再送给官员。双方不提一个钱字，大把黄金白银却源源不断地通过古玩店流进官员腰包。这种招数，到了今天依然在各地古玩市场盛行，并衍生出"假拍卖"之类的新品种。

古玩，这种古老的"官场玩物"，今天正披着"雅贪""雅贿"的外衣大行其道，腐蚀着官场，伤害着市场规则，理应引起纪检部门的高度关注。而其交易限于小圈子，具有一定隐蔽性，其"产业链"在市场经济环境下更显错综复杂，又为反贪部门的查处制造了更多障碍和麻烦。我们不能寄希望于整个行政改革完成之后，由于政府"变小"和审批权受约束，这种"雅贪""雅贿"便能自然消亡，而必须对官员某些过于热衷的"爱好"多加监督，因为"苍蝇们"盯住的，往往就是这些"爱好"留出的"缝"。

（2010年7月5日刊于《广州日报》）

盼民间反腐从"游击队"升为"正规军"

> "主渠道"的反腐功效有目共睹，但与此同时，我们也目睹了某种尴尬现状，很多腐败案件的披露，带有过多的偶然性。尽管能有"偶然"总强过没有，但显然这种"二渠道"的反腐力量尚未具备"正规军""常备军""主力军"的持久性和威力。

近日，国家预防腐败局公布了《2011年工作要点》，其中首次提出要"引导社会力量有序参与预防腐败"。

"社会力量"，自然是与官方力量相对而言的一种力量，通俗地说，大概就是"民间防腐反腐"将获扶持。在兔年即将来临之际，这一从国家层面传出的信息引发公众的高度关注与猜想。

腐败与反腐败是自公权力形成以来就纠缠不休的一对"冤家"，"魔高一尺道高一丈"或"道高一尺魔高一丈"。在我国，腐败一直都受到党纪国法的高压预防、打击，也先后揪出文强、陈同海、郑筱萸、周久耕等一大批或大或小、或张扬或低调的蛀虫，挽救了一大批官员继续滑向深渊。然而，毋庸讳言，当前反腐工作也面临一些新挑战、新难题——腐败主体正在由个体向群体演化；腐败手段由直接交易、有形交易向间接交易、无形交易转化；腐败方式从短期权钱之间赤裸裸的"一锤子买卖"，逐渐转为以感情投资为铺垫、等待时机再图回报的"期货交易"；腐败现象从资金密集、权力集中的领域向传统的"清水衙门"渗透。种种更"高雅"、更隐蔽、更"合乎人情"的腐败行径，玷污了公权，更蚕食了公众福祉，销蚀了社会公平与效率。有一种说法，反腐是当前老百姓最迫切的政治期待，显然有着深厚的社会心理基础。

"民间防腐反腐"得到官方的认可与支持，是一种制度上的返本归元，理念上的常识回归和与时俱进。从制度上看，党的十七大报告中提出，"坚持国家一切权力属于人民，从各个层次、各个领域扩大公民有序政治参与"。显然，逐步有序地让公民参与到防腐反腐这一事关政府公共服务质量的大事中来，是我国基本政治制度的具体体现。从现状观之，正如上面所列举，反腐工作遭遇了诸多新的命题、新的两难，亟须广开监督渠道，打一场防腐反腐的人民战争。

更重要的是，这种官方认可意味着今后民间力量参与防腐反腐的渠道建设将跃上台阶。去年年底发布的《中国的反腐败和廉政建设》白皮书说，2003年至2009年，各级检察院共立案侦查贪污贿赂、渎职侵权案件24万多件；今年年初中纪委监察部新闻发布会披露，2010年有近14.7万党员受到党纪政纪处分。"主渠道"的反腐功效有目共睹，但与此同时，我们也目睹了某种尴尬现状，很多腐败案件的披露，带有过多的偶然性：其中有情妇告状告出来的，家人反目反出来的，小偷登门偷出来，网友捡到名单后通过互联网爆出来的，因某句不相干的"口误"引发网友反感而被"人肉"出来的……尽管能有"偶然"总强过没有，但显然这种"二渠道"的反腐力量尚未具备"正规军""常备军""主力军"的持久性和威力。

人民群众参与越广泛，留给腐败的空间就越小。"开门防腐反腐"是大势所趋，有着四两拨千斤的神效。早就有人说过，今天，防腐不能再单靠自上而下的常规监督，"举报信"早已不再只是传统意义上的纸质邮件。诚如斯言——市井之中、巷议之间、网络论坛和微博之上……无不传递着丰富的防腐反腐信息。这些，都可谓民间防腐反腐的生动体现。只要我们的纪检监察部门顺应潮流、转变思路、改变工作方式，重视并回应来自草根的信息与呼声，反腐利剑定能真正震慑那些欲伸手者，惩戒那些硕鼠们，"腐败越反越多"的误解也就会烟消云散。

（2011年1月31日《广州日报》社评）

造假者的态度比造假更恶劣

> 身为地方主要领导，居然在明显违规违法后，声称"没有造成后果"便"没有违规违纪"，法律法规在某些官员眼中成为可以随意揉捏的橡皮泥。

近日，重庆31名高考生为加分更改民族身份被查处的消息，经新华社和央视报道后，引起了广泛关注。而在这31名造假考生中，第一个被证实身份的就是重庆石柱县常务副县长汤平之女——汤平夫妇原本对此事遮遮掩掩，表示"尚不清楚重庆招办信息网上女儿的土家族加分是怎么一回事"并让记者"仔细看清楚"，但前天汤平终于约见记者，承认"女儿的民族身份确实被改动过"。

本来，"适时"认错也算好事，可这错认得总让人感觉疙疙瘩瘩的。汤副县长说，自己今年2月从巫溪县调到石柱县任职，家人户籍也迁到石柱，相关手续均由下面的工作人员代为办理，"可能是帮我办手续的工作人员出于好心，帮我和女儿把民族改成了土家族"。由于有网友投诉，又赶上重庆市严查高考民族加分造假问题，工作人员对其女儿"民族"栏目进行了"及时改正"。这位副县长据此认为：因及时改正且没有造成后果，故此事没有形成违规违纪事实。

听了这番官样表白，顿时无语。你说这是认错，还是狡辩？是勇于担当，还是耍无赖？自家女儿的民族身份突然从汉族变成了土家族，身份证和户口本自然也要相应变更，吊诡的是，这个当父亲的居然毫不知情！

更可笑的是，身为地方主要领导，居然在明显违规违法后，声称"及时改正且没有造成后果"便"没有形成违规违纪事实"。众所周知，违法犯罪之举一经实施，便具有"不可逆"性，顶多"坦白从宽"，绝对不存在什么"及时改正"就可免于处罚的可能。否则，天下的贪官今后岂不都可"及时"全数退回赃款而逍遥法外、官复原职？法律法规在某些官员眼中成为可以随意揉捏的橡皮泥，群众担心，此类父母官为官一任，能否指望他造福一方？

"副县长之女民族身份造假"事件是一面镜子，照出了某些基层地方习惯成自然式的权力通吃之潜规则。一县之主要官员带头违纪违法造假，胆从何来？由此折射此处官场中存在某种猖獗的小气候。又，堂堂常务副县长东窗事发后惯性般地拉下属挡子弹，让人在"羡慕"某些基层官员包赚不蚀的同时，也不难想象少数"土皇帝"们平时是何种要风得风要雨得雨的霸道习气。

本以为造假造得天衣无缝，谁知有个叫"网上公示"的环节免不了；而就是这个本以为只是"走走过场"的环节，让造假者露出了马脚。"公示+互联网"的威力让人惊叹，它让一切曾可公然造假而无虞者暴露在群众雪亮的眼睛底下。石柱县常务副县长之女民族身份造假事件如是，29岁的宜城市新科市长涉嫌论文抄袭事件恐怕亦将如是。阳光能晒死霉菌、维护肌体健康，这是确保政治清明、干群和谐的一个法宝，理应得到公认并推而广之。

然而有一点很遗憾——据说对于31名民族身份造假的考生名单，有关部门已决定不予公布。公众不禁浮想联翩：这一决定是意在保护未成年人，还是涉案人员"太敏感"？出于对法律公平的尊重和期待，人们迫切希望知道剩下的30位造假者都是何方神圣，以及他们身后还将会有怎样的"精彩故事"。

（2009年6月27日《广州日报》社评）

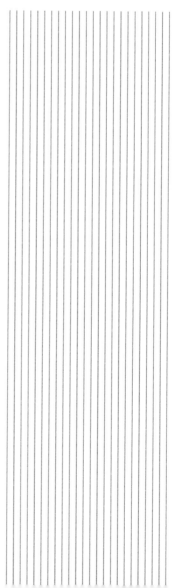

六

文化错杂谈

高考一分为二，应避免一"分"定终身

> 必须在两条路径之间设计一些低门槛的交叉线、汇合点或者
> "便桥"，让奔走在它们上面的年轻人能够根据自己的兴趣和能
> 力变化，及时调整职业方向，而不至于只能"一条路走到黑"，
> 让一项有着深远政策善意的改革，在一些时候变相成为阻碍寒门
> 学子向上层流动的玻璃门。这对避免新的社会分工的不公，至关
> 重要。

日前，教育部副部长鲁昕表示，我国即将出台方案，实现技能型、学术型分开的两类人才、两种模式高考。这种人生职业生涯的分野将始于高中阶段，"16岁就可以选择你未来发展的模式"。

从大的方向上说，这一改革思路值得肯定和期待。高考改革说了这么多年，理念设计从取消文理分科到一年多考，具体操作均无定论。如今这一路径的选取，算是难度最小的，颇似目前职校教育与综合大学教育并行模式的"升级版"。很显然，这种一分为二的思路，有助于改变"全国一张卷"模式下职业院校和普通高校招生无法体现区分度的弊端，在高级技工结构性短缺、综合大学毕业生与市场脱节的现实语境下，有着强烈的针对性，对这些年一哄而上的"贪大求全"式"专升本""院变大学"热潮亦是一种纠偏。

当然，大方向的与时俱进，还需要辅以大量基础性、具体性的工作。

在既有大学教育格局业已成形的今天，要想有深层的、系统性的改革，阻力和难度可想而知，至少需要在以下问题上进一步求解。

其一，如何以薪酬、社会地位的指挥棒，来改变"蓝领"与"白领"之间天平失衡的现状？诚然，国际上这两套系统分类招考是一种普遍做法，德国模式尤其堪为范例。然而必须指出的是，这种社会认可度，很大程度上缘于其蓝领与白领之间社会地位的相对平等（当然也并未达到绝对平等）。而在我国这两种人才之间的落差显然更为明显。中国自古认为，万般皆下品，唯有读书高。这种观念投射到教育领域，则是读研究型大学、综合大学比读技术类院校更具优越感。今天，尽管在部分沿海发达地区出现了高级技工高薪难求的现象，但这种薪酬上的"补涨"、供求上的短缺，并未与社会心态、教育理念的转变及时对接：一方面，高薪技工毕竟只是少数，绝大多数技术型人才仍然处于劳动力价值链的低端；另一方面，即便是高薪技工，与名牌综合性大学的管理类、研究类人才相比，仍然面临在企业内上升空间有限、社会坐标偏低的困局。

这种不平衡的矫正，必将是一个众多因素综合发酵的漫长过程，绝不可能仅靠教育模式的变革单兵突进，而必须多管齐下，政府、社会、家庭均应积极顺应、有所作为。比如，政府人力资源部门在职业晋升通道上，应对技术型人才敞开公平的大门；社会也应及时顺应这种大势，比如广东卫视推出的"技行天下"节目，"为劳动选秀"，获得高度评价；此外，家长也宜更新观念，灵活选择孩子未来的职业道路。

其二，在更合理地引导学生分流的同时，如何避免出现新的一"分"定终身？毕竟对于很多初中的孩子而言，未来还太模糊、社会还太遥远，学习成绩的"好坏"也可能只是暂时现象。必须允许他们选择错了，还能有"后悔权""反悔期"，更能有"回头路"。必须在两条路径之间设计一些低门槛的交叉线、汇合点或者"便桥"，让奔走在它们上面的年轻人能够根据自己的兴趣和能力变化，及时调整职业方向，而不至于只能"一条路走到黑"，让一项有着深远政策善意的改革，在一些时候变相成为阻碍寒门学子向上层流动的玻璃门。这对避免新的社会分工的不公，至关重要。

其三，回归"技术类"院校，对一些学校可能意味着"被降格"，对那些潜在的自认"被降格"的院校，怎么做通思想工作？在扶持、打造这些"地方名片"上苦心孤诣、投入不菲的地方政府又该如何做通思想工作？在一些学校和所在地方看来，好不容易"升"上来、成了研究型大学，又要"降"回去，肯定百般不愿、千般争取。对此，恐怕亦需做好充分的心理和政策准备。

（2014年3月24日《广州日报》社评）

"玩"出的诺奖，多重的讽喻

瑰丽的学术之花，只能绽放于干净纯粹之治学生态中。这亦是出类拔萃的科学家的研究心态——大音希声，无欲无求，方能心无旁骛，方能成为玩耍中拾到珍珠的那个孩童。

昨日，2010年诺贝尔奖物理学奖揭盅，英国曼彻斯特大学的俄罗斯裔科学家安德烈·海姆和康斯坦丁·诺沃肖洛夫师徒二人以石墨烯研究捧得大奖。

诺奖年年有，今年尤需几番思量。由人及己，两位物理学家的治学态度以及周边土壤，对我们不乏多重讽喻意味——

让人敬佩的是，师徒俩在那惊喜瞬间所流露的波澜不惊的获奖心态。海姆听到评审委员会的电话感到很意外，因为自己"忘了当天是物理学奖揭晓的日子"；当记者问及当天后续日程安排，海姆的回答简单干脆："回去工作。"同样，诺沃肖洛夫受到一名记者电话"骚扰"，却不愿放下手头实验……看，这就是卓越的科学家面对荣誉的态度。而反观国内的诸多"大师""专家"，一朝博得大名，立即喜形于色、如癫似狂，投身镁光灯前，乐不思蜀。

更让人敬佩的是，师徒俩在教学和研究中体现出来的平等健康之学术人格。昔日的学生，可与恩师一同遨游学海、共同钻研尖端课题，已属幸运；与恩师共同名列诺贝尔奖候选人，更是难得。在海姆和诺沃肖洛夫身上，我们看到可贵的平等互利、舍得分享的学术品德。而反观国内的导师、学生关系，导师是"老板"，手下博士乃至博士后都是"打工仔"，学业工作都是以导师的项目为中心，"工程"分包下来，大家分头干，期迄交货，学生领取薄酬，出名的、获奖的、著作等身的，自然是"老板"。表面皆大欢喜，输家则是那个名叫学术公平、学术独立或学术创新的"异类"。

两位物理学家面对荣誉的第一反应、平时的平等关系，绝非国内一些学者对着镜子、打好腹稿就可学来的，而是源于前者干净纯粹之学术心态。现场评审委员会介绍，把研究工作视为"游戏"是海姆和康斯坦丁团队的特点之一；值得一提的是，2000年海姆还因通过磁性克服重力让一只青蛙悬浮在半空中，获得"搞笑诺贝尔奖"……瞧，这就是出类拔萃的科学家的研究心态，一切研究更多是基于兴趣而非功利。大音希声，如此无欲无求，方能心无旁骛，方能成为玩耍中拾到珍珠的那个孩童。反观国内一些专家学者，不仅在学术上时时斤斤计较、处处考量"投入产出比"，就连追逐名利的过程也屡屡触犯道德底线，比如，项目公关者有之，剽窃抄袭者有之，连使出下三烂手段雇凶打伤竞争者亦有之……无怪乎研究成果难登大雅之堂，只能围着项目经费频频打转、低层次循环。

瑰丽的学术之花，只能绽放于干净纯粹之治学生态中。诺沃肖洛夫获奖后，感谢曼彻斯特大学为他们提供了良好的研究环境。环顾历届诺贝尔奖得主以及优秀世界知名学者的研究环境，无不宽松、自由、学术至上。海姆师徒获奖当天，俄罗斯总统梅德韦杰夫批评俄政府部门工作不力导致人才流失；而2003年诺贝尔物理学奖得主、已故俄科学家维塔利·金茨堡去年也公开批评俄学术界存在官僚主义和资金使用不当等现象。俄罗斯人的反思，耐人寻味，堪为镜鉴。

两位优秀科学家蟾宫折桂，我们感谢他们对人类文明的贡献，更希望从中反思些什么，学到些什么……

（2010年10月7日《广州日报》社评）

广州接旗，不与奢华竞技

好的闭幕式，一定要靡费万金打造吗？我们不妨仔细回忆：曾让我们心灵为之颤动的雅典奥运会、多哈亚运会闭幕式，真正触动我们这些"老外"的，到底是什么？是高科技？还是民族文化的内在魅力？答案不言自明。

耗资28亿美元的多哈亚运会，昨晨以一场美轮美奂的晚会完美落幕。阿里巴巴与四十大盗、阿拉丁神灯、辛巴达……多少人曾在幼时读过《一千零一夜》！又有多少人曾在童年梦中闪现过魔毯与神灯！前晚，神秘而极富诗意的阿拉伯文化，就那么华丽地在我们眼前上演！岂止是前晚？12月1日晚，多哈亚运会的开幕式，其梦幻般的场景同样让无数观众如痴如醉。

于是，很多人在陶醉之余，不由自主地为2008年的北京、2010年的广州捏了把汗——多哈如此完美，我们如何应对！

客观地说，多哈亚运会确实近乎完美，尤其是它的开幕式和闭幕式，更是堪称经典——但很难用"典范"来形容。道理很简单，如果一届亚运会的举办经费高达正常情况的9倍多（往届一般为3亿美元），那它就不太具备标本意义。卡塔尔这个小国，人均GDP达5万多美元，可谓"富得流油"；而且值得注意的是，多哈亚运会的所有投入都是政府支出，没有任何盈利模式——作为一个地少人稀却富有的小国，卡塔尔一直在试图成为一个有影响力的大国，而体育是他们寻求崛起的重要途径。相比而言，其他亚洲国家包括中国，一方面在财力上不可能如此"大方"，我国的人均GDP还不足1700美元，仅是卡塔尔的1/30，这样的家底决定我们只能"节约办亚运"；另一方面，崛起中的中国，国民自尊不再仅仅依托于单纯的竞技体育，而正趋于多元。因此，对"多哈模式"，我们在欣赏赞叹的同时，千万不能只盯着它奢华的开幕式和闭幕式，总想着在这方面赶超人家，那样可就真要失之毫厘，谬以千里了。

一些人的"开闭幕式情结"，首先就混淆了一个根本性的问题——亚运会到底是一次体育的盛会，还是一次文艺表演的盛会、财富的盛会？富裕的多哈能使二者并重，而钱袋有限的我们却必须有所侧重。能将开幕式、闭幕式办得风风光光、体体面面，固然美哉；但若因此而无意识地影响了比赛方面的投入，则谬之大矣！体育盛会，只有让所有人将目光聚焦于竞技，才算归位。

同时，一个值得商榷的问题是——真正能给参与这场盛会的客人留下一座城市的甜美回忆、良好印象的，除了奢华和铺张，是否还有别的东西？无疑，对于运动员来说，专业化和人性化的后勤服务更能让他们觉得满意并心存感激。既然他们才是盛会不容置疑的主角，那么，如何让他们满意，才是一个称职的东道主最该关注的问题。因此，一次合格的亚运会，"硬件"固然重要，"软件"则更能考验东道主的城市管理水平、好客程度以及服务意识。体育盛会，必须以服务取胜。

如果，我们真的认为开幕式、闭幕式对城市形象具有巨大的宣传作用，那么还有一个问题值得深思——好的闭幕式，一定要靡费万金打造吗？我们不妨仔细回忆：曾让我们心灵为之颤动的雅典奥运会、多哈亚运会闭幕式，真正触动我们这些"老外"的，到底是什么？是高科技？还是民族文化的内在魅力？答案不言自明。而在全球化日益加速的今天，只有传统的，才是民族的；而民族的，又只有通过具体化的符号和意象，比如中国的戏曲武术书法、阿拉伯的魔毯神灯、希腊的神话雕塑，才最易被外国人所理解和接受。这不是什么"文化逢迎"，而是一种策略和礼节。

广州已经接旗，"广州10分钟"不辱使命，"节约办奥运""节约办亚运"也获得大多数人的认可。这些，都应让广州坚定信心——2010年亚运会，要坚持中国特色、广东风格、广州风采！

（2006年12月17日《广州日报》社评）

"年味"是一条流淌的河

又是一年春节近。每当此时，关于春节文化、年味的忧虑总会涌现。确实，按照很多人的埋怨，如今过年"越来越没有年味"传统的守岁、放鞭炮在城市中式微，年轻人以听音乐、看电影、微博拜年等各种新奇的玩法欢度春节……人们对记忆中那种"炸肉炸鱼炸丸子，一炸炸上几箩筐，一吃吃到正月末"的过年气氛怀念不已，并开始担忧，这些"时尚"的过年方式，正悄然"背叛"并瓦解着传统，让传承了千百年的年俗文化变了味。

这种忧虑可以理解，也值得引起重视和反思，但不必过于悲观。

毫无疑问，最诗意的、最理想主义的过年团聚方式，是子女回到阔别的家乡，绕过小时嬉戏过的路口那株大杨树，在晚霞的余红里拾级而上，走进那个贴着老爸亲手写的春联的大门，于是童年的一幕一幕浮现眼前，随即便蹦出堂弟的孩子，又看到老爸老妈的笑脸……这种让人想一想都会眼眶发潮的场景，从小处说，是每个人成长后对童年的眷恋；从大处说，承载了人类前行途中对过往的沉思。正因如此，才弥足珍贵、有如陈酿。

但我们也要学会适应"变迁的传统"，因为不管我们是否愿意接受，时代的发展不可逆转，而所谓传统，并不是在历史长河的某一个时刻突然沉淀下来的一块石头，而是历经千百年的碰撞冲刷方才缓慢形成的一颗颗圆砾。今天的一些非传统甚至"反传统"之举，在多年后再回过头来看，可能我们会蓦然发现：它们早已深深地嵌入了"传统"的宽广河床，而且显得那么自然和妥帖——比如"异地过年"。

"年味"是有时代性的。简单淳朴的过年方式是由特定时代的物质条件和社会环境所决定的，所以旧社会的"喜儿"们过年扎根红头绳就觉得"年味"十足，更别说穿新衣、吃冰糖葫芦、打年糕、放鞭炮了。而如今全国都在奔小康，老百姓的荷包鼓了、见识多了、要求高了，很多人宁愿轻轻松松上饭店吃年饭、乘飞机去旅游、去体育馆出一身汗，尽情享受春节假期的闲暇。很多人更是用独特的方式来欢度春节：比如做一天义工、去图书馆读书充电……这些，都体现了新时代里新形式的浓浓"年味"。

几千年的中华文化孕育出的"过年"情结，在所有华人的心底深深地扎下了根，借用心理学家荣格的术语，这种情结能通过心理"沉淀"，代代"遗传"。因此，即使"年味"因时代变迁真的一度"变淡"，但那也只是暂时现象，看看每年春运多少中国人为回家吃一顿年夜饭而"在路上"，你就不得不为中国年的强大生命力和吸引力所折服。

其实，所谓"年味"，是某种不断变迁的社会民俗的集中体现，其内核就是和全家人一起辞旧迎新，享受家庭欢乐、休养疲惫一年的身心。如果能做到这一点，不管形式上有什么革新，都不必存在所谓"年味变淡"的担忧。

（2011年12月30日刊于《人民日报》海外版）

异化的师徒关系，折射变质的学术小气候

两千多年前，亚里士多德在质疑老师柏拉图的哲学理论时，说出那句著名的"吾爱吾师，吾更爱真理"名言。我们多么希望，这起事件是此言的现代版和中国版。然而很遗憾，利益争拗的事实离我们的期待距离甚远。我们不能苛求学术圈不谈"利"，但这种利益关系应遵循平等、规范的原则；我们也不能苛求学术圈不谈"人情"，但人情不应穿越制度红线，不应成为暧昧的"后门"，必须"发乎情而止乎礼"。

近日，中国科学院院士王正敏被其学生王宇澄举报涉嫌学术抄袭、院士申报材料造假一事，受到广泛关注。上周，复旦大学及其附属眼耳鼻喉科医院特意组织情况通报会，回应了王宇澄的一系列指控，并有意透露了其作为"负心之徒"的形象。

在学术不端早已成为公众诟病的当下，这起事件引发公众关注和共鸣，是不难理解的。当一些学者教授因为学术节操、师范师德的瑕疵而遭遇人生与事业的滑铁卢，当论文抄袭、骗取科研经费在小圈子内成为公开的秘密，可以想象，这种来自堡垒内部的举报杀伤力之大。

院士王正敏是否涉及"抄袭""造假"？目前以双方所述，所谓"论文造假"，基本属"一稿多用"（著作和杂志都用）、"一稿多投"（国内外刊物都用）、"鱼目混珠"（将一些非研究性的小品文填报成论

著）；所谓"学术抄袭"，则是指王正敏专著中的100多幅耳部手术的手绘图，与其导师乌果·费绪教授专著中的图片相同，但未注明来源。尽管瑕疵明显，但平心而论，与此前一些学者被曝光的严重抄袭造假行为相比，这些问题并没有击穿很多人的容忍底线，也与校方此前发布的调查结论大致相似。

这起事件，最终真相到底如何？是否存在其他涉嫌学术不端、徇私舞弊的行为，还有待观望。而在这场公案的围观中，我们不能不去反思——原本应高度默契、和谐共赢的师徒关系，何以矛盾激化到抹黑对方的程度？这背后的诱因、环境又何在？

两千多年前，亚里士多德在质疑老师柏拉图的哲学理论时，说出那句著名的"吾爱吾师，吾更爱真理"名言。我们多么希望，这起事件在本质上是此言的现代版和中国版。然而很遗憾，利益争拗的事实离我们的期待距离甚远。王正敏说，在自己申报院士时，王宇澄"通过其在中科院工作的亲戚，介绍王正敏与两三位院士见面，请他们做推荐人"；随后，王正敏学业和业务上投桃报李，甚至对"业务水平一般，此前7年未获晋升，毕业时未通过评审"的王宇澄，"自己坚持将他留在了眼耳鼻喉科医院"，并破格亲自带过他几例难度比较高的手术，申请科研项目时也为其挂名；再往后，王宇澄提出非分的"爱徒培养计划"，但是显然双方谈崩了。这让我们想起复旦大学新闻中心主任方明对这件事的评价："是师道沦丧、师徒关系变异的结果。"

我们不能苛求学术圈不谈"利"。学者也是理性经济人，广义上说，利益关系是人类社会的基本纽带，古今一，中外同，国外研究机构中也普遍存在师生之间分享利益的"学术共生"现象。但这种利益关系应该是纯粹的、有一定之规的，从师生阶段的"教学相长"，到共事阶段的"合作共赢"，都应遵循平等、规范的原则。我们也不能苛求学术圈不谈"人情"。中国从传统文化上就是一个"泛人情社会"，强调"一日为师，终身为父"。传统需要尊重，但人情不应穿越制度红线，不应成为暧昧的"后门"，必须"发乎情而止乎礼"。事实上，国外学术相对更规范的一些国家，师生关系中也是工作关系、朋友关系并存的，即所谓"良师益友"，只是这两种关系的"度"掌握得更好。

这也正是国内学术圈局部存在的现实问题——有时利益导向过浓，以至于显得过于现实和世俗，导师成为"老板"，学生沦为"马仔"，丧失了学术独立、思想平等；有时则"讲人情"过甚，以至于原则和学术能力都成为橡皮泥，正如王氏师徒一度在学术和业务上超越原则的"相互帮助"。异化的师徒关系，其实正是变质的学术小气候的缩影。小气候不涤荡，师徒关系难回归正常。

（2014年1月6日《广州日报》社评）

奥运本求快乐，退赛亦是英雄

今天的中国，人们不再可能会为一块金牌的得失而"失态"，因为我们已经足够自信。金牌背后，我们开始更关注那些以夸父逐日的精神追求成功、超越自我的一个个活生生的"人"，以及关于他们的有血有肉的运动故事。这种心态的进步，还源于我们对体育"快乐哲学""游戏本源"的更深刻体会。

昨天，"刘翔受伤退赛"可能是奥运赛场上最大的新闻了。虽说这个消息难免让所有喜欢刘翔的人失落，但让人欣慰的是，大多数人对刘翔退赛给予了宽容和理解，并表达了安慰和关切。奥运赛程中的这一插曲，折射出奥林匹克价值观在今日中国正得到越来越多的认同。

奥林匹克运动的主角和核心是"人"，人的价值远胜过金牌、远胜于一切。现代奥林匹克之父顾拜旦在确立奥林匹克运动的核心精神时，"身心健康"就是他所强调的一个重要方面。不提倡运动员为了金牌和荣誉而牺牲自身的身心健康，这就是顾拜旦的奥林匹克价值观。因此，他提出了"适度"这一原则——艰苦的训练、辛勤的汗水，目的是增进人类的健康、完成自我的超越，而绝非以健康和痛苦为代价。刘翔如果伤势严重，他无须冒着更大的风险"蛮干"，以奥林匹克之名退出比赛、保护自己，理所当然。

　　如果说，希望刘翔退赛是为了治愈伤痛后下一次更好地飞翔的想法尚嫌实用主义的话，那么，当人们对刘翔因伤退赛表示出充分的理解和宽容，则意味着国民在对待体育的心态上，与日益崛起的中国之形象和气魄更加匹配。个别外国媒体获知刘翔因伤退出比赛的消息后，极力渲染中国人的失望之情，称"整个鸟巢的观众顿时为之黯然神伤"。其实，伤感在所难免，但我们没有这么脆弱。正如前天中国金牌刷新雅典奥运纪录时，中国人表现出的理智和清醒一样；昨天，当曾带给我们激情和欢乐的刘翔因伤暂时离开时，中国人更为关切的是他的健康和伤势。刘翔离场，"鸟巢"内的观众没有谁发出嘘声，或出现不理解的举动，相反，比赛结束后半小时，还有观众在看台上持续高喊"刘翔，加油！"这喊声不弃不绝！

　　中国国家领导人在北京奥运会开幕前看望中国健儿时，曾强调要以平常心态看待奥运会。这一理念的提出，有着深厚的民众基础——今天的中国，人们不再可能会为一块金牌的得失而"失态"，因为我们已经足够自信。在金牌背后，我们开始更关注那些以夸父逐日的精神追求成功、超越自我的一个个活生生的"人"，以及关于他们的有血有肉的运动故事。

　　这种心态的进步，还源于我们对体育"快乐哲学""游戏本源"的更深刻体会。国际奥委会主席罗格在北京奥运会开幕式致辞中，不仅希望本届奥运会带给人们"快乐、希望和自豪"，希望运动员们尊崇"卓越、友谊和尊重"的奥林匹克精神，更希望大家"Have fun"（"玩得开心"）。

　　"Have fun！"这并非身为国际奥委会主席的罗格随口之言，而是他对奥林匹克价值观一种更为浅显的倡导和宣扬。"Sport"（竞技体育）一词，最早源于拉丁语"Disport"（娱乐消遣），其本意是指放下工作玩耍嬉戏。据史学家和考古学家的研究，人类早在原始时代就把走、跑、跳跃、投掷、爬越等作为最基本的生存技能传授给下一代。这是人类体育活动的萌芽。而当生产力发展到一定阶段、食可果腹衣能遮体甚至衣食丰足之时，这些模仿动物的动作便被我们追求快乐的祖先逐渐用于游戏和娱乐，体育遂由是产生和发展。奥林匹克运动的游戏本源和宗旨，由此可见一斑。既然竞技本是为了游戏和快乐，我们也就不难理解：为了"快乐"

之外的东西，刘翔确实无需为之承受过多的伤痛。

回首奥运开幕以来的10天，这种崇尚快乐、尊崇身心健康的奥林匹克价值观早已频频流露于国人的一言一行之间。当我们既为中国选手呐喊助威，又为外国选手的精彩演出鼓掌；既为菲尔普斯、林丹这些聚光灯下的"王中之王"的胜出而欢呼，也为离奇射飞金牌的埃蒙斯的大将风度和温馨爱情而鼓掌、为虽未获奖牌却创造了历史的"网坛一姐"李娜而心怀敬意时，中国人早已在用前所未有的开放和轻松心态看待体育、欣赏竞技、享受奥运了。

（2008年8月19日《广州日报》评论员文章）

巧借亚运风，唱响"珠江颂"

珠江作为一条曾在近现代孕育了无数时代骄子和弄潮儿的母亲河，借亚运之机唱响一首"珠江之歌"，打造自己的"音乐名片"，理所应当。

广州应巧借2010年亚运良机，唱响"珠江之歌"——最近，有识之士提出的这一倡议，值得重视。

《长江之歌》《黄河大合唱》《洪湖水，浪打浪》……这些广为传唱的歌曲，在带给人们音乐享受的同时，也悄然推介了这些江河湖泊所在之地。而作为中国境内第三大河流，作为一条曾在近现代孕育了无数时代骄子和弄潮儿的母亲河，在国人的印象里，却没有一张公认且脍炙人口的"音乐名片"。这无疑是一个不小的遗憾。

明年的广州亚运会，为"唱响珠江"提供了一个求之不得的契机。作为珠江水系上的一颗璀璨明珠，广州有着省会城市的文化和区位优势，有着"金钟奖"这样国家级音乐盛会的平台，有着近现代革命的和改革开放的底蕴，借助亚运会这样一个公众注意力的聚焦点，唱响一曲"珠江之歌"，理所应当。

如何才能唱得响？一种方法，是老曲新唱。其实关于珠江，已有《珠江颂》等一些音乐作品，但客观地说，其知名度即使是在珠江流域，也远非家喻户晓。传唱不广，一种可能性是曝光度不够，这一问题不难解决，只要在亚运年加大传播力度即可；另一种可能性是歌曲本身与普通公众有隔阂，这就需要一分为二：如果是词曲本身的质量或趣味问题，恐难以修补；如果只是包装和演绎方式稍显严肃，则可通过与草根文化、市民文化的糅合而加大亲和力，提高公众接受度。

另一种方法，则是重起炉灶，在亚运主题上镶嵌进珠江元素，"借鸡生蛋"。这是一项开创性的工作，难度自然更大——

无疑，这支"珠江之歌"，理应立足广府文化。越是民族的越是世界的，同理，越有地方特色的，越可能打动国人乃至亚洲人民的耳朵，切不可片面追求"国际化"，而应主打"广东牌"。这方面成功的先例不少，比如广东名曲《喜洋洋》《步步高》《雨打芭蕉》等。当然，地域性必须兼顾普适性，否则，也容易陷入自娱自乐的小圈子。

更重要的是，这首"珠江之歌"，必须具备打动人心、引起共鸣的音乐力量。这种音乐力量，一方面来自旋律本身的魅力，如《蓝色多瑙河》《多瑙河之波》《洪湖水，浪打浪》等；另一方面又来自其词曲蕴含的情感力量，如《松花江上》《我爱五指山　我爱万泉河》《黄河大合唱》《长江之歌》所引发的情感震撼和共振。一首能唱响的"珠江之歌"，应该具备必要的历史厚度和时代内涵。也就是说，放在时间的坐标上，它的魅力不仅不会因时光流逝、时代变迁而消退，反而会如一曲陈酿，越听越醇香、越唱越绵长。

除此之外，现代化的包装和"营销"手段也不可或缺。但凡真正具有生命力的"盛会主题曲"，至少具备以下三个优势之一——受到普遍欢迎的演唱者，如《我和你》之刘欢和莎拉·布莱曼、《北京欢迎你》之群星；公众喜闻乐见的视觉和听觉元素；精准的媒介传播通道（歌曲播放的媒介和时段）。"珠江之歌"能否顺利借亚运会"东风"而飙红，这三个方面不可忽视。

广州曾经借电视剧《情满珠江》推广过珠江，今天的广州，需要也有能力借亚运之机唱响一首"珠江之歌"。欲超越应景之作，须超越应景之"心"，从一开始就消除"一次性消费"的动机，而是将其放在传世之作的高度，认真打造。

（2009年12月21日《广州日报》社评）

"'宋江杀妻'评述"之评述

法治社会不宜鼓励"以暴制暴""私刑",而这篇课后评述有误导学生之嫌——这一点已成众矢之的,无需赘言。不过有两种观点必须特别加以澄清。

"阎婆惜真是该杀!明明穿的、吃的、用的都由宋江供给,却偏偏在外偷情养汉……真是不杀不足以平民愤"。这就是江苏省扬州市部分中学初中语文自读课本《亲近母语》第3册中《宋江怒杀阎婆惜》的评述,据说是由某大学教师撰写。此事一经媒体披露,引起热论。笔者之所以也来凑个热闹,无非想提出两个问题——第一,阎婆惜是否罪该一死?第二,初中语文课本中出现江湖义气的"官方"评述,是否妥当?

从"史实"(小说《水浒传》原著)来看,阎婆惜被宋押司两刀捅死,直接原因是阎婆惜拿了宋江的"通贼密函",宣称要去告官,二人争夺导致"激情杀人"。但认真读原著,如果当时宋江答应阎婆惜"不去告官"的第三个条件——将一百两金子送给她,杀人也是毫无必要的。看来,对巨款"分手费"不认同或曰愤怒,乃"及时雨"激情杀人的真正原因之一。而第二个原因,就是阎婆惜送给宋江一顶"绿帽子"。书云,阎婆惜芳龄十八,长得是"花容袅娜,玉质娉婷",更有点艺术细胞。而宋江则年及三十,"坐定时浑如虎相,走动时有若狼形。"二人才貌判若云泥,婚姻(准确地说是买卖婚姻)又是出于利益,所以婚后"初时宋江夜夜与婆惜一处歇卧，后来渐渐来得慢了"。虽说"食色，性也"，但二人终究过不到一块去，用今天的话说，由于缺少共同语言，他们的婚姻死了。因此，当"风流俊俏，更兼品竹调丝"的张三出现后，阎婆惜立即找到了寄托。这让宋江忍气吞声，虽想办法阿Q了一把，但这口恶气终于还是在关键时刻爆发了。

　　分析到这里可以看出，拿宋江的钱财养小白脸，阎婆惜理应受道德谴责，毕竟罪不当死；而宋江手刃弱女子，却未必抱着上面那位大学教师所说"杀之以平民愤"的好汉动机，而是出于复杂、微妙甚至有些猥琐的私人考量，实在没必要为之叫好。

　　再从现实来看，法治社会不宜鼓励"以暴制暴""私刑"，而这篇课后评述有误导学生之嫌——这一点已成众矢之的，无需赘言。不过对两种观点必须加以特别澄清。一是认为小说之事，学生自有判断，何须紧张。然，"少不读水浒"之言久矣，试问，连大学教授都会受"好汉精神"蛊惑，写出如此缺乏理性的评述，遑论头脑稚嫩、日日视教科书如圭臬的初中生？第二种观点是，语文课本以教授母语为主旨，道德、法治精神的教化不归它管，学生只要能从《宋江怒杀阎婆惜》一课中掌握汉语技巧、从课后述评中学会文学鉴赏，便大功告成了。无疑，科学的分门别类是一种进步，但各学科间绝非相互割裂。将教育（尤其是人文教育）按科目生硬分开，认为各人自扫门前雪，若学生为应试教育这样做，实属无奈，但若教育者（教化者）也这样认为，则是教育的悲哀了，也对培养健全人格、心智之下一代不利。

（2005年9月26日刊于《广州日报》）

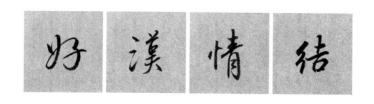

好漢情结

高校不矜持，莫怪国手"劈腿"

一些高校对名人明星的"宽进宽出""特招特培"，是折腰于明星光环、权力和自身面子的短视行为。遗憾的是，"面子工程"不幸搞成"面子危机"，可惜！

乒坛名将刘国正这几天成了全中国学子羡慕的对象。

羡慕，不是因为他的精湛球技，而是因为其球技般"出神入化"的学籍、学历问题。起先，是媒体爆出刘国正等5名明星学生因长期不上课、未完成学分被上海交大"劝退"消息；随即，校方澄清，不是"劝退"而是"主动退学"。再往后，事情变得更为有趣——媒体披露，刘国正2005年被上海交大录取，2006年却神秘地拿了个河北师范大学的本科学位，而更蹊跷的是，"学籍"尚在上海交大的他，又在本月初北京体育大学"冠军班"开班典礼上，以"研一新生"亮相……

以同一身份，竟可在相互重合的时间段里在三所大学"攻读"不同学位，这种"跳棋"玩法，真是沾了事主手中白色乒乓的那股跳跃之灵气。据说，整个事件中，一直被蒙在鼓里的上海交大无疑被置于一个颇为尴尬的境地。事已至此，只好"通告"其"自动退学"，也算"危机公关"，挽回一点颜面。不难想象，当初千方百计"引进"这些体育明星时，校方是兴奋并荣耀着的，因为这样一来，今后的宣传手册和汇报材料上都将添色不少，更别说为学校在各种高校运动会上争金夺银了。遗憾的是，明星不太给面子，"面子工程"不幸搞成了"面子危机"，可惜可惜！

　　而刘国正这样的体育明星之所以能在不同高等学府之间潇洒"自由行"，正是因为环境对他们太过宽松。本来，对某一方面的特长人才，高校有所倾斜和照顾可以理解，也算一个"国际惯例"，比如邓亚萍能考入剑桥攻读博士学位，一方面是凭借个人真实努力，另一方面当然也是因其卓然的竞赛成就。但此处需厘清两个前提：第一，国外大学私立学校所占比重大，此类学校不涉及公共教育资源，它愿意怎么"特招"明星名人都行；第二，发达国家教育资源充裕，多数国民都可享受高等教育，"特招"明星名人对其他学子影响相对不大。而上述这两条在我国则情况恰好相反，因此这个"国际惯例"显然不可生搬硬套。

　　而且，在高教体制更成熟的国家，"倾斜"尺度无论如何不会宽到如斯地步，有些甚至矜持得有些"死板"，比如亚利桑那州立大学就拒绝授予美国总统奥巴马荣誉博士学位。而我们一些高校对名人明星的"宽进宽出""特招特培"，往往还不是一般意义上的"倾斜"，而是一种溺爱和纵容，是折腰于明星光环、权力和自身面子的短视行为。堂堂高等学府，圣洁象牙之塔，面对权、钱、名，忙不迭抛了原则、丢了尊严，痛心痛心！

　　高校特招名人，是贪图沾点名人的光环；明星演出打球之余抽空四处"求学"，是希望早日戴上学历高帽。为何要戴这顶高帽，只因明星也无奈生活于我们这个学历社会之中，"体"而优则仕也好，"演"而优则仕也罢，往往必须先满足学历这个硬杠杠。只看"硬杠杠"，不管"成色"纯不纯，这早已成为我们身边一个心照不宣的潜规则。当然，这样浮躁化的硬杠杠，很多时候根本就不"硬"，连"徒有其表"都称不上。

（2009年6月20日《广州日报》社评）

广东建设"文化强省"的底气何来

> 如果抱着多元化的视角，而不是固守中原文化的唯一立场来看待岭南文化，很多人其实会赞叹：它本是我国多民族多语言文化中一朵瑰丽、却长期未被足够重视和充分了解的奇葩。

被一些人认为是"文化沙漠"的广东，偏偏铆足了劲儿要打造"文化强省"。这到底是"好高骛远"，还是有底气的自信？

最近召开的广东省委全会，高调吹响"建设文化强省"的号角。熟悉广东的人都知道，此前广东一直在努力建设"文化大省"，这是一个比较平实、谦虚的提法。如今，要实现从"大"到"强"的跨越，广东做好了这一"量变"到"质变"飞跃的准备了吗？"广派文化味道"又在哪些方面具有自身的优势？

所谓"文化"，本有狭义和广义之分。狭义上，说一个人、一个地方有没有文化，一般是指其受教育程度，广东这么多年来被认为"没文化"，很可能就是吃了教育水平与其经济发展不相称的亏，换言之，这样一个经济的巨人，教育水准还不及一些中西部省份，街头还满眼都是"乜、咁、揾"这样的"非常规汉字"，难免在一些国人印象里减了不少分数。而广义上的文化，则涵括更为丰富，是一个地区或群体在一定时期内形成的精神财富，包括风俗习惯、道德情操、学术思想、文学艺术、科学技术、观念、信仰、制度等。若从这个更高层面来俯瞰，说广东"没文化"，显然便失之偏颇。

如果抱着多元化的视角，而不是固守中原文化的唯一立场来看待岭南文化，很多人其实会赞叹：它本是我国多民族多语言文化中一朵瑰丽、却长期未被足够重视和充分了解的奇葩。这种瑰丽，单从岭南文化本身的具体形态和成果而言，便可见一斑——淳厚古朴的岭南民风民俗保存完好，比如划龙舟、舞醒狮等每年都在民间广泛举行；粤式美食、粤式早茶，成为广东饮食文化的生动载体；艰苦创业、诚信共赢的营商传统，孕育了岭南商业文化的神韵；令人称奇的蓬勃报业，以及曾经引领风潮的广东流行歌坛、影视业，为广东的文化味道添加浓郁芬芳……

如果我们再向这种岭南文化的源头和本质去深入探寻，又不难发现，其所有的文化魅力，根源于独特的文化DNA——历史上远居岭南而亲近海洋，逐渐赋予了这片土地一种开放性和放射性的海洋文化特质，这种特质，再加上岭南自古务实、平民化的风气，让广东人少了几许墨守陈规的束缚，更易变通和创新，更富改革热情和创造思维。近代，虎门销烟、太平天国运动、洋务运动、戊戌变法、辛亥革命、北伐战争以及康梁、孙中山、郑观应、洪仁玕等标志性事件或人物的涌现，广东文化因其"开风气之先"而一度成为时代潮流的风向标；改革开放30多年来，广东以"杀出一条血路"的勇气、魄力和眼界，不仅创造经济奇迹，更创造了"先生孩子后取名""时间就是金钱、效率就是生命"等独领时代潮流的新观念、新思想，解放思想、改革开放成为广东最鲜明的时代文化精神。这些，谁能说不是令人仰视的文化底蕴？

在广东人的观念里，"文化"从来都不是虚无缥缈的、纯粹风花雪月的东西，而是与民生、与经济发展、与时代脉搏紧紧相连的，它必须造福于社会发展，有助于人的幸福栖息。这样的"文化"，便能具备坚实的民众基础，便能与时俱进，在每个新时代焕发出鲜活的时代生命力。

（2010年8月6日刊于《人民日报》海外版）

汉服祭屈子，一笑未了之

"非新无以为进，非旧无以为守"。今天中华传统面临被"韩流""洋流"遮蔽的危险，这种非常之时，也许我们的社会需要更多的"汉服爱好者"们来弄出更多的声音，用"反常"的方式来留存传统。

又是一年端午到。屈子冤魂终古在，楚乡遗俗至今留。每逢端午，但凡中华文化浸润之处，必是彩旗飘飘、锣鼓喧天、龙舟竞渡、绿粽飘香，国内如此，国外亦然。中华传统文化的无穷生命力和魅力，实在让人感触良多。

说起传统，让人想到文化。在中国众多传统节日中，端午节应该算得上是"文化味"最浓者之一了。试想，一个传统节日，很大程度上与纪念一个伟大文学家牢牢绑定，而且这种充满敬意的怀念经历两千多年而恒在，这样的节日自然也就"文气"弥漫了。更别说，两千多年来，每逢这一天，文人墨客们便似乎受到《离骚》《九歌》里那些奇美瑰丽文字的感染，变得格外文思涌动、心弦撩动起来。

说到传统文化，又很容易想到眼下非常时髦的国学。什么是"国学"，大家都有些懵懵懂懂，大约就是"中国传统之学"吧，反正就是一个大箩筐，《论语》《弟子规》、长衫"汉服"、线装书、笔墨纸砚等等，尽管往里装。这不，一到端午，这几天京沪穗各地的"汉服爱好者"

们便开始沐浴兰汤，换上"汉服"，焚香祭拜屈子魂了。

说实在话，看着照片上的男女白领们一本正经的严肃样，难免有种让人不知梦回哪朝的时空穿越感——梳着中分头的白领，身穿不知是夏商周、春秋战国，还是秦汉魏晋时期的"汉服"，多少显得有些"违和"。而媒体用词也很精当——"汉服爱好者"——业余爱好而已，水平有点"业余"。

不过，往深处想，这地地道道的"民间汉服复古运动"，在看起来的滑稽和不合时宜之下，潜藏着一些分量颇重的东西，仔细咂摸咂摸，倒也并非那么滑稽好笑。

众所周知，但凡有些历史的国家，都有自己的传统服装，也就是"古装"，这种"国服"的存在，好处很明显：其一，成为国家和民族的文化符号；其二，强化民族和国家的文化凝聚力；其三，为子孙后代保留曾经的传统遗迹……遇上重要的日子（节日、生日、祭日等），日本人有和服，韩国人有韩服，印度人有"托蒂"和"纱丽"，英国皇室男子会穿上苏格兰男裙……而有着更悠久、更灿烂文化的中国人，很多时候只有与自己传统毫不搭界的"西服"——所幸，中国女性还有改良的旗袍，而近些年在国家领导人的带头下"唐装"也逐渐成为时尚，才让泱泱中华的服装传统得以显露亮色。

其实转念一想，年轻人折腾汉服也不是什么坏事——"非新无以为进，非旧无以为守"，一个民族和国家，墨守成规而不维新，断然不行；只顾变革而忘却传统，岂又明智？在曾被全盘打倒在地、更兼踩上一脚之后，今天中华传统一方面正在缓慢复苏，另一方面又面临新的被"韩流""洋流"遮蔽的危险，在这种非常之时，也许我们的社会需要更多的"汉服爱好者"们来制造出更多的动静，引起大家对于传统文化议题的思考。

没有外力作用，就不足以改变物体的运动现状——端午节前后，物理学原理给出了"汉服爱好者"存在的充分理由。

（2007年6月19日刊于《广州日报》）

季老身后，"大师"何堪？

> 在这个喧嚣浮华的时代，货真价实、坚守学术良知的大师正在成为大熊猫。在一些被尊为"大师"者那里，俨然"大道既隐"，名与利、钱与权占了上风，大义、大道、大德成了可有可无之物，"为人师表"成了表面文章。

公元2009年7月11日晨，一代宗师季羡林，因心脏病突发，遽然辞世，享年98岁。以季老的高寿，听到他驾鹤西行的消息，虽属意料之中，却依旧令人痛心惋惜。

大师已逝，风范长存。季老留在身后的，是一个被他用毕生心血打磨得异常光亮的、名副其实的"大师"铭牌。这一铭牌，固然是因其在古文字学、历史学、东方学、佛学等诸多领域皆创下的卓越成就，更是因其在治学态度、处世品德方面给后人留下的宝贵财富。

师者，所以传道授业解惑也，传"道"为上；大师者，有大德者也，以"德"为先。不管是细览他的文字还是他的一生，季老留给世人的，更多是一介书生的形象，随和、清朗、睿智、平实……而其中最令人钦佩的，自是他的那份清醒与真诚。在他晚年公开发行的《病榻杂记》中，季羡林"婉拒"了外界加在自己头上的"国学大师""学界泰斗""国宝"三项桂冠，并说："身上的泡沫洗掉了，露出了真面目，皆大欢喜。"而在他的《季羡林自选集》中，对一些有着"历史问题"的旧日文章，他也毫不加以删改，统统保留下来，"不加掩饰，目的仍然是存真"。

这让我们想到另一位让人尊敬的老人——巴金，在其晚年的《随想录》中，勇于挤出"不曾愈合的伤口流出来的脓血"，以笔为手术刀，无情解剖自己在荒唐十年里"曾经由人变兽"的往事。真正的大师，为了大义、大道、大德，不惮于直面小我的"污点"，不惮于袒露小我的伤痕。正因这种真、这种挚、这种诚，这种坦然与自省，让"大师"的铭牌更显光洁和澄净。在真正的大师眼中，至高的道，非治学之道，实乃为人之道。

然而，在一些被尊为"大师"者那里，却俨然"大道既隐"。他们眼中，名与利、钱与权占了上风，大义、大道、大德成了可有可无之物，"为人师表"成了表面文章。在这个喧嚣浮华的时代，货真价实、坚守学术良知的大师正在成为大熊猫，而欺世盗名、装腔作势、热衷炒作的"大师"却粉墨登场、层出不穷。一些所谓大师，登高一呼，不是为了学术良知、时代精神、公众福祉，而是为了抄个登顶的终南捷径、图个金灿灿的"注意力经济"。有的"大师"忙于自身造神，对历史污点问题却心虚不已、闭口不提；有的"大师"乐于策划和曝光，其学术态度和成就却愧对"大师"二字，更在"捐款门"上徘徊歧路、不知所云……可惜，他们自己"浮云遮望眼"，陶醉于镁光灯下，公众的眼睛却是雪亮的，一眼就看穿了"大师"们堂皇言行后面的那个"小"字。

大师者，既源于自身禀赋，亦有赖于其生长土壤。最近，约50%的科技工作者坦言身边的学术不端现象很普遍，有相当比例的人对此表示出"宽容"，这是一个值得警惕的数据。我们不敢幻想，在诸如此类的学术道德底线上，能再培育出多少像季老、巴老这样的人格和学术比翼齐飞的真正大师。曾经感动中国的季羡林老人，以他光洁的灵魂和一生所交出的"作业"，能否感动中国的学术界？答案无人知晓。

（2009年7月12日《广州日报》社评）

清华不妨坦然面对冠名风波

> "真维斯楼"的风波算个事吗？如果当初挂企业简介铭牌
> 不属捐赠约定条件，那校方主动挂牌便有媚商之嫌；如果当初双
> 方明确约定必须挂此铭牌，如今却单方面撤下，则校方有背约
> 之嫌。

　　"真维斯楼"的风波算个事吗？我看，大家看热闹的多，真正把它当
回事的也没多少人。可是清华大学显然自己太把它当回事了。这不，大家
就发现，这几天刚刚挂上去的真维斯企业简介的牌子，不知怎么回事就
"不翼而飞"了。虽然校方也很无辜地表示"正在调查此事"，但在多数
人看来，"解铃"的恐怕还是"系铃人"。

　　这就不对了。冠一个名多大点事啊？举目看看现在哪个大学甚至中小
学没有几座"冠名楼"，何必扭扭捏捏遮遮掩掩？

　　眼下，与当初冠名"真维斯楼"相比，铭牌不翼而飞显然给公众留
下了更多口实。很显然，行不更名坐不改姓，挂了就说挂了，摘了就说摘
了，这才是好汉，才符合其江湖地位。

　　更何况，作为大学，应该带头遵守、倡导"诚信""守约"等道德
准则和品质。如果当初挂企业简介铭牌不属捐赠约定条件，那校方主动挂
牌便有媚商之嫌；如果当初双方明确约定必须挂此铭牌，如今却单方面撤
下，则校方有背约之嫌。

现在连教育部发言人都表态对"捐资冠名"这件事本身表示支持了，清华真的从一开始就不必羞羞答答反反复复。大大方方接受社会冠名捐款，这是真正的"国际惯例"。通过校友捐赠、名人捐赠、企业捐赠，并形成从学校走出书斋、走向社会、融入产业的学企良性循环，对于学校跟上时代节拍不无裨益。只要心里堂堂正正，就不必过早心虚怯场自家先乱了阵脚。

（2011年5月28日刊于《广州日报》）

屠呦呦的成功，偶然之间有必然

科学是一种奇妙的东西，要摘取其王冠上的珍珠，必须挽起袖子和裤脚，亲自"下田"，用不计其数的汗水方能"妙手偶得之"。科学家，就应该是这样的一群人。而在今天我们的一些科学家的思维中，"梅花香自苦寒来"成本太高、周期太长，他们既要"香"，又不愿经历"苦寒"。"速成"心态已成中国学术界的通病。

81岁的中国科学家屠呦呦，因发现治疗疟疾药物青蒿素、拯救了全球数百万生命，24日登上国际生物医学大奖"拉斯克奖"领奖台。由于1997年以来的诺贝尔生理学或医学奖获得者中，近一半也是拉斯克奖得主，人们预言屠呦呦离诺贝尔奖仅一步之遥。

绝大多数国人几天前还颇感陌生的屠呦呦，能在40年前发现青蒿素，如有人所言，确实带有某种偶然性；但很显然，这种偶然之中有着一种必然——这个"必然"就是艰苦的试验、千百次的试错。屠呦呦及其领导的中医研究小组从系统整理历代医籍入手，查阅大量地方药志，四处走访老中医，做了2000多张资料卡片，仅对青蒿素的试验就经历了190多次失败……最终淘尽黄沙始得金。

如果真要问上天何以格外垂青屠呦呦，正因她展现出一种脚踏实地、老老实实的科研作风。这是一个科学家有所建树的必然前提。爱迪生为发明灯丝，仅植物类的碳化试验就达六千多种，经历上万次挫败，在连续三年里每天废寝忘食。其实，纵观爱迪生的很多伟大发明，均是在成千上万次的"试错"后"偶然"发现的。无独有偶，几天前水稻专家袁隆平恰好也谈及他的"择徒观"，第一个条件就是"要下田"。这些卓越的科学家们，用自身言行生动诠释了"梅花香自苦寒来"这句金玉良言。

然而，今天我们的一些科学家，恰恰缺少屠呦呦、爱迪生和袁隆平们的耐心和吃苦精神。在他们的思维中，"梅花香自苦寒来"成本太高、周期太长，他们既要"香"，又不愿经历"苦寒"，而总是希望"短平快"，热衷于"整合资源"、搞人脉拉关系找项目。一些人从一开始就热衷于讨巧，希望走终南捷径，为了多出成果不惜走上抄袭造假之路；一些人一度脚踏实地、躬身科研，略有成就后便成"老板"，摆出架子，"十指不沾泥"，不愿再"掉价"去做基础性研究；还有一些人，明明是一些实用性非常强的学科，或者热衷从故纸堆中寻章摘句，或者将主要精力放在"引进"国外研究成果上，而对实证研究毫无兴趣……

这也正是今天中国缺少大科学家的根本原因。究其内在病因，无外乎几条。其一，社会浮躁病毒的侵染。社会转型期的浮躁心态，让一些科研人员也变得急功近利起来，"耐得住寂寞"成了一种遥远的美德。其二，考核体制的压力。现有的科研成果考核、评优体制，对数量的要求多过对质量的要求，学者被逼着赶任务、出"成果"，垃圾论文满天飞，连院长都"从众"抄袭，底线都守不住，谈何沉下心来搞研究？其三，学而优不算优、学而优则仕才算牛。在今天的中国大学和科研院所，一个博导、教授的资源配置能力往往还不及一个处长，于是乎教授竞争处长、院士当厅官，成为一景。举凡种种，均莫过于一条：即"速成"心态已成中国学术界的通病。在此氛围下，要想成为伟大的科学家，实在需要极强大的"抗病力"。

科学是一种奇妙的东西，要摘取其王冠上的珍珠，必须挽起袖子和裤脚，亲自"下田"，用不计其数的汗水方能"妙手偶得之"。科学家，就应该是这样的一群人。屠呦呦捧得大奖，是国人之荣耀，更是学人之鞭策。

（2011年9月26日《广州日报》社评）

百年辛亥，力透纸背的"广东印记"

> 历史的纵横捭阖之间，跳跃着各种偶然与必然。百年辛亥，早已化为一枚历史的书签，清晰标注着一个伟大的时代，一段难以磨灭的史诗，成为一个永远激励我们奋勇向前、开拓进取的精神动力。

白驹过隙，百年一瞬，光影勾勒于磐石，记忆穿透了时空。

辛亥前夕的神州大地，积贫积弱，列强分食，存亡兴替，系于悬丝。多少仁人志士奔走呼号、前仆后继。

彼时，面对"千年未有之大变局"，以孙中山为代表的资产阶级革命派登上历史舞台，辛亥革命由是发轫——从兴中会到同盟会，革命党人筚路蓝缕，点点烛光终于汇成摧枯拉朽之燎原烈火；黄花岗起义碧血轩辕，"浩气四塞，全国久蛰之人心，乃大兴奋"，由是掀起革命新高潮，成为武昌起义之壮烈预演；其后，黄鹤怒鸣、湖北易帜、应者云集、清廷土崩、宣统逊位，独夫称帝、张勋复辟、军阀并起……"革命尚未成功，同志仍需努力"，中山先生临终前的谆谆叮咛，激励先进的中国人继续奋勇前行。

辛亥革命立下一个伟大的里程碑。百年前的那场风云激荡、碧血横飞的悲壮革命，虽然并不彻底，但它救民生之倒悬、挽国运于将倾，不仅推翻了清王朝，而且结束了在中国延续几千年的君主专制制度，建立了中华民国，第一次在古老的中华大地上树起"民主""共和"的猎猎旗帜，揭开了古老中国的历史新篇章。

辛亥革命更为中国的进步打开了闸门。时间的长河在这里拐了一个急弯，滚滚江涛终于找到东流的方向；历史的巨塔在这里打开一扇窗户，中国人艰难找寻新时代的隐隐烛光。辛亥革命后，民主共和的方向虽被确立，但几经反复，曲折前行。中国共产党人继承中山先生遗志，开辟了中国革命的正确道路，领导华夏儿女走过艰难困苦、取得一个又一个胜利，把"振兴中华"的理想一步一步变成现实。辛亥革命是一场承前启后、继往开来的革命，它为下一个更为波澜壮阔、壮怀激烈的伟大时代奠下了基础、积蓄了能量。在历史的坐标轴上，它绝不是一个句号，而更像是一个破折号——改写历史，通往未来。

辛亥革命，让敢为天下先的广东人，演绎了一出出"开风气之先"的历史活剧。历史的纵横捭阖之间，跳跃着各种偶然与必然。南粤，作为"睁眼看世界"的先行之地，作为曾孕育了太平天国运动、资产阶级维新派精神力量之地，作为辛亥革命的潮起之地，以一大批广东人的世界眼光、开放思维、慷慨悲歌、赴死之举，成为近代民主革命策源地，更成为辛亥革命名副其实的"原点"。孙中山、廖仲恺、朱执信、陈少白、陆皓东……百年辛亥的青史卷中，留下力透纸背的广东印记。

辛亥革命、中山先生的革命生涯与广州结下不解之缘。今天的羊城，云山叠翠，珠水澄澈，高耸入云的广州塔与斑驳静谧的陈氏书院遥遥相对。在这座城市古老而年轻的肌体中，我们既能感受今天的谐和、明天的脉动，亦能时时嗅到曾经的风起云涌、触摸已然圆润的历史之砾。这座城市的寻常巷陌间，留存着难以磨灭的辛亥记忆。在此读书、行医时，中山先生痛感"医人不如医国"，由是踏上革命道路；武昌起义前，他发起或领导的10次反清起义，广州即有3次；他三度在广州建立革命政权，两遭挫折、三整旗鼓，不屈不挠……

泰戈尔诗云，"天空了无痕迹，鸟儿已经飞过"。百年的光影，有时略显斑驳，有些几近发黄，但只要我们怀着对历史的敬意，循着历史的脉络，总能找到那些打动人心的时光印迹。百年辛亥，早已化为一枚历史的书签，清晰标注着一个伟大的时代，一段难以磨灭的史诗，成为一种永远激励我们奋勇向前、开拓进取的精神动力。

（2011年9月15日《广州日报》评论员文章）

壮阔一甲子，抖擞中国龙

——写在新中国成立60周年之际

> 一次次起起伏伏的苦苦摸索，我们找到了中华腾飞的要诀：实事求是。实践是检验真理的唯一标准。任何良好愿望，都必须深深扎根于这片有着五千年古老文明的热土，尊重其独特的文化背景和客观现实。

一个甲子的光阴流转，记录下中华儿女的苦苦探寻；一个甲子的时光荏苒，浓缩了历史行进的生动轨迹。

站起，天下归心。60年前，雄鸡一唱天下白。当五星红旗插遍了古老东方的这片土地，世界投来狐疑的目光。尔后，一棵社会主义的小苗，偏偏在这里顽强地拔节抽枝，最终成长为地球村中一棵挺立的参天大树。

崛起，大国复兴。弹指间，东方风来满眼春。当新中国重新打开大门，掀起改革浪潮，一个全新的时代激越开启。今天的中国，正与各国一起，共同营造一个和谐世界；中国制造，全球畅销；北京奥运，百年梦圆；孔子学院，将中华灿烂文化播撒海外……摸着石头过河，中国特色社会主义道路，越走越宽广；全面协调可持续的发展前景，越来越光明。

一段动人心魄的雄壮国史，通过千千万万部家史得以生动折射。历史的洪流，浩浩荡荡，无数炎黄优秀儿女，为这个崭新共和国的奠基、诞生、巩固和腾飞，毫不迟疑地抛洒青春和热血，前仆而后继——

面对世界大变局和德赛二位先生，他们冲出封建家庭樊笼，掀起新文化运动；面对外敌入侵、山河破碎，他们高呼"匈奴未灭，何以家为"；面对反动派倒行逆施，他们抛妻别子、转战于崇山峻岭；面对一穷二白的凋零国度，他们舍小家、顾大家，拼搏在经济建设第一线；面对浩劫过后的疲惫祖国，他们不离不弃，以一个个家庭的绵薄之力投身改革，朵朵浪花汇成磅礴大潮……他们的身姿，有如穿透迷雾和黑夜的星光，照亮中华前行之路。

一幅幅波澜壮阔的历史画卷，昭示了一个亘古不变的真理：得民心者得天下，顺民意则天下治。从打土豪分田地，到拨乱反正、改革开放，再到以人为本、关注民生、保护物权……历史一再证明，不论处于何种历史阶段，唯有聆听百姓诉求、满足群众期待、关注公众福祉，方能得到人民的拥护，才能让我们的事业拥有深厚根基。再壮美的历史，都要人民来书写；再豪迈的时代，都应服务于人民。

一次次起起伏伏的苦苦摸索，我们找到了中华腾飞的要诀：实事求是。实践是检验真理的唯一标准。任何良好愿望，都必须深深扎根于这片有着五千年古老文明的热土，尊重其独特的文化背景和客观现实。作为马克思主义的中国化、时代化，中国特色社会主义道路，毋庸置疑；基于对发展现状的科学研判，由消耗高、污染重的粗放型发展转向节能减排的集约式发展，已成共识。

一路行来，我们走过了救国的慷慨悲歌、建国的兴奋激越、强国的自信豪迈，正迎来少年中国的雄姿英发、开放中国的兼容并蓄、成熟中国的宽容淡定。回顾60年，上溯百年，凝视今朝，展望未来，我们意气风发，但也清醒到：社会转型期，亦是矛盾凸显期；改革进入深水区，正面临攻坚战；"中国威胁论"，国际上杂音仍存。成长的中国，不畏艰辛、不惧险阻，信心满怀、步履坚实。

"古老的东方有一条龙，他的名字就叫中国。"今天，这条巨龙早已苏醒，当她开始抖擞精神，必将翱翔于九天，她的雄姿与风采，将让世界屏息惊艳！

（2009年10月1日《广州日报》社评）

REFERENCE ——————————

参考书目

　　[1] 赵丽丽、张薇：《中国游客在境外不文明行为产生原因的社会心理学探究——结合社会心理学释因》，《赤峰学院学报（汉文哲学社会科学版）》2007年第8期。

　　[2] 胡百精：《公共传播与社会治理》，中国人民大学出版社2020年版。

　　[3] 王焱、张菲：《"毒鸡汤"咪蒙的升腾及覆灭——基于大众心理、价值体系与文化治理的考察》，《马克思主义美学研究》2020年第1期。

　　[3] 罗永雄：《意见领袖：理论缘起及其在劝服传播中的影响分析》，《新闻知识》2012年第4期。

　　[4] Bernard Cohen. *The Press and Foreign Policy*, New York：Princeton University Press. 1963.

　　[5] 许月：《我国网络政治文化的"碎片化"问题研究》，黑龙江大学2017年硕士学位论文。

　　[6] 梁冰欣：《探析新媒体环境下报纸与新媒体融合发展》，《传播力研究》2018年第15期。

　　[7] 华南：《刘少奇新闻宣传思想刍议》，《今传媒》2014年第6期。

　　[8] 刘鹏：《传统媒体融合转型的若干趋势》，《新闻记者》2015年第4期。

　　[9] 耿雨佳：《融媒体时代大学生思想政治教育研究》，电子科技大学2020年硕士学位论文。

　　[10] 卢新宁：《在怀疑的时代更需要信仰》，《民主与科学》2012

年第8期。

［11］Aristotle. translated by Roberts, W. Rhys. *Aristotle's Rhetoric*, Random House, INC. 1954.

［12］龚文庠：《说服学的源起和发展趋向——从亚里士多德的"信誉证明Ethos""情感证明Pathos""逻辑证明Logos"三手段谈起》，《北京大学报》（哲学社会科学版）1994年第3期。

［13］马兰州、马骁：《苏秦劝服性传播中心路线的运用策略》，《新闻与传播研究》2010年第10期。

［14］孙巧云：《先秦儒家论"辩"》，《黑龙江教育学院学报》2007年第6期。

［15］陈谦：《论中国古代臣谏君的若干原则——说服学与传播学视角》，《东方论坛》2008年第4期。

［16］周葆华：《大众传播效果研究的历史考察》，复旦大学2005年博士学位论文。

［17］阿拉贝拉·里昂，鞠玉梅（译）：《论辩写作教学：摒弃亚里士多德劝说论，采纳儒家谏言说》，《当代修辞学》2018年第5期。

［18］董子铭：《宣传·说服·对话：舆论引导的路径叠进》，《当代传播》2015年第3期。

［19］胡翼青：《对"魔弹论"的再思考》，《国际新闻界》2009年第8期。

［20］狄仁昆、曹观法：《雅克·埃吕尔的技术哲学》，《国外社会科学》2002年第7期。

［21］董子铭：《宣传·说服·对话：舆论引导的路径叠进》，《当代传播》2015年第3期。

后 记

秉奋进之念，怀敬畏之心

在地球45亿年的时间长河中，又一个十年微不足道地一瞬而逝。

突然发现距离自己上一本评论集《笔墨微言——时事评论员的笔墨春秋》出版，悄然已十年。

无意间，这本小书，又权当一次十年"生存报告"。

十年之间，间有所感。

于世界，新冠三年，地球自转亦如变慢，全球战"疫"一波三折。因工作关系，自己始终处在关注和报道疫情的一线（今日偶一回首，竟生恍然隔世之感）。除此之外，战争与和平、全球化与"逆全球化"、盛会与灾难……世界依旧纷纷扰扰，我们奔跑在时间的隧道。中华民族伟大复兴战略全局和世界百年未有之大变局，"两个大局"面前，无人能置身"局"外，我们每个人都目睹、亲身参与了历史洪流的恢宏进程。

于工作和个人，十年之间，派驻香港四年。亲历"占中"、参与若干场重要选举相关工作、深入"黑暴"一线……难以形容的紧张劳累之余，也有一生难忘的精彩和感怀，亦有幸结识诸多亲密战友、各路翘楚精英。调回广州后，一度在市委宣传部挂职，受教良多。随后回归广州日报，重操采编旧业。

于家庭，十年之间，家里老人健康状况时有"插曲"，所幸化险为

343

夷，实属为人子女的最大安慰；大女儿豆经历了香港随任入学、转学回穗的两次"重大环境变化考验"，前几年又经历青春期短暂叛逆，还好顺利过关，静待花开；国家放开二胎后，小女儿苗加入"队伍"，中年二胎的喜出望外、如愿以偿，一言难表。

很多生命感悟，往往却是"此情可待成追忆，只是当时已惘然"。

其实，在这个不知所来、未知所往的茫茫宇宙"深"处，远、近，上、下，前、后，运动、静止，存在、湮灭……一切都只是相对意义上的造物游戏，唯一"绝对"和"永恒"的，也许只有无情流逝的、漫长得可怕的天文学尺度上的时间（甚至，时间也并不可靠。按照相对论的逻辑，如果我们运动得越快，时间在我们身上就会流逝得越慢；身处"时空光锥"之内的人类，所感知的时间，也只是宇宙中"真实时间"的可怜一小块儿罢了）。每一个"太阳系""地球"的生成，都是宇宙某个角落无数偶然因素几何级叠加的微概率事件。而生命进化的开放式进程中，"我们"恰好成为了现在的模样，"你我"恰好又在复杂的繁衍竞争中侥幸胜出——这是多么神奇而令人"哇塞"的运气！爱因斯坦说"上帝不掷骰子"。可你我这般地球生命的存在，明明比掷骰子还要随机亿万倍！

在这样神秘深邃的宇宙之中，人类的一生，就像白驹过隙，"忽然而已"。作为一个能有幸出生、成长、感受这个有温度的世界、仰望头顶神秘星空的生命个体，唯有感谢"概率"、敬畏生命！从而，唯有以"更加努力、热烈地活着"为报。

十年之间，颇有所悟。

其间，还算独特的工作经历、值得反刍的生命体验、曾经跌宕起伏的心路历程，共同交织而成世界观、价值观的淬炼场景与底色。

身为党媒工作者，这种感悟每天都在触摸和增进。

解放思想、追求创新，是新闻人永远的活力之源。与此同时，心存敬畏，方能恪守红线。敬畏者，往大处论，除上述所言"敬畏宇宙"、敬畏生命，还包括敬畏历史、敬畏文化、敬畏自然、敬畏公众；往小处议，则是敬畏每一次具体而细微的"职守"和"本分"。对公权执行者,对知识分子,对每一个社会个体,莫不如是。

具体到主流媒体新闻工作者,我们还要做到敬畏文字。所谓"敬畏文字",其底层逻辑和思想实质其实就是——敬畏"文字"载体之上的新闻舆论工作、主流媒体新闻工作者角色职责,并永远让我们笔端的"文字"承载着自己那颗敬畏历史、敬畏文化、敬畏自然、敬畏公众之心。

因此,自己以敬畏之心、兢兢之情,面对每一个新闻事件、每一件新闻作品、每一篇作者投稿。身为主流媒体新闻工作者,应时刻铭记肩上责任之重,慎重做出每一次判断、谨然处置每一个观点。多一些敬畏之心,便减几番无谓之失、少几分难挽之险,便增几分对职守乃至历史的负责。

因此,本书取名《敬畏》,并非一时偶得。

此时,感谢广州市委宣传部的宣传思想文化领军人才奖励培养计划;致谢市委宣传部杜新山常委部长、曾伟玉常务副部长,广州日报江永忠社长、许芳总编辑对这一培养计划的鼎力支持。

此刻,感谢过往新闻宣传工作中的老领导香港中联办原副主任杨健先生、广东省政协原副主席薛晓峰先生、中国广电报刊协会梁刚建会长,感谢报业集团历任和现任各位领导、前辈师友,感谢香港工作期间各位领导、战友……感谢他们多年来在新闻工作上的指导和帮助。

感谢母校武汉大学我的硕士期间导师罗以澄教授多年的关心及为本书作序,感谢博士期间导师强月新教授的指导帮助,感谢陈慧东教授多年的帮助支持。感谢广东人民出版社肖风华社长、曾玉寒主任、伍著欣老师对本书出版的支持、指点和敦促。

尤其要感恩父母的辛劳养育,感谢亲人们对我多年来黑白颠倒生活节奏的理解和支持……

心中的名单很长,未能一一列举,在此一起衷心感谢。

本书所录，有些是上一本个人评论集的拾遗补阙，有些是自己后来所写评论中选出，还有些篇目则是近两三年间关于新闻工作特别是评论和理论工作的思考偶得。

不少同仁应该都有同感：个人文章的结集出版，很容易产生一种尴尬——站在"今日之我"回望"昨日之我"，当时之所思所写，必然有不少稚嫩和谬误之处。加上时评多为三五个时辰内的急就章，上述问题更易暴露。当然，转念再想：螺旋式上升，又何尝不是成长的辩证法呢！因此，也就不揣浅陋，和盘托出、坦诚以待。本书之中，有些篇目或能对后来者有所裨益，有些则或可作为"反面教材"吧。总之，敬请方家和朋友们指正。

作者

2024年秋于广州